本书获得国务院侨务办公室立项
彭磷基外招生人才培养改革基金资助

21 世纪旅游专业系列规划教材编委会名单

21世纪旅游专业系列规划教材

会展与节事管理

主 编 文 彤
副主编 李卫飞 唐 慧 梁江川

Exhibition

and

Festival Management

暨南大學出版社
JINAN UNIVERSITY PRESS

中国·广州

总 序

"21 世纪旅游专业系列规划教材"正在暨南大学管理学院旅游管理系广大教师的共同努力下逐步推出。这是作为国家特色专业、广东省名牌专业以及省级重点学科建设的重要成果之一，也是暨南大学旅游管理专业开办 20 多年来，由本科、硕士到博士点发展历程及专业积淀的展示。

旅游活动是当今世界参与人数最多、规模最大的社会活动之一，旅游业也是世界上最大的产业之一。自 20 世纪 70 年代末以来，中国旅游业快速发展，在 20 多年的时间里，实现了从旅游资源大国向世界旅游大国的历史性跨越，今后还将由世界旅游大国向世界旅游强国迈进。在旅游业快速发展的同时，我国旅游教育和旅游科研蓬勃开展。截至 2007 年底，全国共有高中等旅游院校 1 641 所，其中高等院校 770 所。在校生 70 多万人，其中就读旅游高等院校的学生近 40 万人。中国旅游教育方兴未艾，源源不断地为旅游业输送着大批专业人才。

旅游教育的发展壮大需要教材建设的支持。我国旅游教育界在过去的 20 年间出版了多套专业教材，为旅游学科的发展奠定了基础，为旅游教育作出了贡献。但随着旅游业的快速发展，旅游科研不断有新的突破，旅游教材必须吸收、反映这些新的成果，把最新的知识奉献给读者。面对旅游学科日新月异的大好局面，特别是最近几年形势的重大变化，我们处在高校旅游专业教学与科研第一线的教师既感到兴奋，同时也有要不断更新教学内容，补充新知识的压力。鉴于教材建设紧跟形势发展，反映旅游最新实践动态和最新研究成果的需要，我们组织了一批长期从事旅游专业相关课程教学和科研的教师编写了这套"21 世纪旅游专业系列规划教材"。

本套教材选题广泛，涵盖了旅游管理专业的各门课程，并且紧密结合国际、国内旅游活动、旅游业和旅游科研发展的实际，从较高的理论起点阐述了现代旅游管理和经营的一般规律，总结学科、行业、产业的经验教训，以最新的实际材料和旅游研究成果展现旅游学科体系的理论知识和实践技巧。在编写风格上，我们参阅和借鉴了国内外旅游学科及其他学科教材的经验，力图使本套教材呈现出理论全面、知识丰富、结构合理、形式活泼、内容科学及文字生动的特色。这套教材既可供高校旅游管理专业教学使用，亦可作为高等职业教育、自学考试以及旅游行业中、高级管理人员的培训教材。

旅游学是一门发展中的学科，丰富的理论内涵和综合的知识结构，飞速发展的社会实践，均需要进行不断深入的研究和精心的归纳。我们希望通过这套教材的出版，能与同仁共同推进旅游教育的发展和提高旅游教材的编写水平，为中国旅游教育贡献绵薄之力。

21 世纪旅游专业系列规划教材编委会
2008 年 10 月

目　录

第一章 绪 论

【学习目的】

通过本章学习，首先要理解会议、展览和节事活动的概念、特点以及主要类型，在此基础上了解会展活动的特征及社会经济效应，掌握会展活动的发展历程和会展产业的特征。

【学习要点】

1. 会议的概念及特点
2. 展览的概念及特点
3. 节事活动的概念及特点

【课前阅读与思考】

受历史传统、地域和文化因素的影响，世界各国的展览呈现出明显的地域特点，具有各自不同的办展风格。从总体上看，欧美地区展览的质量、贸易效果和办展水平都高于其他地区，基本代表了世界展览业发展的最高水准。我国企业出境参展最多、最集中的也是欧美展览。不同类型的欧美展览在办展方式和展览风格方面，也存在明显的差异，具有不同的特点。

除展览之外，世界各国在举办会议、特殊节事方面也都有不同的风格和经验，在进一步探索相互之间的关系之前，有必要先了解相关的基本概念。

第一节 会 议

一、会议的基本含义

会议最基本的含义，就是"会集而议"。"会"就是见面，"集"就是聚众，"议"就是交流、讨论。从原始社会到现代社会，有人群的地方就有会议，会议无处不在。

汉语《辞源》（2001）对于"会议"的解释是："聚众议事。"《现代汉语词典》（2012）对"会议"的解释是："有组织有领导地商议事情的集会。"美国《韦伯斯特21世纪词典》对于会议（Meeting）的解释是："多人聚会，旨在讨论或决定事情。"这些词典对于会议的注解都集中说明"聚众""议事"是会议最基本的特征。

澳大利亚联邦旅游部对于会议的定义是："所有的聚会，包括集会、大会、协商会、研究会、讨论会和座谈会，都是人们为了一个共同的目标——共享信息而聚到一起。"这个定义突出了会议信息交流的本质。

北京市政府对于会议的界定："会议是指三个人或三个人以上参与的、有组织的、有目的的一种短时间聚集的集体活动方式。"该定义反映了会议的集体性、组织性、目的性、时间性等重要特征。

国内外不少学者对会议的定义都已达成基本的共识：交流信息、商议事情的集会。这反映了会议具有的基本特征："有组织""信息交流""议事"。

综合以上国内外辞典、政府部门、学者对于会议的定义，可以将会议界定为：会议是指多人有组织、有目的地在一定时空内聚集，旨在交流信息、商讨事项的一种集体活动方式。

二、会议的特点

会议是一种"聚众"行为。这种"聚众"首先要保证人数，即会议的参与者至少为三人，而且必须是因为有一定的连接关系而聚，这就使得会议的参与者必须有共同的特征。例如，论坛的参与者对某一问题有共同的兴趣或者是在同一领域有一定的研究成果。

会议是一种有目的的行为。"研究事理，达成决议，解决问题，以收群策群力之效"即是会议召开的目的。会议的参与者聚到一起，或者是由于在团体内对某些问题存在分歧，而进行交流、讨论；或者是为了成员都能受益，而促进某件事情的发展和进行。

会议是一种有组织的行为。"循一定之规则"即是强调会议有一定的程序和形式。对那些大型的、周期性举办的会议来说，一次会议的举办要经过会议的筹备阶段、召开阶段和后续阶段。许多大型年会还设有会议的常设机构，负责处理相关的日常事务，例如博鳌亚洲论坛，它的最高权力机构是会员大会，由秘书处作为常设机构。对于那些一般性的会议，一次会议的召开也要由会议的相关人员来负责会议的准备、召开等相关的工作。

三、会议人员构成

虽然会议有规模大小和时间长短之分，但是为了顺利实现会议的目标，任何会议都需要各方人员的通力合作。与会议相关的主要人员包括主办者、承办者、与会者。

1. 主办者

会议通常都是由主办者（主办方）举行的。"主办者"是对出资举行会议的组织者的统称。主办者通常分为三种：一是公司，二是协会，三是非营利性机构。

2. 承办者

承办者是指被指定来负责会议组织工作的某个人或某个组织，有时这个人也会被冠以其他头衔，比如规划人员、会议规划人员、设计人员、顾问、会议指导等。在此，本书把会议的主要负责人称为"承办者"。当然，出于工作需要，承办者也可组成工作团队。

3. 与会者

参加会议的人通常被称为"与会者、参与者、注册者"等，本书统称为"与会者"或"与会人员"。当举办的会议是国际会议时，与会者中会出现一部分国际与会者。作为会议承办者，应努力为国际与会者参加会议提供方便。

四、会议的基本类型

在现实生活中，出于各种各样的目的，每天都有大量各式各样的会议召开。为了更深入地了解会议，需要按照一定的标准对会议进行分类。

（一）按会议的组织形式划分

年会（Convention）：同一公司、社团、财团、政党等政治、社会、经济团体所举办的资讯交流以及政策商讨会议。其目的在于使与会者建立共识并形成决策。年会通常包括一次全体会议和几个小组会议，可以单独召开，也可以附带展示会。多数年会是周期性的，最常见的周期是一年一次。

代表会议（Congress）：某些专业群体召开的，相同或相关领域的，由正式代表参加的定期会议。此类会议一般一年、两年或多年举办一次，会议一般要求注册且付费参加。全国性的代表会议通常每年一次，而国际性的代表会议通常多年一次，而且其举行的频率通常都是事先确定的。

论坛（Forum）：与会者（与会者的身份均要事前被认可）为了共同兴趣或为了某个主题而举办的，进行公开讨论的研讨会。论坛的特点是反复深入地讨论，一般由小组组长或者演讲者来主持，并有不少听众参与，其中，小组组长和听众可以提出各种各样的相关问题进行讨论。

专题学术讨论会（Symposium）：与论坛相类似，通常由某一领域的专家召集，就某一特定主题发表观点，与会者共同对问题进行讨论并提出建议。专题学术讨论会一般参与人数较多，会期为 2~3 天，进行方式比较正式。

研讨会（Workshop）：由几个人进行密集讨论的集会，一般要求各小组参加全体会议，就专项问题或任务进行讨论。与会者旨在交流知识、技能以及对问题的见解。研讨会的特点是面对面，让所有与会者充分参与进来。

座谈会（Panel Discussion）：由主持人主持，一小群专家作为座谈小组成员，针对专门课题提出观点再进行讨论。有时仅限于小组成员自行讨论，有时小组成员也开放性地同与会者一起进行讨论。

（二）按会议的内容划分

商务型会议：公司和企业因业务和管理工作需要而参加的会议。商务型会议一般在酒店召开，出席这类会议的通常都是企业的管理人员和专业技术人员，与会者素质较高。

度假型会议：企业以及事业单位利用周末或假期组织员工召开的带有度假休闲性质的会议。这种类型的会议既能加深员工之间的了解，增强企业自身的凝聚力，又能解决企业面临的问题。度假型会议一般选择在旅游景区、度假区，或者风景区的酒店举办。

展销会议：主要是由参加商品展销会、交易会和展览会的各类机构或代表召开的会议。这类会议一般在酒店举行。举行这类会议的同时，主办者还常举办招待会、报告会、谈判会和签字仪式等活动。

文化交流会议：通常是指各种民间和政府组织举行的跨区域性的文化学习和交流活动，这类会议通常以考察、交流等形式进行。

专业学术会议：通常是指某一领域具有一定专业技术的专家学者参加的会议，如专题研讨会、学术报告会、专家评审会等。

政治性会议：国际政治组织、国家和地方政府为某一政治议题而召开的会议，此类会议可根据具体的内容采用大会讨论和分组讨论等不同形式来进行。

培训会议：在一定会期（一周或更长的时间）内，对某类专业人员进行的有关业务实施方面的技能训练或新概念、新知识方面的理论培训。培训会议多采用讲座、讨论、演示等形式举行。

（三）按会议举办的主体划分

会议举办的主体就是会议的主办方。公司和协会代表了两种主要的会议主办单位，除此之外，非营利性机构如政府机关、社会团体和宗教团体也举办年会、展示会。因此，可以根据会议的主办单位将会议划分为三大类型：社会团体类会议、公司（企业）会议、其他组织会议。

以上介绍了几种比较常见的会议类型，基本涵盖了现实生活中召开的各种会议形式。当然，会议的分类并不是固定不变的，根据认识和研究问题的需要，完全可以按照其他的标准对会议进行分类。比如说，按照会议的性质，可以将会议分为正式会议和非正式会议；按照会议的规模，可以将会议分为大型会议、中型会议和小型会议；按照与会代表是来自国内还是来自国外，又可以将会议分为国内会议和国际会议。

第二节　展　览

一、展览的定义

1.《国际展览会公约》的定义

该公约的第一章"定义和宗旨"中第一条如此界定展览/展览会："展览会是一种展示，无论名称如何，其宗旨均在于教育大众。它可以展示人类所掌握的满足文明需要的手段，展现人类在某一个或多个领域经过奋斗所取得的进步，或展望发展前景。当有一个以上的国家参加时，展览会即为国际展览会。"这个定义强调了展览会展示信息、传播教育的功能，说明了经济、文化、政治等所有种类展览会的共性和根本特质。

2. 德国的定义

德国一般把展览分为博览会和展览会两种，二者的定义为："博览会带有市场特性，它展出一个或多个经济部门提供的范围广阔的产品。一般而言，博览会定期在同一个地方举行；展览会更多带有展示的特性，比如，它作为专业展览为各种经济部门，为各机构，也为各生产者提供解释性的、广告性的展示服务。"

3. 英国的定义

英国《大不列颠百科全书》中，展览会是指为了激发公众兴趣，促进生产，发展贸易，或是为了说明一种或多种生产活动的进展和成就，对艺术品、科学成果和工业制品进行有组织的展示。展览会举办的周期不等，短至一周，长至六个月以上；观众既有贸易专业人士也有普通群众。观众参加世界展览会的目的基本不是购物，而旨在体验展览的教育和娱乐价值。展览会的主要商业价值在于将产品呈现给公众。一个商贸展览会就像是一个临时市场，买方和卖方可以在洽谈的基础上进行交易。"Exhibition，Exposition，Fair"这三个词在美国基本上可以互换；在英国它们则各有不同的含义：商贸展览会（Fair）由商贸机构举办，如地方交易会和产品交易会；展览会（Exhibition）专指全国乃至国际性的展会；博览会（Exposition）专指国际性展会。除此之外，还有展销会（Show），它更多地指畜牧展示以及地方性、区域性或全国性的贸易和工业展示。

4. 美国的定义

美国是享誉世界的展览大国，对展览事业有创造性的贡献。《美国百科全书》对展览会、商贸展览会、博览会作了如下一些描述："Exhibition，Fair & Exposition"，意即展览会就是商贸展览会和博览会。商贸展览会起源于商贾们的定期集会，它是指在特定期限内，来自不同地区的、有组织的、大规模的商家聚会。博览会比商贸展览会的展期长，只在特定场合举行。博览会的作用主要是向商界人士和感兴趣的观众推介新的技术成果和工业制品以及艺术品。博览会与商贸展览会的区别是：商贸展览会通常为了现场交易而聚集；博览会是广告的一种形式。把博览会理解成广告的一种形式，体现了博览会信息传播的本质。美国《韦伯斯特21世纪词典》对展览会的解释有两方面：其一是"为参观而展示的行为或事实"；其二是"公开展示、陈列，如关于展示图画、商品货物、运动技艺等"。它对博览会的定义则是"大规模的国际性展览、展示"。

5. 日本的定义

《日本百科大全》中"展览"的概念：用产品、模型、机械图等展示农业、工业、商业、水产等所有产业和技艺、学术等相关产业领域的活动和成果的状况，让社会有所了解。

6. 中国的定义

所谓展览，就是展示、陈列，供人观看。所谓展览会是指在特定的地点和期限内，有组织地陈列、展示工业制品、科学成果或艺术品，达到信息、商品、服务交流目的的社会活动。展览会可以说明一种或多种生产活动的进展和成就，具有增长公众知识、促进生产、发展贸易的作用。所谓博览会，就是国际性的大型展览会，即由许多国家参加的规模宏大的产品、技术、文化、艺术展览及娱乐活动的国际性展览会。

7. 展览会、展会、会展的关系

"展览会"通常还有"博览会、展销会、交易会、展示会"等多种称谓，它们分别是展览会众多类型中的一种。博览会是国际化的展览会，展销会是商贸型展览会，交易会是以物品交易为目的的展览会，展示会是宣传性展览会。

"展会"为展览会和会议的口语化统称，与狭义"会展"概念相比，"展会"概念更多地体现口语化色彩，"展会"在口语中是"展览会"的简称。

"会展"概念分狭义和广义两种：狭义"会展"与"展会"概念相比，两者都是对会议和展览会的统称，但狭义"会展"的概念属于比较正式的表述，也是学术研究需要的定义；广义"会展"不仅包括会议和展览会，还泛指仪式、演讲、表演、赛事或庆典等节事活动。

二、展览的特点

展览即展览会。虽然目前没有关于展览的统一定义，但是我们可以从上述几个定义中找出关于展览的一般性特点。

第一，信息集中。这种集中既包括展品的集中，也包括观众和展商的集中。通过举办展览，把大量的展品集中在一个环境优雅的展厅内进行展示，同时又把大量的观众集中于此进行参观。这样，参展者（展商）与观众（客商）可以在短时间内集中交流信息。集中的优点有两个：一是信息量大，二是节约成本。就商业展览而言，由于展览的主办者组织了大量的商品，邀请了大量的客商，因而参展商（生产商、经销商）可以在短时间内接触到大量的客商，客商也可以在短时间里接触到大量的商品和参展商，这就最大限度地节省了展商和客商的时间，使他们能在短时间内相互了解、相互接触。如果没有展览信息的集中，一个客商往往需要花很长时间进行实地考察才能获得足够的信息量；一个参展商也需要花大量的时间和金钱才能接触到大量的客商。而在展览厅里，这些信息和资源都可以被轻而易举地获得。

第二，以"新"为吸引力。"新"是展览的灵魂，没有"新"，展览就没有生机，就会失去它应有的吸引力。"新"必须建立在大量创新的基础上，而创新是人适应环境、创造美好生活的一种本能。展览是新产品在世界亮相的重要舞台，也是新产品走向消费、实现自身价值的起点。在展览里也可以看到老产品，它们大都是名牌，不排除参展商展示这些老产品的目的是为寻找新的市场，但是更主要的目的是借助于展览向人们展示企业与产品的形象，巩固客户。"新"作为展览的灵魂，具有普遍性，但并不是说世界上所有的展览都需要强调"新"，有些展览强调的是其反面——旧。所有的文物与考古发现展所展出的展品都是过去留下来的，都是旧的，但是它们经历了长时期的历史变迁，显得异常奇特与珍贵。这些展品能够反映古代的文明，是人类认识历史的重要途径，因此展品越旧越有价值，越值得展示。实际上，文物的这种"旧"，是相对于产生它的时代而言的，对从未一睹它风采的观众而言，仍然具有"新"的含义。

第三，具有艺术性。这里不是指展览建筑的艺术性，而是指展览本身。为了突出产品的形象，展览的主办方往往要综合运用声、光、色、形等艺术手段，将展览布置得美轮美奂。置身于展览馆内，仿佛置身于立体艺术、平面艺术、灯光艺术的海洋里，美不胜收，加之音乐助兴，令人心旷神怡。

第四，具有结合性。过去，展览就是展览，往往是孤立的；现在则出现了展览与会议、经贸、旅游、艺术相结合的趋势。这一方面是因展览与会议以及节事活动的内在联系使然；另一方面则反映了主办方对展览的重视，希望其能更隆重、更有效地举行。这一趋势大大丰富了展览的内容，提高了展览的档次，增加了展览的吸引力。

三、展览的基本类型

（一）按照展览性质划分

1. 贸易性展览

贸易性展览通常是为产业如制造业、商业等行业举办的展览，其主要目的是交流信息、洽谈贸易，展出和参观的主体是商人。贸易性展览的展期多为 3～5 天，举办日期、地点相对稳定并且有规律。贸易性展览限制展出者的行业，观众主要是对口的贸易公司人员，大都是经过挑选并通过特殊途径（直接发函、在专业期刊刊登广告等）邀请而来的工商界的"目标观众"，普通公众一般被排除在外。这类展览重视观众的质量，通常禁止直接销售。

2. 消费性展览

这是面对大众消费者开放的展览，这类展览多具地方性、综合性，重视观众的数量，比如服装、名优产品展等。消费性展览的展期比贸易性展览的展期长，一般为 10～15 天。消费性展览在中国常被称作"展销会"，具有贸易和消费两种性质的展览被称作"综合性展览"。经济越不发达的国家，展览的综合性倾向越强；反之，经济越发达的国家，展览的贸易和消费性质区分得越清晰。

3. 宣传性展览

以宣传、展示为目的的展览被称为"宣传性展览"，如世界博览会就是以展示、宣传人类当代文明记录为目的的展览。

（二）按照展览内容划分

1. 综合展览

包括全行业或数个行业的展览，也被称作"横向型展览"，比如工业展、轻工业展。这类展览既展出工业品，也展出消费品；既吸引工商界人士，也吸引消费者。它能比较全面地反映经济或行业的发展状况及实力，具有良好的经济效益。

2. 专业展览

展示某一行业甚至某一项产品的展览，比如钟表展。此类展览以专业性为最大特色，其另一个突出特点是展会期间常举办讨论会、报告会，用以介绍新产品、新技术等。

（三）按照展览规模划分

1. 国际展览

由两个以上的国家参加的展览都可以被称作"国际展览"，这是国际展览局所规定的标准。但是在贸易展览业中比较普遍使用的标准是：一个国际展必须要有 20% 以上的展出者来自国外；20% 以上的观众来自国外；20% 以上的广告宣传费在国外使用。

2. 国家展览

展览中的参展商、观众来自会展举办地所在国家。

3. 地区展览

展览中的参展商、观众来自会展举办地所在地区。

4. 地方展览

地方展览一般规模不大，参展商、观众以当地的为主。

5. 独家展览

由单个公司为其产品或服务举办的展览。独家展览的好处是公司可自主选择并决定展览的时间、地点和观众，还可以充分发挥设计能力，设计特殊的展示效果而不受常规展览的规定限制。独家展览会的成功要点是选择和邀请观众。由于独家展览大多在旅馆举办，费用只是常规展的 10%，并且往往与研讨会、报告会、年订货会等结合起来组织，展览效果较好，因此越来越受到青睐。据统计，英国的独家展览在 20 世纪 80 年代增长了 330%。

第三节　节事活动

一、节事的概念

"节事"一词来自英文的"Event"，有"事件、活动、节庆"等多方面的含义。节事活动是指城市举办的一系列活动或事件，包括节日、庆典、展览会、交易会、博览会、会议，以及各种文化、体育等具有特色的活动或非日常发生的特殊事件。在西方事件及事件旅游（Event & Event Tourism）的研究中，研究者常常把节日（Festival）和特殊事件（Special Event）合在一起，作为一个整体来进行探讨。在英文中，节日和特殊事件简称为 FSE（Festivals & Special Event），中文译为"节日和特殊事件"，简称为"节事"。

广义的节事包括非常广泛的内容，在西方，不同类型的节事被统一称为"Event"（事件）。Getz 把事先经过策划的事件（Planned Event）分为八个大类：文化庆典（包括节日、狂欢节、宗教事件、大型展演、历史纪念活动）、文艺娱乐事件（音乐会、文艺展览、授奖仪式、其他表演）、商贸及会展（展览会/展销会、博览会、会议、广告促销、募捐/筹资活动）、体育赛事（职业比赛、业余竞赛）、教育科学事件（研讨会、专题学术会议、学术讨论会、学术大会、教科发布会）、休闲事件（游戏和趣味体育、娱乐事件）、政治/政府事件（就职典礼、授职/授勋仪式、贵宾 VIP 观礼、群众集会）、私人事件（个人庆典——周年纪念、家庭日、宗教礼拜，社交事件——舞会、节庆、联欢会）。

二、节事的类型

据不完全统计，目前我国几乎每个县市都举办节事活动，呈现出一片热闹景象。为了学习的方便，需要对数目众多的节事活动进行分类。根据节事活动选取的主题，可以将节事活动分为以下六大类。

（一）以"物产和商品"为主题的节事活动

这类节事活动是以城市的工业产品、地方特色商品和著名物产、特产为主题，辅以其他相关的参观活动、表演活动等开展的节事活动。此类节事活动除了可以推动商品交流、经贸洽谈等，还可以为举办城市带来很多社会效益，如中国豆腐文化节。自 1992 年起安徽省淮南市每年都依托特色商品——豆腐举办节事活动，一方面宣传了城市的商品信息，另一方面渲染了城市的文化气息。

属于这一类型的节事活动还有：中国青岛啤酒节、中国山西面食节、中国银川赏石旅游节、重庆国际茶文化节、中国宁夏枸杞节、浙江省桐乡菊花节、菏泽国际牡丹花会、景德镇国际陶瓷博览会等。

（二）以"文化"为主题的节事活动

此类节事活动就是依托该区域在历史上或现存的、典型的、持续性的地域文化而开展的节事活动。这类节事活动文化底蕴深厚，对游客具有很强的吸引力。它常常与当地特色文化的物质载体相结合，借此开展丰富多彩的观光、文化活动。如中国淄博国际聊斋文化节，以流传很广的聊斋文化为主题，举办各种与聊斋主题相关的活动，来活化人们心中的聊斋故事，深受游客喜爱。属于这一类型的节事活动还有杭州运河文化节、滁州醉翁亭文化节、天水伏羲文化节、湖南舜文化节、安阳殷商文化节、福建湄洲妈祖文化旅游节等。

在以"文化"为主题的节事活动中，特别需要强调的是以"名人"为主题的节事活动，它是依托地方名人出生地或是名人生前主要业绩地的人文事迹而开展的节事活动，如中国曲阜国际孔子文化节、浙江省国际黄大仙旅游节、四川江油国际李白文化节、浙江宁海徐霞客开游节、中国运城关公文化节等。此外，还有以现代娱乐文化为主题的各种形式的狂欢节，如海南狂欢节、广东欢乐节等。

（三）以"自然景观"为主题的节事活动

自然景观节事活动是以当地地脉和具有突出性的地理特征（极端地理风貌、典型地理标志、地理位置）以及自然景观为依托，综合展示了地区旅游资源、风土人情、社会风貌等的节事活动。这类节事活动与自然景观的观光旅游活动有相似之处，也有不同之处。自然景观仅仅是该类节事活动的主打产品而已，并不是全部。因此，在节事活动中除了突出自然景观的主体地位之外，还有很多其他的相关活动作为陪衬。例如，黄河壶口国际旅游节就是以壶口瀑布为主体，同时配以山西"威风锣鼓""陕北花鼓""扭秧歌"等活动，从而综合展示了壶口景区的风貌。

属于这一类型的节事活动还有：中国哈尔滨国际冰雪节、张家界国际森林节、中国吉林雾凇冰雪节、云南罗平国际油菜花文化旅游节、北京香山红叶节、中国重庆三峡国际文化节、中国黑龙江森林生态文化节、桂林山水旅游节、浙江"西湖之春"旅游节、中国青岛海洋节等。

（四）以"民俗风情"为主题的节事活动

此类节事活动是以本民族独特的民俗风情为主题，涉及书法、民歌、风筝、杂技等内容的节事活动。我国是多民族的国家，各民族的习俗各不相同，可以作为节事活动的题材非常广泛，因此，这类节事活动非常多。具有代表性的有南宁国际民歌艺术节、宁波中国梁祝婚俗节、中国三亚天涯海角国际婚庆节、浙江省绍兴国际书法节、浙江省中国开渔节、浙江省青田石雕文化旅游节、中国潍坊风筝节、中国吴桥国际杂技艺术节、中国（湖南）侗族文化节、傣族泼水节等。

（五）以"宗教"为主题的节事活动

宗教文化是中国传统文化的重要组成部分，宗教文化内容丰富、风格多样。宗教节事活动就是基于宗教对于游客的吸引力而举办的。宗教节事活动吸引的游客大多是宗教信仰者，这类参加者由于信仰关系，对宗教节事活动的参与程度高，并且重游率高，只要是跟宗教相关的各种活动他们大都会参加。各类庙会、开光节、寺庙奠基节等都属于这一类型，如九华山庙会、藏传佛教晒佛节等。

（六）综合性的节事活动

综合性的节事活动是综合多种不同主题，在大城市举办的节事活动。这种节事活动一般持续时间比较长，内容综合、规模较大、投入较多，所产生的效益也比较好。在我国的许多大城市都有这一类型的节事活动。如从 1998 年开始，由广州市人民政府主办，市商业委员会、市旅游局共同承办的广州国际美食节、中国旅游艺术节、广东欢乐节，"三节"同时同地举行，为期 11 天，跨越 6 个公众节假日。三大节事活动相互辉映，无论在规模、档次还是水平方面都上了一个新台阶，并形成以"食"为主，集饮食、娱乐、商贸、旅游于一体的消费热点。

从节事主题类型来看，六种基本类型中物产商品型、历史文化型、民俗风情型和自然景观型所占比例较大。这一结果反映了我国节事活动的举办往往是依托于城市最具优势的资源，对应了我国物产丰富、历史文化悠久、民俗风情浓厚、自然资源多样等特点。

三、节事活动的特征

（一）文化性

一般的节事活动安排都要突出展示地方文化，使得整个活动具有文化气息、文化色彩和文化氛围。随着旅游业的发展，节事活动往往将当地的文化展示与旅游促销一体化，以文化特别是民族文化、地域文化、节日文化等作为整个活动的主导特色，甚至逐步演化为以文化节事活动为载体，以旅游和经贸洽谈为内容的全方位的经济活动，这就是"通过文化搭台，达到经济唱戏"的现象。

（二）地方性

节事活动带有明显的地方特征，有些节事活动甚至成为举办地的形象指代物。例如，巴西奥吉里奥狂欢节、苏格兰爱丁堡艺术节和伦敦泰晤士河艺术节，都以"节事活动品牌代言城市"的形象来定义活动的举办地。一些节事活动历史悠久，已经成为城市的象征。如开始于 1810 年的德国慕尼黑啤酒节，最初仅仅是为了让所有的市民庆祝皇族婚礼，后来逐渐演变成融多种活动为一体的节事活动，主要包括赛马、游艺娱乐活动以及企业促销活动。该啤酒节每年 9 月都吸引大量的游客前往慕尼黑，人们谈起慕尼黑就会想到啤酒节。

（三）短期性

节事活动的一个本质特征就是短期性。每一项节事活动都有季节和时间的限制，都是在事先计划好的某一时段内进行的。当然，节事活动的时间并不是随意决定的，往往要根据当地的历史传统、风俗习惯、气候、旅游淡旺季、交通情况、接待能力、活动主题、经费、策划组织所需要的时间等条件，从实际情况出发来确定。在短暂的时间内接待从四面八方汇集而来的参与者，这给举办地区和城市的酒店、交通等基础设施带来了机遇，也带来了挑战。

（四）参与性

随着社会需求的发展，人们越来越注重活动的参与性，节事活动恰恰就是这样一种参与性很强的活动，众多节事活动都在想方设法地拉近和参与者的距离。

节事活动的参与者往往对节事活动的举办地怀有较强的好奇心，他们通常希望通过节事活动能够了解一个地区的生活方式。植根于特定地区的节事活动能够为来宾提供欣赏当地风景和探究当地文化的机会。参与者可以通过获得新知识、新技术来提高自己，组织者可以通过服装、食品的享用等方式使参与者对举办地留下深刻的印象。

（五）多样性

从节事活动的定义可知，节事活动是一个内涵非常广泛的集合概念，任何能够对一定规模群体产生吸引力的因素，经过开发都可以成为节事活动。此外，节事活动在表现形式上也具有多样性的特点，它可以是展（博）览会或体育赛事，也可以是会议庆典、花车游行及各种形式的文化娱乐活动。它的主题可以是某种果实，也可以是某个名人，可以是某个历史事件或风俗传统，也可以是当地的庆典。活动可以有宴会、戏剧、音乐舞蹈、服装展示、书画展示、体育竞技、杂技表演、狂欢游行等各种形式，涉及政治、经济、文化等多方面。

（六）交融性

正是节事活动的多样性，决定了节事活动必然具有强烈的交融性。许多大型的节事活动，如奥运会、世博会、世界杯等都包含了许多会议、展示活动、宴会、晚会等；而在许多会议、展览、奖励旅游中同样也包含着各种节事活动。"你中有我、我中有你"的交融性的特点，使相关的活动互相交融，共添光彩，也使节事活动更具吸引力。

第四节　会展产业

一、会展业的概念

目前对会展业的内涵还没有统一和权威的定义，在此，本书对各种界定做一个系统的梳理，以便形成全面的了解。

《国民经济行业分类与代码》（GB/T 4754－2002）对会展业所下的定义是：会展业隶属于商务服务业，指会议及展览服务，即为商品流通、促销、展示、经贸洽谈、民间交流、企业沟通、国际往来而举办的展览和会议等活动。

《中国城市竞争力报告 NO.2》认为，会展业是通过举办各种形式的会议和展览、展销，能够带来直接或间接经济效益和社会效益的一种经济现象和经济行为，也被称为会展产业和会展市场。

《21 世纪中国会展经济与会展产业》一书认为会展业和会展产业是两个不同的概念：会展业指的是会展行业，即直接为会展市场经济活动提供产品和服务的部门以及行业的总称，属于第三产业，由会展专业举办组织、会展场馆、会展设计搭建工程、会展服务四大基本行业部门要素构成；而会展产业则是指为会展业直接提供服务和支持的部门以及行业的总称。会展产业包括的部门和行业涉及第一产业、第二产业和第三产业的众多部门和行业；而会展产业本身属于第三产业范畴。

《会展经济：现代城市"新的经济增长点"》一书指出，会展业是会议业和展览业的总称，是指围绕会议、展览的组办，会展的组织者、展览场馆的拥有者、展览设计搭建单位开展的一系列的经济活动。

通过对上述定义的比较和分析，可以得出会展业具有以下五大特点：

（1）会展业是以会议、展览为主要运作和表现形式。虽然广义的会展活动包括会议、展览、大型国际体育活动、大型纪念或庆祝活动等，但会议和展览还是其主要的活动形式。

（2）会展业既能带来经济效益，又能带来社会效益。

（3）会展业属于第三产业，是一种新型特殊服务经济。

（4）会展业是一种综合性经济，涵盖的相关要素和内容非常广泛。

综上所述，可以认为：会展业是一种以会展公司和会展场馆为核心，以会议和展览为主要形式，为其他各种经济或社会活动提供服务，能够带来直接或间接的经济效益和社会效益，并能起到带动作用的综合性服务产业。

二、会展业发展历史

（一）世界会展活动发展历史

展览是最古老的市场形式，发展至今已有几千年的历史。展览的发生、发展过程可以分为原始、古代、近代和现代四个阶段。如今，展览已成为一个成熟、庞大的行业。展览的发展取决于经济的发展，并反过来服务于经济。几千年来，展览的原理基本未变，即通过"展"和"览"达到交换的目的，但其形式却一直在更新。当旧的展览形式不能适应经济发展的需要时，它就会被新的形式所代替。展的形式总是不断变化以适应社会、经济和贸易发展的需要。凭借规模优势，展览成为世界会展活动发展的主要代表。

1. 第一阶段：原始阶段（12 世纪前）

人类的贸易起源于物物交换，这是一种原始的、偶然的交易，其形式包含了展览的基本原理，即通过展示来达到交换的目的，这是展览的原始阶段，也是展览的原始形式。

世界上公认的最早的国际集市交易会，是公元629年在法国巴黎近郊的圣丹尼斯举办的交易会。由于当时交通不便利，社会商品也不丰富，人们只能在一定区域内自发地将剩余的物品拿到集市，进行最原始的商品陈列与交换。

从历史的角度来看，欧洲当之无愧是世界展览业的发源地，历史悠久。欧洲的展览会是从中世纪的"周市"发展而来的。周市（Weekly Marketplace）是指每周办一次的集市贸易，如古罗马的鱼市、米市、油市等，都是专门以买卖双方的交易活动作为办展的宗旨。因此，欧洲的展览会一直具有很强的贸易性。

2. 第二阶段：古代阶段（12—16世纪）

随着社会和经济的发展，商品交换次数在增加，其规模和范围在扩大，交换的形式也发展成为具有固定时间和固定地点的集市，而集市产生和发展的时期被称为"展览的古代阶段"。

早在中世纪，作为展览会前身的贸易集市就定期或不定期地在一些人口集中、商业较为发达的欧洲城市举行了。12—13世纪，香槟集市是当时欧洲著名的国际贸易集市。香槟集市是法国香槟伯爵在其领地上建立的跨国界的集市贸易中心。它位于当时法国的东北部，东临德意志，北靠佛兰德，处于北欧诸国与地中海之间的贸易商道上，水陆交通都极为方便，因而商贾云集，是意大利、英格兰、德意志和法国等其他国家与地区的商人的聚会之地。香槟集市每年定期在伯爵领地内的4个城市轮流举行，东方的香料和奢侈品，佛兰德的呢绒，法国的葡萄酒和家畜，德国的金属制品，英国的羊毛和铅、锡，北欧的皮毛等都在集市上出售，香槟伯爵则从商品交易中抽取税利。1300年，香槟伯爵的领地归法王治理，封建主沿途征税，损害了商人的利益，商路开始由内陆转向大西洋。1337年英法战争爆发，纷乱的战争环境最终使曾经兴旺达200年之久的香槟集市在14世纪逐渐衰落，失去了昔日的辉煌。香槟集市的形成和发展，是社会分工和生产力发展的结果，是早期会展经济活动较为完善的形式。

纵观世界会展业发展的历史，现代意义上的贸易展览会最早诞生于德国，因此一般认为德国是世界贸易展览会的发源地。到了15世纪，莱比锡和许多其他欧洲国家的城市都相继成为世界著名的会展城市。15世纪末至16世纪初，由于新航路的开辟，世界各大洲的经济及文化交流很快频繁起来，形成了连接大西洋、太平洋、印度洋的国际市场，展览会也呈现出跨地区、跨国界的趋势，国际会展业在此基础上得以形成，并且随着贸易活动的频繁和经济的全球化发展，逐渐扩展到包含北美在内的其他地区。

3. 第三阶段：近代阶段（17—19世纪）

（1）欧洲会展活动的发展。

17—19世纪，在工业革命的推动下，欧洲出现了工业展览会。工业展览会有着工业社会的特征，这种新形式的展览会不仅有着严密的组织体系，而且将规模从地方扩大到国家，并最终扩大到世界，这一时期是会展业发展的近代阶段。

18世纪末至19世纪初的工业革命标志着欧洲发达国家机械化工业生产的开始，继纺织业之后，机械在交通运输、电信和农业生产中的作用越发重要。工业革命极大地改变了全球社会经济活动的内容和形式，会展活动也成为重要的经济活动之一。工业革命使英国成为当时的"世界工厂"。为了显示自己强大的优势，英国于1851年在伦敦举办了"万国工业博览会",即世界博览会,来自世界各地(包括中国)的 14 000 多个展出者参加了此次博览会,标志着旧贸易集市向标准的国际展览会与博览会的过渡。此后,法国于 1867 年、1878 年、1889 年、1900 年连续四次举办了类似的大规模博览会;奥地利、荷兰、瑞士、意大利、美国也都相继举办了这种大规模的博览会。

1893 年莱比锡举办了第一届国际工业样品博览会,这届博览会不仅规模空前,吸引了来自各地的大批参展者和观众;更重要的是配合资本主义生产方式和市场扩展的需要,展览的方式和宣传手段等得以改革和创新,如按国别和专业划分展台,以便商人看样订货。这种方式引起了会展界的重视,欧洲各地的展览会纷纷效仿,会展业开始走上规范化和市场化的轨道。

(2)北美会展活动的发展。

一般认为,北美会展业开始于 18 世纪,是直接从西欧传过来的。1765 年,美国第一个展览会在温索尔市诞生;而加拿大的第一个展览会则诞生于 1792 年,当时是由加拿大尼亚加拉联邦的农业组织发起和举办的。起初,这些会展主要集中在早期殖民城市波士顿举办,后来逐步扩散到其他城市。

北美会展业起源于专业协会的年度会议,展览最早只是作为年度会议的一项辅助活动,仅仅是一种信息发布和形象性展示,其贸易成交和市场营销功能在很长一段时间里并不为企业所重视。

与欧洲相比,美国虽然称为世界经济强国,但会展业的国际性远不及欧洲。在大多数情况下,美国的会展业更多地是为了满足美国各州之间贸易往来的需要,所以,称其为"州际贸易展览会"也许更为确切。在美国的展览会上,最活跃的交易是在批发商和零售商那里进行的,外国参展商的成交往往是小批量的,单个合同成交额一般都小于欧洲的会展活动。尽管如此,由于美国国内市场容量巨大,美国展览会对国外参展商的吸引力仍然不小。

4. 第四阶段:现代阶段(19 世纪末至今)

现代会展一般统称为贸易展览会和博览会,是在市场性的集市和展示性的工业展览会综合的基础上产生的。

(1)19 世纪末至第二次世界大战前。

19 世纪末至第二次世界大战前,展览会与博览会成为发达国家争夺世界市场的场所。为适应市场的变化,扩大对外贸易,展览会与博览会改变过去单纯的商品展示的模式,采取样品展示、邀请专业贸易人士前来参展等形式,进行期货贸易,以达到加剧市场竞争的目的。

1928 年 11 月 22 日,来自 31 个国家政府的代表出席了在巴黎举行的国际会议,经过讨论共同签署了《国际展览会公约》,这是世界上第一个关于管理和协调国际性展览会的公约。公约规定了国际性的展览会(世界博览会)的举办周期、主办者和参展者的权利和义务等。作为该公约的执行机构——国际展览局(BIE)亦应运而生,其宗旨是通过协调和举办世界博览会,促进世界各国经济的联系、文化和科学技术的交流与发展。BIE 总部设在巴黎,常务办事机构为秘书处,秘书长为该处的最高领导。

(2)第二次世界大战到 20 世纪 70 年代。

第二次世界大战结束时,一批因战争而停办的展览会和博览会重整旗鼓,为世界经济复苏注入了勃勃生机。当时世界著名的米兰博览会、莱比锡博览会、巴黎博览会被誉为连接各国贸易的三大桥梁。冷战期间，莱比锡博览会在搭建东西方贸易联系方面起到了重要作用，前民主德国每年与西方国家达成的贸易额中，有1/3来自莱比锡博览会。另外，展览会与博览会也为科技成果在国际生产领域的应用和传播起到了不可估量的作用。在新产品、新技术层出不穷的今天，许多有利于生产发展的产品和技术都是通过展览的宣传和介绍而被社会所广泛接受的。

（3）20世纪70年代到90年代。

会展业达到国际性的产业规模，是在20世纪70年代，也就是经济全球化形成之时。国际分工体系的深化和科学技术的进步，给国际会展业带来强劲的发展动力。世界各国，特别是发达国家纷纷将其贸易集市发展成为具有较大规模的国际展览会或博览会，掀起了一股兴建大型展览中心、展览场馆的热潮。同一时期，各国还大量拓展会展从业人员队伍，国际会展业迅速形成了庞大的产业规模。

（4）20世纪90年代以后。

20世纪90年代以来，以信息技术为核心的新一轮科学技术革命使全球市场的时空距离大大缩短，为国际贸易的开展提供了最为便捷的手段。网络技术不断完善，网上会展日渐推广，电子商务开始实现普及化。

经过100多年的积累和发展，欧洲会展业经济是现阶段全球会展产业中整体实力最强和规模最大的。欧洲的展览会明显具有数量多、规模大的特点。据统计，每年在欧洲举办的贸易展览会约占世界总量的60%，而且欧洲展览会规模巨大，参展商数量和观众人数众多，绝大多数国际性行业顶级会展都在欧洲举办。在这个地区中，德国、意大利、英国、法国都是世界级会展产业大国，德国堪称其中最典型的代表，世界著名的国际性、专业性贸易展览会中约有2/3都在德国举办；按营业额排列，世界十大知名展览公司中也有六个是德国的会展企业。除欧洲以外，美国、日本、新加坡等国家和中国香港地区的会展业也都实现了巨大的发展，会展业经济在这些国家或地区的国民经济中占据了相当大的比重。

（二）中国会展活动发展历史

中国的会展活动发展可以追溯到2 000多年前，历史可谓久远，但还没有统一的阶段划分。为了方便学习与讨论，本书把中国的会展历史大致分为以下三个阶段：

1. 第一阶段：会展活动出现到新中国成立前期

古代的中国已经出现会展活动的雏形，《易经》记载："日中为市，致天下之民，聚天下之货，交易而退，各得其所。"当然《易经》中所描述的景象只是会展活动的萌芽，还不是现代意义上的会展。在漫长的封建社会里，中国长期处于自给自足的自然经济状态，制约了商品交易的充分发展，历代封建王朝又大多实行重农抑商政策，以商品交易活动为主要基础的会展活动因而发展缓慢。

1873年，中国首次参加在奥地利举办的维也纳世界博览会，此后，官方或民间商人又以组团参展、寄物参展、派员参观等形式，先后20余次参加了美国费城、法国巴黎、美国新奥尔良、日本大阪等地的世博会。1905年，清朝商部颁布《出洋赛会通行简章》，对华商出国参加国际性博览会做出了统一规定，鼓励各省商家踊跃赴赛。1915年，"中华民国"政府派人员参加了在美国旧金山召开的巴拿马太平洋万国博览会，获大奖章56个、名优奖章 67 个、金牌奖 196 个、银牌奖 239 个、铜牌奖 147 个。自 1926 年参加美国举办的世博会后，中国没有继续参加世博会，直到 1982 年，新中国才又登上世博会的舞台，参加了美国举办的诺克斯维尔世博会。

除了参加世博会外，中国国内的会展活动也逐渐发展起来。自 20 世纪初以来，中国举办过各种类型的博览会和体育运动会，以 1910 年的南洋劝业会为其中的典型。南洋劝业会是中国有史以来第一次以官方名义主办的国际性博览会，借鉴了美国圣路易斯万国博览会、比利时博览会、意大利米兰博览会的经验。博览会设省展览馆 30 余个，并设参考馆分别展出英、美、日、德等国的展品，还有陈列南洋华侨展品的暨南馆。展期 5 个月，仅两江地区物产展品就达 100 万件，会上获奖展品 5 269 件，参观人数亦达 20 余万人。

虽然自 20 世纪以来，中国会展活动开始有所发展，但因为国力虚弱、政局动荡、战争频繁，始终没能与世界会展活动同步发展。到了新中国成立，特别是改革开放以来，中国会展活动才获得了迅猛发展，极大地改变了中国社会经济生活的内容和形式。

2. 第二阶段：新中国成立后到改革开放前

新中国成立后，由于受国际政治、经济环境的制约，我国参加世界性会展活动的次数和机会并不是太多。但与旧中国相比，这种变化已是翻天覆地。1951 年 3 月，新中国成立后我国首次参加了莱比锡春季展览会，这标志着中国会展业国际化发展的开端。

但这一阶段中，无论是出国参加国际展览会、赴国外单独举办展览，还是接待外国代表团来华的展览会，基本上都是展示经济建设的成就。无论是展会的功能形式还是运作方式，都与现代意义上的商务会展活动大相径庭。会展，在这一时期的全国范围内还远没有成为一个产业。

3. 第三阶段：改革开放后至今

改革开放以来，中国会展经济从无到有、从小到大、从单一到多样、从综合到专业，以年均 20% 的速度递增，并且开始走向世界。中国会展业经过 30 多年的国内外竞争，已经形成一批全球知名的展览会。例如，在北京举办的机床展、纺机展、冶金铸造展和印刷展已跻身国际同行展的前 4 名，这些展览会在展览规模、服务水平等方面已接近国际水准，并被列入全球行业展览计划，参与全球行业展览竞争。近年来，消费品专业展也越办越大，北京的春秋国际服装展，大连、宁波的服装节，上海的国际家具展都逐步走向品牌化。

目前，中国会展业已经初具规模，这使得近年来各种区域性和以城市为特色的博览会、交流会和贸易洽谈会此起彼伏。除传统的"广交会"之外，昆明商品交易会、华东商品交易会、深圳高新技术商品交易会、大连服装节等都定期举行；杭州西湖博览会、西部论坛、北京国际周等也相继举办，取得了较好的效果。在一些地区和城市，会展业甚至成了经济发展的支柱产业，所举办的会展活动层次不断提升，对经济发展的带动作用不断增强。

总之，中国会展业的发展在很大程度上取决于中国的经济发展速度、中国对外开放的深度和广度以及中国和世界技术的发展速度，取决于中国参与世界经济全球化进程等诸多背景因素。在全球经济一体化的推动下，中国经济将迎来新的发展时期，这将给会展业带来新的繁荣机遇。巨大的市场和稳步发展的经济，将吸引更多的外商来中国进行各种经贸活动，会展业将成为各种经贸活动的桥梁和平台。

三、会展业的特征

相比其他产业，会展业是一个新兴产业，是一种具有突出独立性的新型经济形态，因此会展业有着其特有的产业特征。

（一）一种新型特殊服务经济

会展业是为第一产业和第二产业服务的，从这个意义上讲，会展业应该列为第三产业。但是，从我国对第三产业划分的四个层次来看，很难对号入座地把会展业划分到哪个层次之中，因为会展内容涉及第三产业的所有层次。首先，会展活动包含流通部门的内容，会展活动的主要功能就是促进商品的流通和信息的交流；其次，会展活动的内容和形式多种多样，既有为生产、生活服务的，也有提高科学文化水平和居民素质的，还有专门满足社会公共需要的。所以，会展业是一个既从属于第三产业，又不同于第三产业的一般行业。

（二）综合性非常强，相关产业范围非常广泛

从上述对会展业的产业构成以及会展业的相关支撑行业的分析可以看出，会展业是一个系统工程和综合经济，与其密切相关的行业非常广泛，包括旅游业、交通运输业、广告业、包装印刷业、通信业等。一方面，会展业离不开这些行业的支持；另一方面，它又有强大的产业带动作用，带动这些行业蓬勃发展。所以，会展业有"城市面包"之称，表现出强大的综合属性。

（三）对总体形势的依赖性强，产业敏感度较高

从全球各地区以及各城市会展业的发展情况来看，会展业的发展水平很大程度上取决于一个国家或一个地区的经济总体实力和经济发展形势。社会经济持续、健康、快速的发展，是对会展业提出的要求，也是会展业发展的根本推动力，更是会展业良性发展的前提。前副总理吴仪在中国会展经济国际合作论坛上明确指出，会展业是国民经济发展的晴雨表，是社会经济的直接反映。

另外，会展业的发展对社会总体形势的依赖性也非常强。会展业需要一个安定和谐的社会环境，任何因素导致的社会不稳定都可能给会展业带来不良影响。例如，2003年爆发的"非典"给中国会展业带来了巨大的损失。据统计，仅北京地区主要展览场馆和会议场所的损失就占全年收入的40%左右；主办单位和承办单位的损失占全年收入的50%以上；而关联企业，如装修业、广告业、运输业等的损失也约占全年收入的50%。

（四）一种高度开放的产业形态

会展活动的本质是物质、精神、信息交换及交流的媒介和载体。首先，会展作为一种经济交换形式，在商品流通中发挥着重要作用。相关调查显示，在制造、运输以及批发等行业有2/3以上的企业将展览作为流通手段，而金融、保险等行业有1/3以上的企业将展览作为流通手段。其次，会展活动还具有强大的信息交流功能，它通过产品陈列与展示的

方式，为买卖双方打造了一个技术、信息交流的平台，提供了一个直接、互动的交流机会。会展产业是作为一种开放的产业形态而存在的，它的发展必然会引起社会资源和生产要素在全国乃至全球范围内的自由流动，提高各国、各地区的开放性，使整个世界成为一个开放的体系。

四、会展业的作用

就世界性的经济中心城市或地区而言，会展业已成为其繁荣的象征，巴黎、伦敦、纽约、日内瓦、慕尼黑、新加坡、中国香港等城市都从会展业的市场运作中获得了巨大收益。即使对一些中等城市来说，会展业的发达也可以促进其走向全面繁荣，德国的汉诺威和美国的拉斯维加斯就是如此。总体来看，会展业从以下五个方面促进了城市和地区的繁荣与发展。

（一）会展业本身具有直接的经济效益

目前会展业属于高收入、高盈利的行业，其利润率在 20% ~25% 之间。例如，美国一年举办 200 多个商业会展带来的经济效益超过 38 亿美元。欧洲的一项会展业评估研究表明，经济发达国家会展业的产值占其 GDP 的 0.2% 左右。而据麦肯锡统计，2000 年全美参展人数为 4 122 万人，每个参展人员在相关展览活动上的支出费用平均为 1 200 美元；展馆租金收入、广告赞助及其他会展服务收入分别是 63 亿美元和 21 亿美元，全年会展直接收入为 84 亿美元，显示出巨大的直接经济效益。

（二）会展业对相关行业有明显的拉动作用

如前所述，会展业综合性很强，对旅游、运输、邮政、通信以及零售业等都有着明显的拉动作用。2000 年，全美会展直接收入是 84 亿美元，而与会展相关的社会性收入（住宿、餐饮等）为 495 亿美元，以上使得会展业总体经济效益达到了 579 亿美元，会展直接收入对相关产业的拉动系数达到了 6：1。而对每个参展人员所支出的 1 200 美元进行细化分析显示，住宿所占比例最高为 46.8%，其余依次为餐饮占 24.2%，个人消费（观光、购物、娱乐）占 16.5%，交通运输占 6.2%，其他开支则占 6.3%，会展业对相关产业的拉动作用不言而喻。

（三）可提高举办城市的知名度

由于会展业，特别是国际会展业的众多参与者来自世界各地，因此对于一个城市或地区而言，会展活动可以极大地提高其知名度。会展活动具有强大的集聚功能，能使一个城市或地区在短时间内积聚大量的人员，让人们亲身感受这个城市的政治、经济、文化、信息、技术和文明素质，从而大大提高举办城市的知名度和影响力。国际上有许多以会展著称的城市，如德国的汉诺威、杜塞尔多夫、莱比锡、慕尼黑等均是世界知名的会展之都；法国首都巴黎，平均每年要承办 300 多个大型国际会议，因此赢得了"世界会议之都"的美誉；上海世博会的召开也进一步提高了上海在国内外的知名度。

（四）有利于加快城市基础设施建设，提高城市文明程度

良好的基础设施和服务设施是会展业发展强有力的依托和必不可少的条件，如具备国际化先进水平的展馆，便捷发达的对内、对外的交通运输系统，设施先进、服务优良的饭店，能满足热门休闲和旅游需求的景点，以及其他各种生活和文化设施等。城市基础设施和旅游服务设施的条件优劣将直接影响会展业举办的效果，所以举办城市往往会进行较大规模的配套设施建设。会展业为改善城市基础设施提供了动力和契机，推动城市基础设施建设上升到一个新的水平。

（五）创造大量的就业机会，提高城市就业水平

香港有关统计表明，每 1 000 平方米的展厅面积可以创造 100 个会展工作岗位；以会展业发达的汉诺威为例，在汉诺威市第三产业中，会展业就业人数占 2/3 以上。

会展业是一门系统工程、综合经济，又是一门特殊的服务行业，它与相关的行业关系都很密切，涉及面广，包括展览营销、展览工程、广告宣传、运输报关、商旅餐饮、通讯交通、城市建设等，从而形成了对各个专业人力资源的广泛需求，产生了大量的就业机会。

【拓展阅读】
人民大众的节日——上海旅游节

上海旅游节起源于上海黄浦旅游节，集观光、休闲、娱乐、文体、会展、美食、购物于一体，至今已举办了 25 届。目前，上海旅游节已成为上海市的一项固定的全市性大型节庆活动，具有相当高的知名度和影响力，在海内外享有盛誉，是我国综合节庆活动的代表之一。

上海旅游节旨在综合展示旅游资源、旅游产业、文化产业、公共设施建设、商业配套产业的整体风貌，搭建商务平台，使旅游开发向产业化发展；同时不断挖掘潜在商机，为企业提供招商引资、技术交流和扩大企业品牌宣传的良好平台。综合性、群众性、参与性是历年上海旅游节的重要特点。

上海旅游节以"人民大众的节日"为定位，紧扣"走进美好与欢乐"的主题，每年都开发出不同特点的旅游产品和主题性活动项目，涉及方方面面的行业，规模宏大，形式新颖，品种多样，贴近生活，适合不同年龄层的人参与其中；以文化产业为龙头，汇聚海内外人文、艺术、生活形态与文化产品等内容，具有节目形式多样、内容丰富多彩、时间跨度大、参与人数多等特点。上海旅游节一般在上海气候最为宜人的秋天举行，为期三周。2006 年上海旅游节举办了开幕活动、花车巡游、音乐烟花、乡村旅游、世界美食、城市风情、都市游园、民俗休闲八个系列的百余项活动，为上海国庆旅游市场带来了丰富的旅游产品和活力。

1. 经典主线游

开幕大巡游中十多辆来自海内外的花车和几十支表演队伍沿着上海最繁荣的淮海路巡游表演，接受数十万市民与游客的检阅；而在南京路举办的露天大型"开幕联欢"活动，更是打造了一个激情澎湃的动感之夜。既然是节日，就不能少了历年经典的烟花表演——

上海国际音乐烟花节。"欢天喜地"的激光音乐烟花表演，让广大的中外来宾体会到不同的烟花组成的美妙梦境。浦江彩船大巡游、玫瑰婚典等更是旅游节的热点节目，上海的浪漫与丰富内涵尽在不言中。

2. 缤纷都市游

缤纷多彩的都市游是上海旅游节的特色节目之一。以都市游为窗口，展现上海作为国际大都市的多彩生活；通过都市游让游客了解上海、走进上海。旅游节主要从购物节、欢乐周、文化游等项目体现都市游这一主题。购物节立足于上海多层次购物环境、高品位购物体验的特点，将购物分为若干主题板块；南京路欢乐周、梅川路休闲街欢乐游等活动每天定时、定点、定路线推出特色巡街表演。来自国内外的民族风情队伍边巡游边表演，与中外游客同欢乐，形成一道亮丽的旅游文化风景线。此外，值得一提的是扬子江德国啤酒节、都市咖啡文化节、国际爵士同乐音乐节等文化活动，充分体现了上海旅游节的文化底蕴，给人以艺术的享受。

3. 绿色休闲游

2008 年的上海旅游节主要是从赏桂之旅、趣味游、田园农夫游、古镇游以及森林游等节目来充实绿色田园游的主题。长三角赏桂之旅，让人领略不同地域别样的桂花风情，在香气弥漫之间，感受自然的无穷魅力。嘉定欢乐周通过家庭垂钓比赛的方式，让一家人在野外感受 DIY 欢乐的同时增进彼此感情，促进和谐家庭的构建。除此之外，森林游、田园农夫游等活动也用其独特的方式丰富着旅游节带给人们的自然享受。

4. 多彩民俗游

九子大赛作为传承上海坊间文化的载体，已经连续三年在旅游节期间举办，伴随着奥运会的举办，这一简单易行的健身项目引领着新的参与热潮。枫泾水乡婚典自首次推出便受到热捧，这一活动不但是新人们一次与众不同的体验，更是观古镇、游水乡的好机会。唐韵中秋游园会则在中国传统的节日——中秋节上做足文章，融入时尚的旅游元素，让游客体验亦古亦今的美妙感觉。此外，朱家角古镇旅游节、"廊桥古韵"民俗风情系列活动等也都依托各自的旅游资源，为游客展现淳朴的民风、乡情。

5. 牵动经济链

加盟上海旅游节花车制作，上海工艺美术设计企业找到了新的利润点：全国各地的花车、花船订单源源不断，2008 年他们制作的花车首次开上法国街头，进军海外市场——上海旅游节牵动经济链，这仅仅是一个微小的缩影。

每年 200 万观众，大巡游凸显"展台"效应，被称为"流动的旅游博览会"。旅游商纷至沓来，2008 年花车报名达到了 60 辆，从大江南北到世界各地，从观光游览到度假休闲，不一而足。与此同时，历年花车大巡游的盛况通过卫星传到世界各地，海内外旅游爱好者也加入到观众行列中来，2008 年大巡游的可售门票竟有一半是被外国、外省市游客买走。上海人为看花车走出去，游客们为看花车走进来，拉动了住宿、餐饮、交通、购物等行业的发展。大巡游通过播撒旅游意识，托起了一个大格局的旅游经济。

分析：上海旅游节是旅游与节事活动以及展览相结合的范例之一。几十项各具特色的节庆活动在这一期间集中进行，涉及观光、休闲、娱乐、文体、会展、美食、购物等几大类。多年来，在活动设计上坚持保留名品、创新精品是上海旅游节获得成功的重要原因。

【思考与练习】

1. 简述会议的概念和特点。
2. 简述展览的概念和特点。
3. 简述节事的概念。
4. 简述会展业的概念。
5. 简述会展业与旅游业的关系。

【参考文献】

[1] 刘大可、王起静主编：《会展活动概论》，清华大学出版社，2004 年。

[2] 曾亚强、张义等编：《会展概论》，北京工业出版社，2007 年。

[3] 马勇、王春雷主编：《会展管理的理论、方法与案例》，高等教育出版社，2003 年。

[4] 胡平主编：《会展管理概论》，华东师范大学出版社，2007 年。

[5] 张艳玲主编：《会展管理》，北京交通大学出版社，2008 年。

[6] 吴信菊主编：《会展概论》，上海交通大学出版社，2003 年。

[7] 雷鹏、杨顺勇、王晶编：《会展案例与分析》，化学工业出版社，2009 年。

第二章　会展管理的基本流程

【学习目的】

通过本章学习，了解会展管理的基本流程，掌握会展前期准备工作、会展现场管理工作和会展后续工作的内容，理解展览和会议各自的主要工作流程。

【学习要点】

1. 会展管理基本流程的三个阶段
2. 会展前期准备工作主要内容
3. 会展现场管理工作内容的关键
4. 会展后续工作主要内容
5. 展览、会议的举办流程

【课前阅读与思考】

中国进出口商品交易会（又称"广交会"），创办于1957年春，每年春季和秋季在广州举行，是中国目前历史最久、层次最高、规模最大、商品种类最全、到会采购商最多、成交效果最好、信誉最佳的综合性国际贸易展会。50多年来，广交会从未间断过，迄今已举办115届，它的成功与其规范化的办展流程密不可分。

广交会的职能机构包括大会秘书处、业务办公室、外事办公室、政治工作办公室、保卫办公室、新闻中心、卫生保障办公室、证件服务中心、客户联络中心等。在广交会举办前，由大会秘书处负责前期的总体协调工作，业务办公室和外事办公室分别负责参展商和买家事宜；临近开展前，新闻中心负责媒体记者的邀请、证件服务中心负责证件的制作和发放、客户联络中心负责展品运输与展具发放事宜；会展期间，由大会秘书处统筹管理展会现场服务，保卫、新闻、证件等机构各司其职；展会结束后，业务办公室开展商客调研，为下届展会做准备。总之，每个机构都有明确的工作流程规范，贯穿整个广交会的前期、中期和后期。

第一节　会展的基本流程

会展业是一个综合性很强的产业，其参与主体众多、产业链复杂。会展的成功举办，需要每一个参与主体的密切配合以及每一环节上工作的顺利开展。因此，了解会展活动的基本流程及其参与主体的基本职责是会展管理的首要前提。

从整个会展运作流程上来看，会展活动大致可分为三个阶段：会展前期准备工作、会展现场管理工作和会展后续工作。会展活动的组织者（组展商）和参与者（参展商）是整个会展管理的核心主体，他们的职责分工贯穿会展流程的每个阶段。会展的每个阶段都是由组展商和参展商两个主体相互作用、共同推进的。虽然会展活动有会议、展览之分，但两者在会展管理工作上基本相似。

会展前期准备工作是会展流程中的重中之重，它关系到会展活动的类型、规模、参与者的数量和质量，是会展活动举办成败的关键。一般来说，在会展前期准备工作中，应由组展商根据展出目标、所掌握的资源情况以及行业特点和市场状况等决定举办类型。类型确定之后，组展商可以运用自身的营销网络以各种方式进行招展，并尽可能地使参展商的质量和数量符合所举办展会的档次和规模。这是组展商的重要工作，同时也是会展业务流程中的重要环节。对于参展商来说，在会展前期准备中首先要根据自己的营销需要、市场条件、营销方式和内部条件决定是否需要选择展览这种营销方式，并根据展会性质、知名度和展会的受众对象来确定参加何种类型的展会。在确定参加展会之后，则要加强对客户宣传的力度，这是参展商能否在展会上获得满意效果的关键因素。

会展现场管理工作也是会展流程的重要环节，它是会展活动是否举办成功的直接体现。对于组展商来说，其最终目的是为参展商提供良好服务的同时使自己的利润最大化，而要为参展商提供良好服务就要处处为参展商着想，向其提供合适的展位；举行盛大的开幕式，扩大展览会的影响；选择合适的承包商为参展商提供运输、装卸、设计、施工、餐饮等各种服务……这些都是参展商的切实需要，也是组展商所需要考虑到的内容。对于参展商来说，则应尽最大努力在展览现场进行推介、宣传，进行贸易洽谈从而与更多的客户建立业务联系。此外，会展现场管理的关键因素在于人力资源的合理分配与使用。把最适合的人才分配到最合适的岗位上，充分发挥人的主观能动性，是会展现场管理的关键。

会展后续工作虽然是在会展结束之后进行的，但它与会展的前期准备工作以及会展的现场管理工作同样重要。及时收集参展商和观众对所参加展会的评价，将在会展上所建立起来的客户关系和信息及时纳入数据库，为后续的会展提供客户信息，这对会展的持续举办具有重要意义。

总之，会展前期准备工作、会展现场管理工作以及会展后续工作是会展流程的三个重要组成部分，它们前后密切联系，缺一不可，共同构成了一个完整的会展管理流程系统。

第二节　会展前期准备工作

一、组展商的会展前期工作

（一）组织会展的决策

组展者应当对市场充分调研，并结合自身情况进行全面考虑，从而做出有利于组织会展的重大决策。一般来说，影响组织会展决策的因素主要有：展出目标、组展商内部条件（企业人力、物力和财力等）、企业所处的市场条件。

1. 展出目标

不同的组展商有着不同的展出目标，通常分为以下四种：

（1）有助于为展出者建立或维护形象。建立或维护形象，对于国家、政府或大型企业的参展商来讲，其作用尤为重要。例如，在旅游类展览会中，各地方的旅游局或旅游行业组织参展，主要目的就在于宣传当地的旅游形象。另外，从不同企业对形象的塑造目标而言，通常对于新成立的企业来说，他们需要通过展览活动出现在同行或者大众面前，扩大自身的影响力；而老企业则需要通过展览来维护品牌形象，维护自身在市场中的地位。

（2）提供建立和巩固客户关系的平台。组展商就相当于一个中介，通过会展这个交流平台，让参展商和买家建立和巩固客户关系。在会展上，参展商可以向新客户详细介绍企业及产品，从而和有兴趣的观众建立起客户关系；还可以充分利用会展的机会与老客户进行贸易洽谈，充分听取客户反馈的要求和意见，进而巩固与老客户间的关系。

（3）有助于达成交易。这是会展的重要功能，也是参展商的最终目的。相比其他营销方式，会展以实物展示，使买家可以调动全部感官来感受产品，对于企业宣传产品有着独特的优势，而宣传产品的最终目的是与合作伙伴签订贸易合同、达成交易。

（4）进行市场调研。这是举办会展的另一个重要目标。会展作为一种独特的营销活动，能够在有限的时间和空间内汇集行业中大部分的买方和卖方。这样，组展商就能够比较全面、充分地了解市场的供求水平、产品销售情况、客户情况和市场发展趋势等，这些信息通常用一般的市场调研方法难以获得或者获取成本较高。同时，参展商也可以在短时间内免费、合法地收集到参加会展的竞争对手的信息，以及了解到众多不同观众和客户的需求，这些市场信息对于企业确定下一步的经营策略具有重要作用。

2. 组展商内部条件

内部条件是指组展商所具备的人力、物力和财力资源。会展工作是一项需要耗费大量人力、物力和财力的工作，组展商必须综合考虑自身这几个方面的资源是否能够组织会展活动以及组织多大规模的会展活动。

从人力上讲，由于组织会展是一项群策群力的工作，没有足够的人力或缺少人员之间的良好配合，组展就很难实现。因此组展商要考虑自身所拥有的人力资源的数量是否能办好会展活动，是否需要把某些会展服务外包出去以保证其顺利实施。其次，由于会展工作的专业性和技术性要求，必须要有一定专业技能和较强综合能力的人才能胜任，因此，组展商要重视人力资源的质量。

物力是指组展商所具备的物质资源和其他资源，包括展品展具、展览场地等。有些组展商拥有自己的展览馆，但随着社会专业化分工程度的不断提高，许多组展商并不具备自己的展览场地，因此，这些组展商就一定要提前落实好展览场地。

财力也是组展商在组织展览之前要考虑的重要因素之一。展出之前应该编制预算，并尽量使预算与实际的收入和支出保持一致。通常来讲，会展支出越多，展出的效果越好。但需要说明的是，展出效果的好坏与会展支出的高低之间并没有本质的、必然的联系。因此，编制预算时应考虑如何分配资金才能达到效果最佳，从而使利润最大化。

3. 企业所处的市场条件

市场条件包括市场规模（市场容量）、市场发展水平（市场供求水平、市场发展前景）、进入壁垒等多个方面。在决定是否举办会展时要充分考虑企业所处的市场条件，因为这些市场条件决定了会展活动的最终成效。

市场规模即市场容量，在一定程度上决定了市场的竞争程度和获利空间。市场规模越大，企业获利空间越大，通过会展方式扩大产品宣传、实现贸易洽谈的可能性也就越大。

市场发展水平包括市场供求水平和市场发展前景，它是衡量市场成熟与否的标准，同时也在一定程度上反映了市场竞争的情况。一般来说，如果市场发展水平越高，市场越规范，竞争越激烈，那么会展活动对于推介新产品、拓展市场份额的作用就越薄弱。从这一点来说，在会展策划时就要进行慎重且全面的考量。

市场的进入壁垒是指新厂商进入市场的难易程度。如果市场的进入壁垒较高，例如，对于进入完全垄断或寡头垄断类型的市场的厂商来说，潜力不大，会展活动的收益不会太大，其举办的难度也就相应增大了。

（二）制订会展计划

做出会展决策之后，就需要对整个会展工作进行总体上、全局上的安排与计划了。制订会展计划是整个会展管理流程中的重要工作环节，只有制订好计划，会展工作才能有秩序、有条理地开展。

一般来说，会展计划都是以时间为划分标准来部署工作内容的。通常，会展活动的举办大致分为一年两届、一年一届、两年一届、三年一届或五年一届等，其中以一年一届举办频率的会展居多。以此为例，通常在距离会展活动开始前 12 个月，组展商就需要确定举办会展的决策并制订会展计划；在距离会展活动开始前 9 个月，组展商需要开始进行第一轮的宣传工作以及会展的策划工作；在距离会展活动开始前 6 个月，组展商需要开始第二轮的宣传工作并确定会展活动的形式；在距离会展活动开始前 3 个月，组展商需要开始第三轮宣传工作并开始与参展商以及各相关单位确认会展工作的事项；在距离会展活动开始前 1 周，组展商需要开始会展场地、物品等的布置与准备工作。

（三）会展宣传

会展的宣传工作是整个会展前期准备工作的重心，它决定了参展商的数量和质量，还决定了专业观众的多少，进而决定了会展的效果。对绝大多数会展活动来说，会展的宣传工作应从以下三个方面着手进行：

1. 确定宣传对象

会展活动的宣传对象包括潜在的参展商和观众。在参展商方面，组展商应该事先制定好参展商的选择标准，同时根据财务预算、自身实力等确定与展会规模相适应的参展商数量。通常，知名度高的展会，愿意参展的厂商多；反之则愿意参展的厂商少，需要组展商加大宣传力度。在确定了邀请参展商的数量之后，还需要确定具体的宣传对象。组展商应认真研究过去所举办的同类会展中参展商的基本情况，并根据这些基本情况整理出可能参展的企业名单，有针对性地对其进行招展宣传。

在观众方面，组展商也需要确定观众的规模与范围。按行业设置来分，会展可分为行业会展和综合会展；按观众构成来分，会展可分为公众会展和专业会展。通常公众会展活动没有观众限制，如汽车展的受众是普通大众，因此组展商可采用各种大众宣传方式，吸引尽可能多的观众；而行业会展或专业会展则有专业观众和普通观众之分，有些专业会展甚至只允许业内人士参加，如医疗器械展览会只对医疗行业业内人士开放。因为这些专业的观众群体比较固定，针对这一群体，组展商往往有着比较固定的宣传途径。

2. 准备宣传内容

准备宣传内容实际上就是准备宣传资料。从资料的形式上来讲，宣传资料包括新闻资料和情况介绍资料。新闻资料宣传的目的是让参展商和观众了解会展活动，主要包括会展活动的基本情况，如时间、地点、内容、性质等，市场的规模、特点、潜力等，组织者的联系地址、参加手续、申请截止日期等，要求简短、全面。情况介绍资料表述的基本范围与新闻资料相同，不过内容更为详尽，是为了让潜在的参展商能够详细地了解会展活动的情况，以便做出是否参展的决定。情况介绍资料通常包括参展申请表、参展基本要求和手续等信息。

3. 选择合适的宣传方式

合适的宣传方式是获取成功的宣传效果的关键。一般来说，组展者常用的宣传方式如下：

（1）在媒体（主要指专业媒体）上刊登广告。广告是会展宣传的重要方式，也是相对有效的营销方式，其特点是覆盖全面、效果显著，但成本较高。只有选择合适的媒体、适时地投放广告，才是降低成本、取得良好效果的最好办法。不同的媒体有不同的受众对象，组展商要考虑所选择媒体的受众对象与会展的目标观众是否一致。通常，消费性质、综合性质的会展可以选择大众媒体，如大众报刊、电视、电台等；行业性质、专业性质的会展则应选择生产和流通领域里针对目标观众的专业媒体，如专业报刊、内部刊物、展览刊物等。

（2）直接发函。直接发函是指将各种资料直接寄给潜在的参展商或观众，邀请他们参加会展的一种宣传方式。直接发函是会展业使用最广泛的宣传方式，也是成本效益比最佳的宣传方式之一，其特点是简单易行。组展商在发函时还应注意一些小技巧，比如在发函的同时寄发礼品券、贵宾卡等。这些方式的成本不大，却可以给客户一种被重视了的心理满足感，使得他们更愿意来参展。

（3）新闻报道。新闻报道是通过在报刊上刊登新闻资料的形式来达到宣传的目的，其特点是费用较低、可信度高。新闻报道的资料主要包括新闻稿、专稿、特写、新闻图片等。新闻报道实际上是一种软广告，这种宣传方式可以贯穿整个会展活动的始终。

（4）公关活动。会展活动的公关手段包括会议、表演、评奖等形式，其作用是扩大会展的影响、丰富会展的内容。会展活动中会议和展览是互有联系的，所以部分组展商在展览过程中会加入会议这一公关手段。例如，在行业会展期间召开行业内的投资峰会，往往会引起业内人士的关注，以加大会展的宣传效果；又比如组展商可针对参展商进行展台设计评比、人气展位评比等比赛，通过这些公关活动使会展内容更为丰富，同时扩大宣传效益，如果能联系媒体参与则会使宣传效果更佳。

（四）确定参展商并签订合同

一般来说，参展商是由组展商通过宣传而联系上的，这些参展商基本上都会遵循会展活动的要求；另外也有一些自愿申请参展的厂商，组展商应根据标准对这一部分厂商进行筛选，对于产品种类与展出内容不符的申请者、不合作的申请者、不可靠的申请者（如管理不善的企业）、产品质量和产量不能满足会展需求的申请者，组展商应拒绝其参展。

确定参展商之后，组展商与参展商之间应签订书面协议或合同，以明确双方的权利和义务以及违规的处理方法。理想情况下，应该由双方共同制定合同条款，以维护合同双方的权益。但在现实情况中，会展合同一般由组展商起草制定，这就会导致出现约束参展商的条款大大多于组展商的现象，不利于参展商维护自身的利益，从长远来看，也不利于维护组展商的信誉。因此，组展商在制定合同范本时应充分考虑双方的立场，以公平为基础来制定合同，合同一般是在参展商确定参展之后由组展商随其他资料一并寄给参展商的，参展商在签订合同之前一定要认真阅读、研究合同中的有关条款，查看合同中是否存在损害自身权益的条款。如果存在不平等的条款，参展商应该与组展商进行交涉，维护自身权益。

（五）财务预算

财务预算是会展活动得以举办的前提条件，制定财务预算是组展商前期准备工作中的重点内容。财务预算的目的在于保证组展商实现会展收支平衡。财务预算通常包括收益和支出两个部分。

1. 收益

（1）组展商自身拨款。主要是指组展商通过财务预算直接用于会展活动的资金收入。有些组展单位是行业协会、政府相关部门以及一些实力较强的组展商，他们一般预留会展举办的费用，这属于组展商自身拨款部分。

（2）参展商交纳的场地费用。场地通常可分为光地和标准展位。光地即净场地，指无装饰、无展架的场地，适应参展商搭建有特色的展台，即"特装展"。光地的租赁费用比较低，但加上展台和装饰之后的成本会比较高。标准展位简称"标摊"，配套有简单的展架、灯光、展台等设施，可以直接使用，适合中小企业。标准展位通常按 3m×3m 或 3m×6m 来计算，租赁费用高于光地，但展台总成本却低于光地。

（3）参展商交纳的其他费用。除了场地使用费之外，参展商有时还需要交纳其他一些费用。如果参展的展品运输由组展商统一负责，参展商可能需要交纳展品运输费。另外，参展商通常还需要交纳水电费、清扫费等，若接受统一的餐饮服务还需要交纳相关费用。

（4）门票。门票收入是组展商的重要收入来源之一，由参展的观众购票产生。门票的定价要根据会展的规模、类型、档次、知名度等多种因素综合而定。

（5）赞助。会展活动常常有赞助收入，赞助主体可以是政府、行业协会，但主要还是企业。政府和行业协会的赞助大多是出于扶持其发展的目的，而企业的赞助则多为提高自身的知名度或显示在行业中的实力。通常会展规模越大、知名度越高，就会吸引越多的赞助商。中小规模的会展所吸引的赞助商数量较少，赞助商的知名度亦不高。

2. 支出

（1）租用展览场地的费用。如果组展商自身拥有展览馆，则不会有此项费用。如果组展商不是展览馆的经营者，就需要根据会展规模租用展览场地。一般来说，组展商向展览馆交纳的场地租用费要比参展商向组展商交纳的场地租用费低，这一方面是由于存在规模效应，另一方面也是因为组展商与展览馆往往具有相对稳定的长期合作关系。

（2）广告宣传费用。指所有为宣传而支出的费用，包括新闻媒体的邀请、各类广告、客户联络、资料编印、摄影录像等。

（3）支付给服务承包商的费用。一个专业化程度高的会展活动会有相应的服务承包商，承包商会提供各种专业服务，比如餐饮、卫生、安保等。组展商因此需要支付相应的费用。

（4）人员费用。所有参与会展活动的工作人员的费用，包括膳食费、差旅费、薪酬等。

（六）其他业务

随着会展专业化趋势的不断增强，组展商把越来越多的工作承包给专业公司，例如，会展的开幕式、表演等活动大多由专门的文化演艺公司承担。为使各参与主体能密切配合，组展商需要与各方签订合同，以规范各参与主体的权利与义务。组展商在选择服务承包商时也应遵循一定的原则，确保承包服务的质量。

二、参展商的会展前期工作

参展商前期工作的流程包括：参展决策、参展计划、展出宣传、制定预算以及其他业务。由此可见，组展商和参展商的会展前期工作在流程和内容上有较多相似之处，其中部分已在前文提及，在此不再重复。

（一）参展决策

参展商在决定参展前，应该充分考虑以下三个方面，才能做出是否参展的决策。

1. 分析企业的营销需要

参展是树立和维护形象的最佳途径，同时也是了解市场、宣传产品、销售产品的主要手段。一般情况下，参展对于新成立的企业来讲，可以帮助企业在短期内建立客户关系，被同行业所接受，迅速进入市场；而老企业则往往会固定参加一些有影响、有规模的专业会展活动，其参展目的是展示自己的实力并实现与客户的交流和联络。作为参展商一定要综合考虑这些因素，确定自己是否有这些方面的营销需要，并据此决定是否参展。

2. 确定展出的目的

企业首先要明确自身的展出目的，如果是为了展示产品、树立企业形象，就应该选择着重展示产品的会展活动；如果是为了销售产品，实现贸易洽谈和产品销售，则应该选择专业性比较强的贸易交流型的会展活动。因此，明确展出目的才能便于企业找到最适合自身的展会。

3. 了解组展商的实力和观众情况

确定展出目的后，参展商就可以对各种类型的会展活动进行筛选，筛选的标准主要来自组展商和观众两个方面。

首先，参展商应该对组展商的以下情况进行详细了解：

（1）组展商及相关支持单位是否为该行业的权威机构或企业。

（2）组展商的办展资格、信誉、品牌和经济实力。

（3）组展商所组织的往届展会的档次、专业、规模和广告宣传投入力度。

（4）组展商的服务情况，如参展手续是否便利、安保措施是否齐全、展品道具运输手续办理是否便利等。

其次，参展商也应对观众的情况做相应评估：

（1）往届展会接待观众的数量。

（2）参观者中决策者的比例。

（3）目标观众在总观众中的比例。

（4）展会对观众的专业或行业限制。

（5）上一次展会接触的观众中新观众的所占比例。

（二）参展计划

对于参展商来说，同样要制订参展计划。以大多数国际会展为例，参展商通常需要提前一年开始制订参展计划。

参展商参展计划

时间	参展工作安排
会展开始前 12 个月	（1）选订全年展览计划 （2）向会展组织者提出申请 （3）进行财务预算
会展开始前 9 个月	（1）设计会展结构 （2）取得会展管理公司的设计批准 （3）选择并准备参展产品 （4）与国内外客户联络 （5）制作展览宣传手册
会展开始前 6 个月	（1）实施各种推广活动 （2）支付会展场地及其他服务所需的预先付款 （3）检查会展工作准备
会展开始前 3 个月	（1）继续追踪产品推广活动 （2）最后确定参展样品 （3）准备赠送客商的特色样品和礼品 （4）最后确认展位结构设计方案 （5）计划访客回应处理程序 （6）训练参展员工 （7）排定会展期间的约谈 （8）安排会展现场或场外的招待会
会展开始前 4 天	（1）完成运货文件 （2）制作说明书及公司和产品宣传册 （3）出发前往目的地

（续上表）

时间	参展工作安排
会展开始前 3 天	（1）视察展览厅及场地 （2）指示运输承包商将物品运送到 （3）咨询运输商并确定所有运送物品已抵达 （4）联络所有的现场服务承包商，确定一切准备就绪 （5）与会展的组织者联络 （6）访问当地客户与顾客
会展开始前 2 天	（1）确定所有物品运送完成 （2）查看所订设备、所有物品及其功能 （3）布置展位 （4）最后决定所有活动节目
会展开始前 1 天	（1）对摊位架构、设备及用品做最后的检查 （2）与公司参展员工、翻译人员等进行展前最后核实

（资料来源：根据实际情况整理）

（三）展出宣传

事实上，参展商与组展商在会展的宣传方式上相差不大，主要包括以下七个方面：
①新闻媒体；②寄发邀请函；③电话邀请；④会展指南的免费刊登条目；⑤会展电子信息系统的免费条目；⑥会展指南的付费广告；⑦专业媒体广告等。

但参展商和组展商的宣传对象不一样，应针对自己的目标客户选择合适的宣传方式进行宣传。

（四）制定预算

参展商在制定财务预算时也要从收益和支出两个方面来考虑，其中部分内容和组展商的财务预算类似，不再重复。

1. 收益

收益主要来源于以下途径：

①公司拨款；②预算；③赞助；④出售展品和纪念品的收入。

2. 支出

参展商所支出的参展费用主要包括以下几个方面：

①向组展商支付的场地租赁费；②展品费用（主要指展品制作费用和展品运输费用）；③展台、展具租用搭建费用；④广告、宣传、公关费用；⑤人员费用（主要是食、宿、行等差旅费用、差旅津贴以及临时雇佣人员的费用）；⑥其他费用（主要包括水电费、电话通信费、保险费、清扫费等）。

第三节 会展现场管理工作

一、组展商的会展现场管理

（一）举行开幕式

开幕式是会展的一个重要环节，通常安排在会展开始的第一天上午。一般情况下，开幕式结束后观众才可以进入会展场馆。因此，作为会展的首要仪式，开幕式的举行对后续会展活动的顺利进行具有重要作用。

开幕式的主要目的是制造气氛，扩大影响，提高展会的知名度，吸引更多的观众来参展。因此，开幕式一般会邀请一些具有强大影响力和宣传价值的人物，如政府官员、工商名流、新闻界人士、外交使节、公司高层等。一方面，这些人本身的影响力可以起到宣传的作用；另一方面，这些人都有一定的购买决定权或建议权，而这一点对于会展的展览效果有着直接或间接的影响。

开幕式活动一般遵循以下程序来进行：首先是司仪宣布开幕式开始；然后主持人按顺序请嘉宾发言致辞，需要注意的是，组展商一定要事先按照身份、地位安排嘉宾致辞的顺序，这样方能显示礼貌和对其的尊重；最后是嘉宾们的剪彩仪式，剪彩完毕后往往会立即喷发礼炮，以强化欢乐的气氛，也预示着会展的成功。有些开幕式在嘉宾剪彩完毕后，还安排嘉宾参观展台。参观展台的顺序和路线都需要事先安排好，事先要求被参观的展台要做好相应的准备。参观中，解说、引路和陪同人员都要安排好，尤其对一些重要的人物要有专人负责陪同。此外，有些开幕式在司仪宣布开始之后以及嘉宾剪彩之前，还会加入一些精彩的表演节目，目的也是活跃气氛、扩大宣传。表演节目的内容应该和展会的主题尽量相符。展会开幕式的程序不算复杂，但开幕式的成功需要组展商事先进行充分的准备，像出席嘉宾的邀请与确定、开幕式现场的布置、司仪的安排以及座席的排位等，都属于准备工作的内容，组展商要提前安排妥当。

（二）会展现场登记

会展现场登记是会展现场管理的首要工作，包括迎接与会人员、安排工作人员、管理现场资金和交通等。会展现场登记是与会人员感受会展服务的第一个环节，也是组展商工作效果的重要体现，因此，一定要做好会展现场登记工作。

会展现场登记处一般设在展馆的门口，但对于一些大型的会展或者是场地受限的会展，登记处有可能设在离展馆较远的地方。无论如何，会展现场登记处是参加者到达会展现场第一时间就会去的地方，因此，会展现场登记处应该有清楚、醒目的标记。

会展现场登记应提前准备好登记表，并按与会人员身份的不同进行分类登记。一般来说，与会人员大体分为：嘉宾、赞助人、新闻记者、观众等。不同人员应分开登记，制作不同的登记表，而且嘉宾、赞助人等在登记后应该有专人负责引领到贵宾室休息。另外，在住房安排上以及餐桌摆放方面也有一定的要求。而对于观众来讲，组展商通常在会展之前就已经获得一部分与会人员的名单，包括姓名、单位、职位、联系方式等，对于这部分已做预登记的观众，会展现场登记应为他们设立专门通道，一方面节省了登记时间，另一方面也是对这部分观众的尊重。因为预登记的观众提前完成了登记工作，减轻了组展商的工作量；而且，这部分观众往往是专业人士或是对会展关注度较高的人。对于预登记的观众，工作人员应请其提供预登记凭证，通常还需请其提供名片，即可进入会场。另外，有许多人是临时决定来参会的，这部分观众登记时需要自行登记姓名、单位、职务、联系方式等基本信息，并尽量提供名片。一些大型的展会由于观众人数较多，在登记时还会对观众进行细分，如广州国际 LED 展就把观众分为预登记观众、国内一般观众、海外一般观众，对所有观众实施区分登记。在观众登记完毕后，工作人员往往会派发会刊给观众，让观众对展会进行提前了解。

负责现场登记工作的人员应该事先经过培训并熟悉工作。工作人员应该清楚所有与会展活动有关的场所地点以及整个展会的基本情况。此外，还应具备一定的交际能力，如果是国际性会展活动，工作人员应该能够熟练使用英语。另外，工作人员通常穿统一的工作制服，尽量穿舒适的鞋子，还需注意仪表。

（三）会展现场设备管理

各种会展活动都需要使用大量的设备，因此，设备的正常运行是成功举办会展的物质保障。会展活动中最常使用的设备大体上分三类：一是放映设备，如幻灯机、投影仪、屏幕等；二是音响设备，如麦克风、录音设备等；三是特殊视听系统，如多媒体设备、同声传译设备等。工作人员要事先在会场中合理布置相关设备。通常在会展活动开始的前一天进行设备检测，以保证会展期间设备的正常运行。在会展活动期间，一定要有专门负责设备的技术人员在场，以便设备临时出现故障时可对其进行维修。对于一些价值低、易移动的设备最好能多准备一些，如同声传译耳机等，以便临时替换故障设备。而大型设备或不易移动的设备一旦出现故障，则不容易马上替换或修复，因此，会展活动在举办之前一定要一再地对设备进行检测。

（四）突发事件处理

会展在举办过程中随时可能会遇到一些突发事件，如紧急伤病、火灾或盗窃事件。对于突发事件，组织者一是要事先做好防范措施；若碰到突发事件，要及时、谨慎地处理。

由于会展活动是一个人流密集的群体活动，会展场地有时会因为空气流通不畅而造成传染病的突发。此外，许多与会人员从外地来参加会展，由于旅途劳累或地域改换的不适应，也容易患病。因此，参加会展的人发病率较高，这种突发事件是事先可以预测到的。组展商应该建立起一个紧急医疗救护系统，在会展现场安排医疗人员，症状轻的可就地治疗，严重的应该及时送往医院。

由于会展活动的人流、物流密集，火灾发生的可能性较高，而一旦发生火灾，将对整个会展活动及各方造成重大损失。因此，组展商有责任向参展商、观众以及与会人员告知逃生方法和紧急出口所在方向。组展商还应在会展前做好充分的防火准备并仔细检查，如现场的自动灭火系统、灭火设备是否完好有效，安全通道是否畅通等。此外，会展场馆一般禁止吸烟，若发现有与会人员吸烟，会展工作人员应及时制止。

通常会展规模越大，会展现场人流越多，盗窃事件就越容易发生，如在书展这种公众性会展中，书本的盗窃常有发生。因此，会展现场一般设有保安来保障会展活动的安全进行，相关的安保工作一定要组织安排好。

总之，现代会展企业应该时时具备危机意识，成立专门的危机管理机构，建立危机应急管理机制，制定紧急情况应急预案，建立危机信息处理系统，有条件的还可以设立风险基金。

二、参展商会展现场的管理

参展商的现场管理工作就是要最好地实现会展的展出目的，这是所有展前准备工作效果的直接体现。一般来说，参展商会展现场的管理工作包括确定展台工作人员、展台接待、贸易洽谈和情况记录四个方面。

（一）确定展台工作人员

展台工作人员是整个展台的活名片，他们代表着参展企业的形象。工作人员能否满足会展现场的工作需要也是展出目标能否实现的重要因素。因此，参展商要合理安排展台工作人员的工作。

一般来说，展览工作人员包括筹备人员和展台人员。筹备人员主要负责展品、运输、展台设计、施工、宣传、联络、行政、后勤及财务等工作，由项目经理总负责；而展台人员主要负责接待观众、介绍产品、记录情况、洽谈贸易、签订合同等工作，后者的作用更为关键。

展台工作人员通常应该具备以下几方面的素质或能力：

①较强的业务知识（包括参展企业的基本情况、展品或服务产品的基本情况及技术性、需求性等问题）；②有会展工作经验；③有决断能力；④有领导、鼓舞士气的能力；⑤有组织、处理紧急事务的技巧；⑥处事沉着、善于表达；⑦有责任心；⑧能够谈判、协调；⑨积极的工作态度和工作技巧；⑩穿着整齐、举止端庄。

（二）展台接待

接待客户是展台现场工作的第一步，也是关键的一步。一般来说，普通观众没有贸易价值，也被称为"无效观众"；在大量参观者中只有一小部分是有效的潜在客户或实际客户，如何将这些有效客户的潜在需求变为现实需求，这是展台接待所要解决的问题。展台工作人员应该具备区分有效客户和无效观众的能力，对于普通观众不要耗费太多的时间和精力，但要注意礼貌，对其问题做简单回答并尽快结束交谈；而潜在客户和实际客户才是展台接待的工作重点，因此展台工作人员应该掌握一定的接待技巧：

（1）保持开放的心态，让参观者感觉到展台人员有交流的愿望，并使参观者有一种受欢迎的感觉。

（2）参观者进入展台后，先让其有足够的时间参观展台、展品，注意其对何种产品、服务感兴趣。不要在参观者一进入展台就冲上前，也不要在参观者身前身后走动，以免参观者感觉不舒服。但若是熟悉的参观者，应立即接待。

（3）在参观者显示出兴趣或有疑问时，便可以上前简单介绍参观者感兴趣的产品，并迅速了解参观者的业务范围、寻找何种产品以及其本人在订货方面的权力。在确认参观者的需求之前，不要过多地介绍公司和产品。

（4）接待之后，必须将情况记录下来，参观者记录是后续工作的基本依据。

（三）贸易洽谈

经过展台工作人员有效的介绍和推销，客户对参展商的产品、服务产生兴趣后，展台工作人员应该积极与这些潜在买家进行洽谈。洽谈是参展商建立新客户关系的重要方式，参展商应尽可能通过贸易洽谈赢得新客户、巩固老客户。洽谈应注意两个误区：一是不要以为进入洽谈就一定要签订贸易合同，客户愿意马上签订合同当然不错，但有些客户需要时间考虑的话，则不宜急于让其在展会上立刻签订合同，可把重点放在后续的跟踪工作上；二是不能因对方是大客户，就盲目地与之签订合同，需将交易建立在彼此信任、熟悉的基础上，要避免风险。

（四）情况记录

对展台接待和洽谈情况所做的记录是参展商进行展览评估和展览后续工作的主要依据。记录可以采用多种方式，如收集名片，使用登记簿、记录表格、电子记录设备等。通常展台的接待台上都应放有"请赐名片"的盒子或盘子，接待人员应把所收集的名片点数并交给相关人员，对一些有过深入交流的客户应使用登记簿或电子记录设备记录好相关信息。

第四节　会展后续工作

会展后续工作发生在会展活动结束之后，是组展商与参展商、参展商与客户之间在会展期间关系的延续。虽然会展活动已经结束，但会展后续工作对整个会展活动效果有着极其深远的影响。对组展商来说，需要通过会展后续工作来了解会展的举办情况并进行总结，为下一届会展做准备；对参展商来说，会展后续工作是为了发展和巩固客户关系，实现会展目标和价值，最终达到营销目的。会展后续工作的主要内容包括会展评估和会展总结两大部分。

一、会展评估

会展评估是对会展环境、会展工作及会展效果进行系统、深入的评价。会展结束后，无论是组展商还是参展商都应该对所组织的会展或所参加的会展进行评估，以了解会展的整体情况，评测会展是否实现展出目的。

（一）组展商的会展评估

组展商的会展评估主要是对展会、参展商以及观众的情况进行评估。

对会展的评估主要包括组展商的前期准备工作、会展现场管理工作，这些情况可以通过对参展商、观众进行调查获得。调查方式通常包括展会期间现场派发调查问卷、展会后期邮寄或电邮问卷、电话采访等。

对参展商的评估主要是为了评价参展商在行业中或参展企业中的地位，组展商可以通过此项评估了解所举办展会的档次、规模等，是否有行业内的知名企业参展，参展商在行业内的影响如何等。

对观众的评估主要是了解国内外的观众比例以及专业、非专业观众的比例。当然，公众性展会则不存在专业观众的情况，其评估的标准是总的参观人数越多越好；而对于专业性展会，则是专业观众比例越大越好。

对参展商和观众的评估结果是组展商工作效果的间接反映。一般来说，组展商实力越强，展会的品牌效应越强，越能吸引高质量的参展商和专业观众。

（二）参展商的会展评估

参展商主要是对展览工作和展出效果进行评估。

展览工作主要包括前期准备工作以及现场管理工作，评估内容主要包括所确立的展览目标是否合适，会展宣传是否到位，展台工作人员的工作态度、整体工作效率，展品的制作运输情况，会展管理工作情况等。

展出效果的评估主要靠一些经济指标来实现：

①平均成本 = 参展总开支/成交笔数；

②成本效益 = 参展总开支/成交总额；

③利润 = 成交总额 −（参展总开支 + 产品总成本）；

④成本利润 = 利润/参展成本；

⑤客户接待成本效益 = 参展总支出/所接待的客户数。

一般来说，平均成本指标越低，而成本效益、利润、成本利润以及客户接待成本效益越高，参展商的展出效果越好。

二、会展总结

会展总结是通过对工作资料的系统整理，对已完成的工作进行评估并形成总结报告，以期为未来工作提供数据、资料、经验和建议。可以说，会展总结包括两方面的内容：一方面是对客观的数据、资料的总结，另一方面是对主观的经验、教训、意见、建议的总结。会展总结中，组展商和参展商需要总结的内容大体一致，只不过彼此角度不同而已。

客观数据、资料的总结主要包括以下四个方面：

①展览会概况：展览会的名称、日期、地点、规模、性质、内容、参观者数量和质量、参展商数量和质量等；

②市场和竞争对手情况：竞争者数量、展台面积、展示内容、展示活动等；

③展台情况：展馆面积、展馆环境等；

④管理工作：整体组织、展品的运输、设计和施工、宣传和广告等。

展览主观评价的对象也是上述这四个方面，主要是结合客观数据和资料所做的主观评价。在评价后，更重要的是结合总结和评价，对下一届展会的组织工作或参展工作提出建议。

第五节　展览基本流程

按时间顺序，展览的基本流程可以分为展前工作、展期工作和展后工作三个阶段。这三个阶段的工作环环相扣，为展览的顺利举办做好铺垫。

展览的基本流程如下图所示：

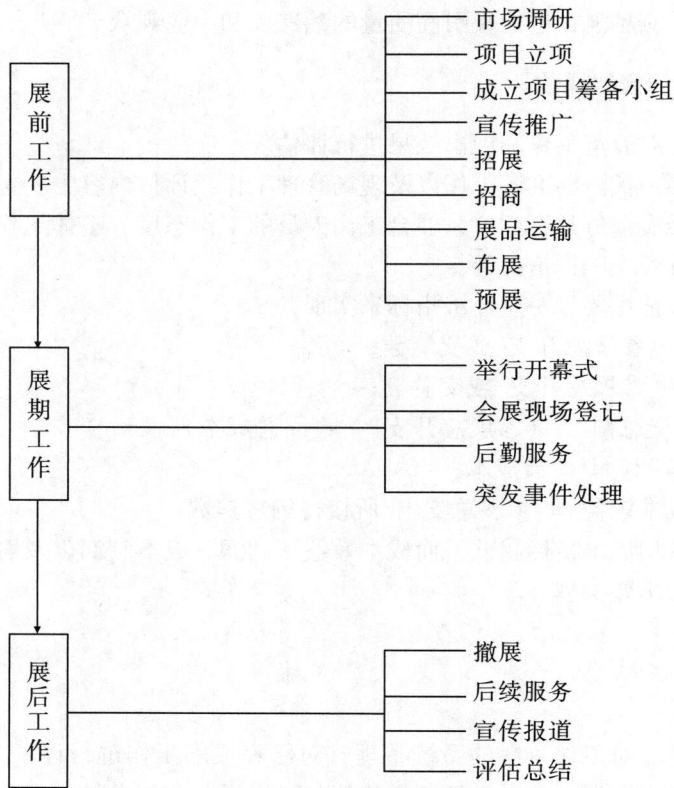

```
展前工作 ─┬─ 市场调研
         ├─ 项目立项
         ├─ 成立项目筹备小组
         ├─ 宣传推广
         ├─ 招展
         ├─ 招商
         ├─ 展品运输
         ├─ 布展
         └─ 预展

展期工作 ─┬─ 举行开幕式
         ├─ 会展现场登记
         ├─ 后勤服务
         └─ 突发事件处理

展后工作 ─┬─ 撤展
         ├─ 后续服务
         ├─ 宣传报道
         └─ 评估总结
```

图 2-1　展览基本流程

一、展前工作

（一）市场调研

市场调研是办展的首要工作，其目的是论证举办展览会的可行性，从而让主办方决定是否举办该展览会。一般而言，策划一个新的展览会或考虑展览会是否继续办下去，需要涉及以下几个方面：一是产业环境，对相关产业信息的收集与分析，这对于展会主题的选择、市场定位、战略管理、时间安排都有重要的参考价值；二是市场需求，像市场规模、市场竞争势态等方面都需要进行调查，这些信息对办展十分必要；三是竞争对手，如果在某行业办展览的商机很大，但同时发现已经存在不少同类型的展览，那么再办展的风险就较高，举办的必要性不大；四是法律法规，组展商在市场调研时必须了解清楚相关的法律法规，比如货物的进出口政策、货物报关和关税、知识产权方面的法律法规等。

（二）项目立项

在完成市场调研与评估分析之后，若确定举办展览会，就进入项目立项阶段。项目立项即确定执行展览会这一项目，并对展览会的有关事宜进行总体策划，设计出展览会的基本框架。项目立项的成果是制定一份展览会项目立项书，其内容包括以下五个方面：

1. 名称和标识

展览会的名称由三部分组成：

（1）基本部分：用来说明展览会的性质和特征，常用的有展览会、交易会、博览会、展销会等。值得说明的是展览会和博览会有区别，展览会多指以贸易洽谈和宣传展示为主的专业性展会；而博览会相对于展览会而言，展览题材更为广泛，规模较大，专业化程度相对较低。

（2）限定部分：主要说明展览会的时间、地点和范围，通常用"届""年""季"来表示。如第115届中国进出口商品交易会、2006年世界休闲博览会，展会名称中"中国""世界"等词语清楚地体现了展会的性质。

（3）行业标识：是展览会名称的核心部分，主要说明展览会所属的行业、主题和展品范围，如汽车展、医药展、教育展等，这部分用词必须恰当，才能准确传达展览会的主题和定位。展览会标识通常由标准字和Logo构成，标准字是经过艺术化处理的展览会名称，Logo则是艺术化的图案或符号。Logo的设计要易于识别、简洁大方并具有象征意义，方能使展览会给公众留下深刻印象。

2. 举办地点

展览会举办地点的选定首先是城市的选定，其次是场馆的选择。

城市选定的依据是展览会的主题、性质和定位。从主题上来讲，展览会最好选择在展览主题的行业生产或销售比较集中的城市；从性质上来讲，国际性展览会通常选在交通方便的大城市举办为佳；从定位上来讲，所选城市要与展位的定位相匹配。

展馆的选择则主要考虑以下因素：展馆形象、展馆性质、配套设施、交通便利性、展馆的规定。组展商要综合以上因素来确定展馆，选定展馆后则要和展馆企业签订展览会租赁场地合同。

3. 时间和频率

举办时间包括展览会的具体开展日期、公众开放日期以及筹展和撤展日期，举办时间的确定应该尽量精确，以便参展商和观众提前做好准备；此外组展商还应考虑举办时间与一些重大节庆、有重大影响的（同类）展会在时间上是否冲突，避免这些时段，以便参展商和观众的参与。

办展频率很大程度上取决于一个行业产品的生命周期。目前全球展览业的办展频率多为一年两届、一年一届、两年一届、三年一届或五年一届，其中，以一年一届的办展频率居多。

4. 办展机构

与办展机构相关的几个名称有：主办单位、承办单位、协办单位、支持单位、海外合作单位等。主办单位拥有展会的知识产权，对展览会承担主要法律责任；承办单位接受主办单位的委托，直接负责展会的策划、组织、操作与管理，承担主要财务责任；协办单位协助主办单位或承办单位，承担部分招展、招商和宣传推广工作，不担负财务责任；支持单位参与招商和宣传推广，不承担招展任务和财务责任；海外合作单位承担海外参展商的招揽和海外专业观众的组织等工作。

5. 规模和定位

展会规模狭义上指的是展览会的展出面积，广义上还包括参展商和观众的数量。展会规模主要受展会主题所在行业的市场环境影响，此外，还应结合可能到会的参展商和观众的数量进行整体考虑。

展会定位是组展商的一项策略性工作，定位的适当与否直接决定展览会的性质，进而影响其展出效果。组展商的定位策略主要包括特色定位、利益定位、竞争定位等，不同的展会定位必然形成不同的展览会。组展商应综合考虑自身能力与资源、市场环境等因素来进行展会定位。

（三）成立项目筹备小组

在展览会项目立项的同时，需要成立项目筹备小组，以落实各项具体的筹备工作。首先要确定一位项目经理，项目经理对展览会项目的整体运作进行总负责；项目经理之下是筹备小组成员，各个成员要分工明确，例如，有的负责招展工作，有的负责招商工作，还有的负责设计策划和宣传推广工作等。以上所说的项目筹备小组成员主要指组展商中内部员工，而对于某些大型展会项目可能还包括合作者，对于合作者的工作范围也要明确规定。人员分工落实后还要明确工作日程，项目经理先制定大致的工作日程安排，各个成员要根据安排列出自己所负责工作的计划，项目经理将各个具体工作计划整合起来，最终形成一份详细的展览会安排计划，作为项目筹备小组的工作指引。

（四）宣传推广

本章第二节的相关内容已对会展宣传的宣传对象、内容及方式做了介绍，在此不再赘述。需要指出的是，由于展览会的宣传推广工作具有阶段性的特点，因此，一方面要注意宣传工作的持续性，另一方面在不同时段应掌握不同的宣传重点，如在展览筹备初期，应着重向业界发布展览会的基本信息。筹备中期的宣传推广应和招展工作相结合，将宣传对象重点放在可能参展的企业。筹备后期的宣传推广则应重点关注观众群体。

（五）招展

招展指组展商招徕参展商的工作。招展是整个展览流程中极其重要的一环，因为参展商的数量与质量直接影响到展览会的规模和档次，从而影响展览会的效果和发展前景。招展的目的就在于招徕合适的企业参展，其工作内容包括以下四个方面：

1. 建立目标参展商信息数据库

广泛地收集目标参展商的信息是招展工作的首要任务。一般来说，目标参展商的信息可以通过以下渠道来收集：

①现有参展商数据；②行业企业名录；③商会和行业协会；④政府主管部门；⑤专业报纸杂志和网站；⑥同类展会；⑦外国驻华机构；⑧电话黄页；⑨向专业咨询公司购买数据。

在收集到目标参展商信息后，应该建立起完整的目标参展商信息数据库，其内容应该包含所有对招展有重要参考价值的信息，如企业的名称、地址、联系电话、传真、电子邮箱、网址和联系人等基本信息，以及企业的产品种类、规模等其他信息。

2. 制作招展说明书

招展说明书是组展商用来介绍展会信息，并招徕目标参展商参展的文件资料，其主要作用是向目标参展商说明展会的有关情况，引起其参展兴趣，并作为双方洽谈的一个基本依据。招展说明书应包含如下内容：

（1）展会的基本内容：展会名称和 Logo、举办时间和地点、办展机构、展会特色和展品范围等。

（2）市场状况：结合展会的定位介绍行业的市场状况和发展趋势，目的在于宣传展览会召开的必要性和参展商参展的益处。

（3）展会招商和宣传推广计划：简要介绍展会计划邀请的专业观众，并对往届展会的到场观众进行回顾分析；同时介绍展会的营销措施，如展会期间举办的相关活动的基本信息。

（4）参展办法：包括如何办理参展手续、付款方式、参展申请表、申请联系渠道等。

（5）相关图片：包括展馆分区图、展位分布图、展馆周边交通图、历届展会图片等。

3. 招展宣传与联络

如上所述，招展宣传工作可结合展览会的整体宣传工作展开。通常来讲，招展的第一步是面向所有的目标参展商。通过召开新闻发布会，在专业和大众报纸杂志上刊登广告，向有关人员直接邮寄展会资料，在国内外同类展会和互联网上宣传推广，借助相关协会和商会进行宣传推广。在得到某些企业回应后，即可开展第二步的招展联络工作。联络通常使用电话或电子邮件营销方式，逐步全面地了解参展商的需求及相关信息。通常这一联络工作不是短期的事务，而要由专人长期和潜在参展商进行沟通，若对方有进一步的参展意愿，则可约定当面洽谈。

4. 展位选定与展位定价

若企业确定参展意愿，此时就需要与其沟通参展的详细事项，其中展位选定和展位定价是两个最主要的内容。

在展位选定方面，首先组展商已经完成对展区的划分工作，同类型的产品必须安排在同一展区，以显示展览现场的系统性和统一性。所以首先要判断参展企业的产品类型，让其在相应展区中选择展位。具体展位要根据参展企业的规模及其意愿来确定，对于知名的大企业而言，就不适合选择标准展位而应建议其选择光地，自行设计展位。

在展位定价方面，目前办展机构一般实行"优地优价"原则以及国内外参展商价格"双轨制"原则（国外参展商的展位价格一般要高于国内参展商的展位价格）。通常组展商可以根据参展企业的意愿给予适当的价格折扣，但不可为了卖出全部展位而在临近开展前大幅降价倾销展位。

（六）招商

招商是指办展机构通过各种办法和渠道邀请观众到展会参观。会展业中，招商与招展是相对应的概念，招商同样是办展流程中极其重要的工作，拥有数量多且质量高的观众是展会成功的标志之一。招商的工作内容包括以下三个方面：

1. 建立目标观众信息数据库

和招展需要有目标参展商信息数据库一样，展会招商亦需要有一个完整且实用的目标观众信息数据库。一般来看，展会的目标观众比目标参展商的范围要广，涉及的行业要多。因此，在进行观众信息收集时，除了要考虑展览主题所在的行业，还要考虑与之相关的行业，如体育用品博览会的目标观众除了来自体育行业之外，还可考虑健身休闲行业、房地产行业等。建立目标观众信息数据库和目标参展商信息数据库的内容相似，但还要注意收集观众群体的产品需求倾向信息。

2. 发送展会通讯

展会通讯是组展商根据展会的实际需要编写的，用来向展会的目标观众通报有关情况的一种宣传资料，通常是宣传册或报纸，组展商需要将之及时地邮寄给目标观众。发送展会通讯可以让目标观众了解展会的进展与筹备情况，目的是与目标观众经常保持联络和信息沟通，强化观众的观展欲望。随着技术的提升与应用，展会通讯开始通过手机短信、电子邮件、聊天软件、网络客户端等更多渠道进行发送和传播。

3. 发放观众邀请函

观众邀请函是办展机构根据展会信息编写，用来进行展会招商，专门针对目标观众尤其是专业观众的一种宣传单。观众邀请函一般在展会开幕前一个月左右开始向目标群体直接邮寄。对于国外的观众，邮寄时间要提前至开幕前三个月到半年，以方便国外观众制订参展计划并办理申请签证手续。

（七）展品运输

展览会往往伴随着展品的运输，展品运输是指展品从参展企业所在地转移到展览现场，并在展览结束后再从展出地运回的过程。根据运输范围，展品运输包括国际运输、国内运输、市内运输等。不同路程的运输需要不同的时间，参展商应提前预留展品运输的时间。随着会展专业化分工，展品运输的具体事务往往由物流公司来执行。因此，组展商在展品运输中所起作用大多转变为向参展商提供可供选择的物流或运输公司。此外，展品运输也包括展品到达后的临时存储、进入场馆等方面的事务。因此，组展商还需和展馆企业进行沟通，协调相关工作。

（八）布展

布展工作主要包括两部分：一是组展商对整个展馆的布置工作，二是参展商进入展览区域为自己的展位进行布置和准备的工作。布展工作通常在展会正式开始前的 3 ~ 7 日进行。组展商的布展工作一方面是对场馆整体布置工作的把握，如地毯的铺设、内外广告板的使用、接待处的布置等；另一方面是对参展商布展工作的协调和监督，如协调用电时间、监督完成情况等。布展工作必须在开展前全部完成，否则会显得组展商缺乏专业性，给参展商和观众留下不良印象，严重影响展会的质量与效果。

（九）预展

预展是指在展览开始前进行预演，以方便最后检查、调整和补救。预展的目的在于事先预测一下展览效果，以对正式开展有一个充分的把握。在预展时，组展商对每一个细节都要检查，确保万无一失，对于预展过程中发现的问题应及时解决。

二、展期工作

展期工作即是展会现场管理工作，其主要包括举行开幕式、会展现场登记、后勤服务以及突发事件处理四大部分。关于开幕式、会展现场登记和突发事件处理，在本章第三节中已有介绍，在此不再赘述。这里主要讲述展会的后勤服务工作，完备细致的展期后勤服务工作是展览会顺利举行的必要条件，主要包括以下内容：

1. 维护展馆的交通秩序

展览期间组展商在交通秩序方面的工作包括：在停车场、展馆附近的公交车站和地铁站处设置醒目的展馆位置向导，以便参加者明确路线方向；安排工作人员在停车场、展馆周边的路口等车流较多的地段进行指引，以确保参加者顺利到达展馆。如中国进出口商品交易会的展览期间，组展商在场馆门口、地铁站都安排志愿者进行交通指引，以方便各地来宾能顺利到达展馆。

2. 提供充足的餐饮场所

参加展览是一件十分消耗体力的活动，因此，组展商要确保餐饮服务的全面及时供应，使与会各方有足够的体力和饱满的精神。通常餐饮服务主要指两大方面：一是正餐，二是茶点。对于正餐，展馆内或展馆周边通常设置快餐点或餐厅，组展商要提前告知参加者用餐信息。对于茶点，有些大型或较为规范的展馆内一般都设有咖啡厅、茶室，当然，组展商也可以在展馆内设置茶歇区或休息区，现场供应一些饮料和小食。

3. 保持会场的环境卫生

整洁的会展环境是展览顺利进行的条件之一。展会环境卫生包括展览用地、过道、洗手间等所有区域的卫生。通常每个展位都设有垃圾桶，在展馆的角落也会设有垃圾桶。组展商应组织专人负责展馆的卫生工作，发现有垃圾应及时清扫干净。

4. 落实安保工作

一般来说，在展馆的出入口都设有保安人员，展馆内也有保安人员进行巡逻，以确保展会的安全进行。越是大型的展会，安保工作越严格。组展商需要联合展馆企业进行细致的措施安排，如在入口处配备安检设备等。

三、展后工作

（一）撤展

撤展是展览会闭幕后，参展商在规定时间内撤出展位，处理展具，将展品运出展览现场的工作。参展商的撤展工作主要是对展品的处理。处理方式通常包括回运、出售、赠送、销毁。而组展商还有另外的扫尾工作，如结账。撤展和布展一样不能拖延，如果无法按时退出展馆，就得延长展馆使用时间，不仅增加费用，对主办方不利，而且还会影响到下一个展览会的布置。有些参展商为了撤展不超时，会在展览会最后一天提前开始撤展，其实这种做法原则上也是不允许的，因为这样会对展会的品牌形象造成不利影响。

（二）后续服务

展览结束后，组展商便开始后续工作，主要是致谢。致谢对象包括所有参与展会的人员，如参展商、观众（主要指专业观众）、展馆企业、赞助企业、嘉宾等。致谢的目的是表示感谢，更重要的是拓展关系，为今后合作或下一届展会做前期准备。

（三）宣传报道

虽然展览结束了，但宣传工作仍可继续进行。展后的宣传工作主要是宣传报道，如举行记者招待会、发布新闻通稿等，目的是进一步扩大展览会的影响。

（四）评估总结

评估总结是展后的重点工作，无论是组展商还是参展商，都需要对展前和展期的情况做评估，并形成总结报告。这部分内容可详见本章第四节，在此不再赘述。

第六节　会议基本流程

按时间顺序，会议的基本流程可以分为会前工作、会中工作和会后工作三个阶段。这三个阶段的工作环环相扣，为会议的顺利召开做好铺垫。

会议的基本流程如下图所示：

```
        ┌─── 拟定会议方案
        ├─── 发放会议通知
  ┌──┐  ├─── 组织报名
  │会│  │
  │前│  ├─── 筹备会议经费与预算
  │工├──┤
  │作│  ├─── 印刷会议文件和证件
  └─┬┘  ├─── 布置会场
    │    └─── 会前检查
    ↓
  ┌──┐  ┌─── 会议报到
  │会│  │
  │中│  ├─── 会场组织与服务
  │工├──┤
  │作│  ├─── 会议信息的收集与编发
  └─┬┘  └─── 会议后勤保障
    │
    ↓
  ┌──┐  ┌─── 会场清理
  │会│  ├─── 返离服务
  │后│  │
  │工├──┼─── 会议决算
  │作│  ├─── 会后宣传
  └──┘  └─── 评估总结
```

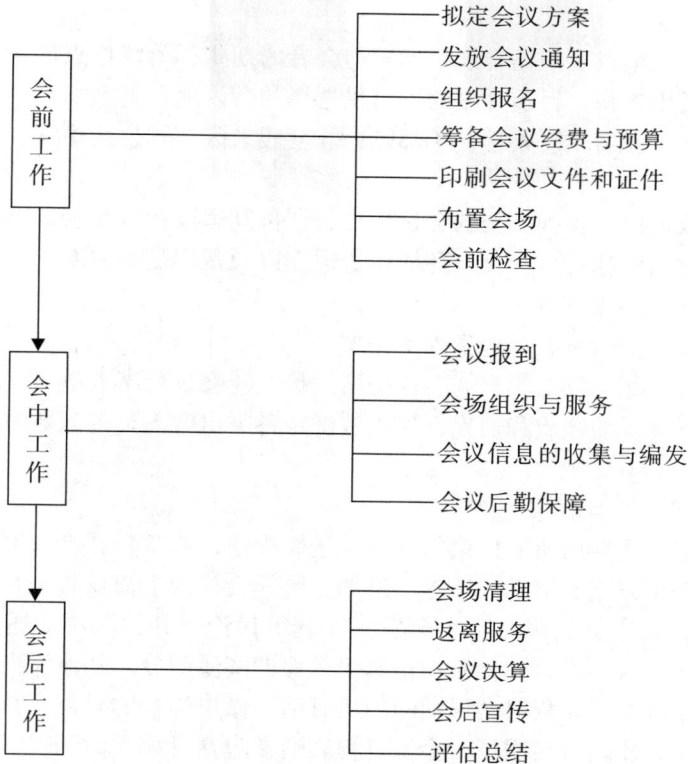

图 2－2　会议基本流程

一、会前工作

（一）拟定会议方案

组织会议首先要进行会议策划，并拟定会议方案。通常，会议方案的内容包括以下五个方面：

1. 确定会议主题和议题

会议的主题是会议的精神支柱，应根据会议的性质和目的而定，并遵循宁简勿繁的原则，同时应具有前瞻性和持续性。有时主题之外还可加上副标题，用以进一步补充和说明。

会议的议题也必须符合会议性质。通常一次会议的议题不宜过多，重大议题就一会一议，若一会多议时，每项议题应尽量做到内容相近或相关。另外，要合理分配好每一议题的讨论时间，重要、复杂的议题一般先讨论。

2. 确定会议时间

会议召开时间的确定关键在于方便与会者，最好能选择与会者中关键人物的最佳时间来召开会议。此外，对于时效性强的会议，宜尽早安排；对于需要反复权衡的会议，则可以推迟召开。

3. 确定会议地点

一般来说，会议地点要根据会议目标、与会者的期望、会议地点的运营措施等，在综合评价的基础上做出选择。目前常见的、可供选择的会议地点类型如下：

①会议中心；②酒店；③大学；④邮轮；⑤度假景区；⑥公共建筑（如图书馆、博物馆等）；⑦公司内部。

组织者可以根据以上各种类型的会议地点，评价其远近程度是否适合、会场空间大小是否适中、会场附属设施是否齐全、环境是否适宜以及费用是否适度。

4. 确定出席会议人员名单

一般来讲，会议的出席人员包括以下类型：

①会议主持人；②会议嘉宾；③会议出席人员；④会议列席人员。

组织者可根据会议的性质和规模，先大致确定各类出席人员的人数范围，再落实具体的人员名单。

5. 确定会议议程和日程

会议议程是指一次会议所要讨论的问题及进展程序，通常包括会议时间、内容、责任人、会议场所、采用方式、活动步骤等。例如，国际会议的主流议程包括：开幕式、选举会议主席团成员、制定会议规则、大会发言、分组讨论、其他事项、通过会议决议报告书、闭幕式。其中，大会发言和分组讨论属于会议的实质部分，其他议程属于程序部分。

会议日程是结合会议议程对会议期间的所有活动做出逐日的具体安排。会议日程通常用表格的方式表达，比较直接明了，会议日程表通常包括日期、时间段、地点、内容几个方面。

（二）发放会议通知

正规的会议通知一般采取书面通知的方式，如发放会议函；但必要时也会同时使用两种或两种以上的方式，如电话通知、短信通知、电子邮件通知等，目的是再次确认通知，确保会议通知的有效性。会议通知的发放原则是提前发出、规定范围发放。

（三）组织报名

有些会议不完全指定与会人员，可以组织报名，公开让符合条件的相关人士参与。组织报名首先要设计好报名表的内容，报名表上应该清楚地说明会议的基本情况，如时间、地点、主办单位、会议主题等，还要清楚地说明报名参会的具体要求和程序。

（四）筹备会议经费与预算

会议经费是指举办一次会议所需支付的人工、场地、物品、设备等各项费用的总和，主要包括以下几个方面：

①交通费用；②会议场地租赁费用；③会场设备租赁费用；④住宿费用；⑤餐饮费用；⑥杂费（如打印、快递、翻译、纪念品等方面的支出）。

在明确了会议产生的费用后，便可以制定会议预算。会议预算的制定步骤如下：首先，确认此次会议是要达到盈利还是保证收支平衡；其次要对会议费用进行确定，通常还要为意料之外的支出做准备，所以预算应包含10%的不可预见费用；最后是制定预算表。

总之，预算的原则是科学合理、总量控制、确保重点、精打细算、留有余地。

（五）印刷会议文件和证件

会议文件是提请会议讨论和有助于商议事项的文书材料，主要包括以下文件：①主旨文书——开幕词、大会报告、领导讲话等；②事务文书——会议须知、日程安排、选举办法等；③决议文书——会议决议、公报等；④信息文书——会议记录、简报等。

会议证件是会议期间与会者、会务人员、其他相关人员佩戴的证件，是表明持证人在会议中的身份以及权利和义务的证据，主要包括以下两类：①出席证——代表证、列席证、嘉宾证等；②工作证——工作人员证、记者证等。

会议的组织者要根据与会人数，提前准备好会议文件和证件，通常原则是预多不预少，有备无患。

（六）布置会场

1. 设计和安排会场座位格局

不同规模、不同类型的会议要对应不同的会场座位格局，因此，组织者要根据会议的性质和规模选择合适的会场座位格局。常见的会议类型及其对应的会场座位格局如下：①大型会议：上下相对式；②中型会议：半圆形或"E"字形；③大型宴会、团拜会、茶话会：众星拱月式、星点式；④会见、会谈：马蹄形、圆形、正方形、长方形、"回"字形。

2. 排定会议座位

排定会议座位则一般以与会人员作为依据，会议座位的排定常有以下五种方法：①顺序排座法；②职务排座法；③身份排座法；④策略排座法；⑤自由择座法。

3. 会场装饰性布置

会场的装饰性布置主要分为气氛布置和饰物布置两方面。气氛布置主要包括会标、横幅、国旗等的悬挂，会标一般悬挂于主场地正中或主持台的正上方，国旗的悬挂按国际惯例通常用横挂；饰物布置主要是一些绿色植物和花卉，绿色植物多为四季常青的灌木类，花卉则包括盆花、时花、塑料花等。

4. 配齐会议用品和设施

会议用品琐碎而繁杂，组织者要事先把可能会用到的会议用品全部列出，以防缺漏。常见的会议用品包括：①会议资料；②矿泉水；③水果；④纸巾；⑤席签；⑥签到本。

常用的会议设施如下：①投影设施（如大屏幕、投影仪、电脑）；②音响设备（如音箱、话筒）；③影像设施（如照相机、摄像机）；④书写设施（如白板、油性笔、白板擦）。

（七）会前检查

会前检查是会前工作的最后一步，这一步做好，才能保证会前工作的完整性，从而保证会议期间各方面工作能顺利进行。会前检查需要对会议前期所有内容进行复核，发现问题要及时解决。通常检查内容包括所有与会人员是否通知到位、会议期间的工作人员是否安排好、会场布置是否缺漏、设施设备是否能够正常使用、会议用品是否齐全等。

二、会中工作

（一）会议报到

会议报到是指与会人员到达会议举办地之后，向有关机构登记报到的环节。会议报到是会议主办者和承办者给予与会人员第一印象的环节，对于会议后续工作的顺利进行具有举足轻重的作用。会议报到一般提前1~2天在会议的举办场所或代表下榻的酒店进行，对于国际性会议或一些较大规模的会议，通常采用后者。会议报到一般包含以下工作：

1. 组织接站

通常在会议举办城市的飞机场、火车站进行接站工作，负责接站的工作人员要事先了解与会人员的信息，也要让与会人员了解接站的大致情况。尤其是一些大型会议需要接待的人数较多，工作人员通常需要举牌，牌上应醒目地说明接待组织或会议的名称。

2. 安排住宿

接站后，工作人员一般会把与会人员带到酒店，陪同与会人员办理入住手续；有些组织者可能已经提前为与会人员安排好房间等具体入住事项。

3. 报到处接待

报到处通常分为三部分：在文件包领取处，与会者可在此处获取会议活动安排表、会议介绍文件等资料；在正式报到处，与会者可办理交纳会费、领取代表证等事项；在票务、旅游和其他服务办理处，与会者可咨询相关火车和航班票务、地方观光浏览等其他服务。

（二）会场组织与服务

与会者到达会议现场后，第一个环节是会议现场签到。签到处通常设在会议室门外，工作人员需要准备工作桌、签到簿、笔等物品，如果还需发放会议文件，也应在与会人员签到后发给他们。签到处需要有工作人员解说，同时应准备几位礼仪，在与会人员签到后引导其就座。

大会正式开始后，可以根据大会的工作流程表进行每一项工作，如安排会议发言、组织分组讨论等。若会议举行不只一天，每日工作结束后，会议主要负责人还需集中总结当天工作有无缺失，如果有则要及时改进；另外，还要预告第二天的工作流程。

（三）会议信息的收集与编发

会议期间的重要文书工作就是编写会议简报。会议简报是会议期间编发的，用以汇报会议情况的文书材料，也是简要报道会议进展情况以交流信息、推动会议进程的一种特殊文书。编写会议简报的基本要求是"快、新、实、短"。值得一提的是，编写的简报要经领导审核才可发稿。

会议的新闻报道是对会议信息进行收集与编发。会议的新闻报道主要有以下方式：第一种，由会议秘书组撰写新闻报道稿件，经领导审核后向媒体发送；第二种，在会议期间，邀请有关报社、电台、电视台记者亲自采访，发布消息；第三种，在会议结束时，召开记者招待会，由领导直接介绍会议情况并亲自回答记者提出的各种问题。

（四）会议后勤保障

1. 会议餐饮与茶歇

会议期间的午餐与晚餐安排不同：会议午餐的标准不需太高，同时也要注意午餐用餐以节省时间为原则，保证会议的正常进行；晚餐则要相对隆重，要有酒水提供，有些还会安排讲话和小型演出。会议餐饮的形式有自助餐和围餐两种。

茶歇每天可以安排两次，上午、下午各一次。通常茶歇在会议举行一个半小时或两个小时后进行，每次持续时间限制在 15~30 分钟为佳。茶歇主要是提供茶、咖啡等饮料以及一些点心。

2. 会议医疗卫生服务

有些与会者可能会因为改变饮食、疲劳或不适应环境等原因在会议期间生病。因此，组织者要建立起紧急医疗系统，如配备医护人员、建立会场医务室等以应对突发的紧急医疗事件。

3. 编印通讯录和拍摄集体照

编印通讯录通常需在会前或会中收集与会人员及相关人员的信息，信息的收集可以通过前期与会人员注册时填写信息，或签到时让与会人员留下名片及写下联系方式等途径获取。在会议结束时，可把通讯录发给与会人员。

拍摄集体照在会议结束后进行，主要目的是留作纪念。首先要联系好摄影师、准备好摄影器材并选好摄影场地。其次要确定摄影对象的规模和范围，通常大规模的会议并非所有与会人员都有机会合影，只需要领导和重要人物参与即可。最后是做好拍摄集体照的通知和现场指挥工作，通知一般要在会议流程表上说明拍摄集体照的时间和参与者，现场指挥要注意根据参加的人员的身份、职务高低、身高等编排座位或站位顺序。

4. 开展文娱活动和组织参观考察

会议中的文娱活动通常有晚会、舞会、酒会等形式，有时文娱活动和会议餐饮结合在一起操作。首先，文娱活动的举办要确定活动目的与活动形式，如举办多日会议时，若在第一天晚上举办酒会，目的多为与会者提供一个交流平台；若在会议结束后举行晚会，则目的多为庆祝会议圆满成功。其次，文娱活动也需要确定时间、地点、设施设备等具体细节，并且要提前通知参与人员。

参观考察是会议结束后的附加活动，组织者在参观考察活动中的主要工作包括确定考察地点、统计人数名单等，安排行程和实际出行的工作可交由旅行社负责。当然，在实际的考察活动中，组织者需要安排工作人员全程跟随，以协调相关事宜。

三、会后工作

（一）会场清理

会场清理工作是会后的重要工作之一，会场清理工作要及时、仔细。一般来说，其工作程序如下：撤除桌椅餐具与会议物品、清理与会人员遗留物品并对物品进行登记、清洁会场、撤出带入会场的物品、核对清理纪念品和礼品的情况、检查清理情况、关闭动力电器设备、服务人员撤出、锁闭会议厅。

（二）返离服务

返离是指会议结束后与会人员的离会和返回。返离服务一般包括预订返程票、结算费用和送行等。返程票是与会者最为关心的问题之一，直接关系到与会者能否按时返回工作岗位，因此要提前为与会者准备好返程票。当然，随着订票机构方式的多样化，与会者能够比较方便地自助订票，相应地减少了组织者的工作量。另外，会议结束前若有相关费用产生，需要与会者在离开之前结算清楚，列清各项开支，多退少补。送行要有会议工作人员随车到机场或车站，要跟接站时一样热情。同时，会议主要领导人应尽可能安排时间出来向大家作正式告别。

（三）会议决算

会议决算即计算会议实际产生的费用。会议决算和会议预算一样都要编制会议决算表，决算的项目也同预算一样，在此不再赘述。

（四）会后宣传

会后宣传与展后宣传的工作类似，主要是进行宣传与报道工作，如举行记者招待会、发布新闻通稿等，目的是扩大会议的影响力。

（五）评估总结

由于本章第四节已对会展评估进行了详细的说明，此处只着重针对会议评估的内容进行介绍。

会议评估内容包括以下几个方面：会议总体印象；会议议程及内容；会议各项活动；会议附设展览活动；会议场所设施、服务与环境；会议住宿、餐饮；会议目的地；会议宣传与接待工作。

会后评估内容主要包括三部分：一是从筹备到开会中的各项工作总结；二是效益分析和成本核算；三是会议项目的市场调查，如本次会议在市场同类项目中所占的市场份额、优劣势比较、竞争情况等。

【拓展阅读】
第二十届广州国际旅游展览会的前期策划

展会概况

广州国际旅游展览会（Guangzhou International Travel Fair, GITF）简称"广州旅游展"，创办于1993年，是国内举办最早的大型国际旅游展览会。它也是亚太地区推广旅游产品与资源、提升企业品牌形象和促进洽谈业务的一个重要展会。历经19届的成功举办，广州国际旅游展览会因其在海内外及相关行业的广泛影响，已被誉为中国及亚太地区最重要的国际旅游展览年会之一。

往届回顾

2008 年起，汉诺威米兰展览有限公司正式接手主办广州旅游展。近年来，广州旅游展在主办方对其会展流程管理的不断优化下，无论是参展商和观众的数量还是质量，都有了稳步的上升，展会配套活动、参展服务及现场管理也得到了进一步的加强。

前期准备

2012 年的广州旅游展是该展会的第二十届，加上之前积累下的办展基础和资源，主办方决定要将本届旅游展办得更大更强。通过往届展会的总结评估以及前期的调研，主办方对 2012 年广州旅游展做出了以下调整与改进：

1. 改变展区规划

近几年广州旅游展都在广州锦汉展览中心举行，展馆第一层是国内外地区旅游官方机构或景区、景点的展区，展馆第二层主要是旅行社进行促销活动的展区。通常展览前两天为专业观众日，最后一天才对公众开放。2012 的广州旅游展由于定位更高、规模更大，于是将展览地点选定为琶洲会展中心 C 区，并进一步区分了专业观众与普通观众参观的权限和范围。其中 16.2 号馆与 14.2 号馆被设为国际馆和主题馆，3 月 1 日至 2 日仅对专业观众开放，3 月 3 日同时对公众开放。15.2 号馆为旅行社特卖馆，全期对公众开放。这样的设置使得分区更加鲜明，让普通观众的参观更加方便。例如旅行社的促销活动有特定展区为观众全期开放，克服了以往普通观众只能在公众日才能参观的弊端。

2. 新增主题展区

近年来房地产业向专业化方向发展，主办方通过调查发现，一些具有主题旅游、生态概念的房地产项目纷纷崛起，"旅游 + 休闲地产"的差异化经营及"旅游休闲地产"概念正开始走俏。因此，主办方决定将在 2012 年广州旅游展内开辟旅游休闲地产主题展区，依托展览已有的强大平台优势，汇集旅游、地产界的精英，为其提供交流和贸易的平台。参展商范围包括生态主题社区、度假村、景区酒店、旅游休闲培训基地等。

总之，经过主办方前期的精心策划与充分准备，2012 年第二十届广州旅游展的参展商将近 700 家，覆盖琶洲展馆 3 个馆（14.2 号馆、15.2 号馆、16.2 号馆），展出面积达 22 000 平方米，规模较去年增长 15%，将成为 1993 年创办以来规模最大的一届展览会。

【思考与练习】

1. 会展活动主要分为哪几个阶段？每个阶段有哪些主要工作内容？

2. 参展商在会展现场管理中需要负责哪些工作？

3. 拓展阅读中，请指出主办方对第二十届广州国际旅游展览会的前期工作进行了哪些创新，以及这些创新之处主要属于前期工作中的哪部分内容？

【参考文献】

［1］刘大可、王起静主编：《会展活动概论》，清华大学出版社，2004 年。

［2］胡平编著：《会展管理——理论与实务》，华东师范大学出版社，2007 年。

［3］肖庆国、武少源编著：《会议运营管理》，中国商务出版社，2004 年。

第三章　会展策划概述

【学习目的】

通过本章学习，了解会展策划的概念及作用，在此基础上掌握会展策划的核心内容；理解会展策划的基本原则以及会展策划时要考虑的问题；熟悉并掌握会展策划的程序和方法，并能够策划相应的活动。

【学习要点】

1. 策划的概念
2. 会展策划的概念和特点
3. 会展策划的基本原则与基本作用
4. 会展策划的内容
5. 会展策划的基本流程

【课前阅读与思考】

汽车产业是一个生产高度集中的产业，全世界的整车生产企业数量屈指可数，要吸引人们参加会展非常不易。为此，世界五大汽车展就用不同的会展定位来分割市场：德国法兰克福车展打造全球"汽车的奥运会"；法国巴黎车展倾情演绎"新概念、新技术"；瑞士日内瓦车展追求"汽车时尚、汽车潮流"；美国底特律车展注重"娱乐和舒适"；日本东京车展提倡"环保、节能"。这五大汽车展将世界汽车类展览会人为地分割成五大块，各自特色鲜明，相互之间的冲突很小，企业参展意图明确，各个展会也因此长盛不衰。

上述展览会明确了自身在市场上现有的位置，也能明确在未来市场中的努力方向，还能创造并使展览会成为自己的个性化特征竞争的优势，使展会在激烈的竞争中获胜。其实，这些都是合理的会展策划所带来的。

第一节　策划、商务策划与会展策划

我国古代的策划思想极为丰富，大多数体现在军事领域，在《周易》《孙子兵法》《史记》《三国演义》《三十六计》等著作中都有提及。不过随着工业社会的发展，策划思想逐渐由军事领域转向政治、外交、经济、文化、体育、教育等领域。随着会展经济的发展、市场竞争的加剧、环境因素的复杂变化以及现代营销方式、经营管理理念的转变，会展策划越来越受到重视，成为近十年来会展业使用频率较高的一个词语。

一、策划的概念

"策划"一词最早出现在《后汉书·隗嚣传》中，即"是以功名终申，策画复得"。其中，"画"与"划"互为通假，"策画"即"策划"，意思是计划、打算。可见，"策划"一词在古代有谋划、筹划、计划、计策、对策等意思。

近二十年来，国内外众多学者、策划专家借鉴各种理论并付诸实践，为"策划"一词进行了多种解释，但至今尚无定论。本书选择一些主要的、具有代表性的观点加以介绍。

（1）策划是指出事物的因果关系，衡度未来可采取之途径，作为目前决策之依据，即策划是预先决定做什么，何时做，如何做，谁来做。

——《企业管理百科全书》

（2）所谓策划，其科学内涵是指在人类社会活动中人们为达到某种特定的目标，借助一定的科学方法和艺术，为决策、计划而构思、设计、制作策划方案的过程。

——《TOP 策划学经典教程》

（3）策划就是策略、谋划，是为达到一定目标，在调查、分析有关材料的基础上遵循一定的程序，对未来某些工作或时间事先进行系统、全面的构想、谋划，制订和选择合理可行的执行方案，并根据目标要求和环境变化对方案进行修改、调整的一种创造性的社会活动过程。

——《TOP 策划学经典教程》

（4）策划是人类运用脑力的理性活动，是一种思维活动和智力活动，属脑力劳动……就是人们认识、分析、判断、推理、预测、构思、想象、设计、运筹、规划的过程。

——《企业形象策划》

（5）策划是为达到社会组织的预定目标或解决面临问题而利用个人或集体智慧预先拟定行动方案的思考活动。

——《策划、策划学、策划科学、软科学》

（6）策划是指如何在全面谋略上指导操作者圆满地实施对策、计策或计谋，从而达到成事的目的。

——《策划学》

（7）策划的含义是：为实现特定的目标，提出新颖的思路、对策并制订出具体实施计划方案的思维活动。

——《实用策划学》

（8）企业策划就是企业为实现特定的目标，聘请专业的策划公司和策划人与企业优势互补组成策划团队，运用科学的方法设计、选择、执行、评估最佳方案，将拥有有限资源的企业与动荡复杂的环境联动优化、巧妙衔接，以实现最佳投入产出比的科学和艺术。

——《企业策划学》

（9）策划又称策画，包含策划、计划、打算之意。策划活动，在本质上是人类特有的一种理性行为，它是人们对自己所要进行的活动，事先在观念中做出打算，也就是预先做出计划、安排，对要达到什么目的，如何达到目的，依靠什么来进行，具体步骤怎样策划等一系列问题，进行具体的设计、计划、筹划。

——《策划学》

综合上述定义，可以对策划这一概念进行概括性描述：策划是一种创造性的思维活动，一方面是针对未来的构想、谋划，制订计划、决策和实施方案；另一方面是运用各种工具及手段改变现状。

二、策划的性质

由上述定义可知，策划是一种人类所具有的超前性的思维活动，即针对未来和未来发展所做的当前决策。成功的策划能有效地预测和指导未来工作的开展。可见，策划是科学决策的前提，也是实现预期目标、提高工作效率的重要保证。美国"哈佛企业管理丛书"编写委员会形象地描写道："策划如同一座桥，它连接着我们目前之地与未来我们要经过之处。"而策划的步骤是"以假定目标为起点，然后定出策略、政策以及详细的内部作业计划，以求目标之达成"。

策划与计划的含义虽比较接近，但却属于两个不同的范畴，不能混为一谈。策划近似英文的"Strategy + Plan"，而计划则是英文的"Plan"。策划更多地表现为创新，包括发现问题、分析环境、确定目标、设计和优化方案；而计划在很大程度上是人们对决策结果的反应，较多地表现为在目标、条件、任务等都已明确的情况下，为即将进行的活动提供具体操作方案和工作程序。举例来说，同样是企业的营销人员，如果做的是产品的市场定位、渠道建设、广告策划等工作，这是"营销策划"；如果做的是产品在商场如何上架、如何宣传、如何试用或品尝等工作，那就是"营销计划"。在产品营销策略确定之后，至于在什么地方销售、如何去销售，交给一般营销人员即可。策划与计划的区别见下表。

策划与计划的差异对比

策划	计划
全局性、整体性决策	具体性、可操作性指导方案
掌握原则与方向	处理程序与细节
具有创新性	常规的工作流程
灵活多变	按部就班
挑战性大	挑战性小
具有创意的专业人员	一般专业人员

三、会展策划的概念和特点

据国外权威机构调查，举办会展活动是优于直接邮寄，推销员推销，报刊、电视媒体宣传等手段的且最有效的营销方式。因此，会展策划至关重要。

（一）会展策划的概念

会展策划是对会展的整体战略与策略的运筹规划，是对提出会展战略和计划、实施并检验会展决策的全过程所做的预先考虑与设想。会展策划不是具体的展览业务，而是会展决策的形成过程，是将会展目标具体化的过程。事实上，真正的会展策划包括宏观的会展活动设计和中观的会展活动宣传以及微观的展品展示创意。本书主要探析宏观的会展活动设计即会展策划。

大型会展活动大多有相应的部门或人员专门从事会展的策划工作并有固定的决策程序，会展策划的环节也相对规范合理，如以国家政府部门、贸促机构、集团公司等为主办者的会展。对于中小企业而言，策划环节会相应简单一些。另外，连续参加或者连续举办的会展决策过程也可以简单一些，这一方面可体现组展商政策和战略的连续性；另一方面也反映出此类会展项目效果较好。对于这些项目，组展商在原有的策划框架下继续举办即可，无须再做决策，只要在局部细节上加以调整。但对于初次举办的会展项目，组展商应充分调研、全面考虑、慎重选择，只有加强决策的科学性，才能避免项目失败的风险。

（二）会展策划的要素

1. 策划主体

在企业内部，会展策划的主体可能是市场部；在企业的外部，会展策划的主体可能是会展经营机构，更可能是专业的会展策划公司。

2. 策划目标

根据不同类型的会议、展览，设计清楚的、可衡量的预期目标与效果。

3. 策划对象

策划对象是指会展本身以及整个会展活动的形成过程。

4. 策划内容与手段

策划不是简单的排列组合，而要明确目标、订立策略、拟定计划、制定控制与检验的标准与方法。

5. 策划依据

策划前，应对整体会展营销环境进行全面深入的了解与分析，做好信息资料的准备工作，作为后续策划工作的依据。

（三）会展策划的特点

1. 针对性

会展策划是具有针对性的活动。在进行会展策划时，应首先明确会展活动需要达到什么目标，是针对什么问题而举办的。譬如，有的会展以特定消费群体的生活方式为依据，具有鲜明的主题，这就要求在进行策划时必须围绕主题组织产品和设计活动。

2. 系统性

会展策划是对整个会展活动的运筹策划，因此具有系统性的特点。系统性表现为要针对会展的各个方面、各个环节进行权衡，要与企业目标特别是通过参展而实现的企业市场营销目标保持一致，使其在产品、包装、品牌、价格、服务、渠道、推销、广告、促销、宣传等方面的特征保持一致。系统性可以减少会展策划的随意性和无序性，提高效率。随着会展理论研究的不断深入，近年来有学者提出"立体策划"的概念，这是会展策划系统性思路的一种表现。

3. 变异性

《孙子兵法》中说："兵无常势，水无常形，能因敌变化而取胜者，谓之神。"这里的"神"是指战术上的灵活性、变通性。市场永远是千变万化的，会展策划也必须充分考虑到市场的变化。变异性强调对市场环境的适应性，例如，2003年突如其来的"非典"疫情打乱了几乎所有的会展项目计划，作为会展策划者必须有及时的应对措施，才能适应这个变化。据悉，中国会展业由于"非典"疫情，2003年损失了40亿元人民币；但2003年广交会借助互联网开拓网上市场，网上展览成交额最终高达2.18亿美元，成功度过了这一危机，有效实现了既定的战略目标。

4. 可行性

可行性是指会展策划方案在现实中要切实可行，没有可行性的策划方案写得再好也只是纸上谈兵。一般来说，会展策划方案必须经过分析论证才能实施，分析论证策划方案的可行性主要围绕策划的目标定位、实施方案以及经济效益等方面进行。

四、会展策划的基本原则

会展策划是为综合性、大规模的会展活动提供策略指导和计划安排，所以必须遵循市场经济的客观规律和会展活动的基本原则。

（一）目的性原则

会展，从大的方面说，或者为促进地区经济的增长，或者为传递有关的信息、知识、观念，或者为打造城市品牌，或者为促进经济一体化发展，总有一定的目的。从组织者和参与者方面来说，或塑造展会品牌，或塑造企业形象，或凸显公司知名度，也都有着某种特定的目的。因此，在会展策划中，应遵循目的性原则，针对某一特定的问题进行市场调查，在会展的决策、计划以及运作模式、媒体策略等方面都必须有针对性地进行。

（二）操作性原则

会展策划不但要为会展活动提供策略指导，而且要提供具体的行动计划，使会展活动能够在总体策略的指导下顺利进行。会展的举办是会展策划的直接目的，因此会展策划应该有充分的可操作性。会展策划的操作性原则要求策划要结合市场的客观实际情况，以及企业、会展公司的具体情况、实施能力来进行，否则就是纸上谈兵。

（三）创新性原则

创新性是会展策划所追求的目标。在市场经济条件下，要达到万商云集、闻名遐迩，会展的新颖性是必不可少的。会展的"新"首先体现为策划的"新"，而会展策划的创新性主要表现在会展理念的创新、目标的选择与决策的创新、组织与管理的创新、会展设计的创新等方面。

（四）有效性原则

任何会展活动都应该产生一定的效果，而且还必须达到预期效果或者超出预期效果。

会展活动的效果不应仅仅凭借会展策划者的主观臆想来把握，而应该通过实际的、科学的会展效果预测和监控方法来把握。

（五）规范性原则

随着中国加入 WTO，作为服务贸易的一部分，会展业开始全方位对外开放，服务贸易壁垒逐步被拆除，中国会展业面临着更为直接和激烈的冲击，会展经济以更快的速度与国际接轨。因此，尽快建立统一、公平、有序的市场体系，提高会展市场的透明度和规范度，是中国会展业亟待解决的问题。

会展策划的规范性原则包括以下三方面：首先，要求必须遵守法律的原则，在不违反法律条规的前提下开展会展策划；其次，要求必须遵守伦理道德，在不违背人们的价值观念、宗教信仰、民族禁忌、风俗习惯下进行策划；最后，要求会展策划必须遵循行业规范，做到管理规范、程序合理、操作有方、竞争有序，在深刻把握会展经济内在规律的基础上完成策划。

五、会展策划的基本作用

会展策划的作用主要有以下五点：

（1）战略指导作用：指会展策划能为会展活动提供总体的指导思想，如对展览场地、展会规模、展会的主题及时间的安排以及对展会品牌、主要合作伙伴（行业）等方面的事先指导。

（2）实施规划作用：指会展策划能为会展活动提供具体的行动计划。

（3）进程制约作用：指会展策划能安排并制约会展活动的进程。

（4）效果控制作用：指会展策划能预测、监督会展活动的效果。

（5）规范运作作用：指会展策划能使会展活动运作趋于科学、合理、规范。

第二节　会展策划基本内容和流程

一、会展策划的内容

会展策划行为离不开市场，赢得市场上买家和卖家的支持和信赖十分重要。策划者必须以市场为导向，利用各种宣传手段营造市场声势，并通过各种关系和途径建立起庞大的会展营销网络，进行广泛的市场推广，最终吸引目标客户参加。在整个会展策划活动中，成功的评判原则是以使 80% 以上的参展商达到参展目的，70% 以上的观众达到参观效果作为标准。会展策划是一项综合性工程，涉及多方面的内容，主要包括会展的调查与分析、会展的决策与计划、会展的运作与实施、会展效果评价与测定等。

（一）会展的调查与分析

会展的市场调查是选定会展项目的重要依据，它是会展策划的基础，也是必不可少的第一步工作。一般情况下，市场调查的主要内容包括会展环境的调查、会展企业情况的调查、会展项目情况的调查、会展市场竞争情况的调查以及参展商、支持协助单位等情况的调查。调查工作要紧紧围绕本地区的市场环境进行，重点收集、关注、分析本地区的经济结构、产业结构、地理位置、交通状况和展览设施等条件。只有在充分了解市场潜力、市场限制以及市场动态等外部环境信息的基础上，才能有的放矢地进行策划。

（二）会展的决策与计划

做出举办或者参加会展的决定就是会展决策的过程，组展商和参展商都应该掌握一定的会展决策策略，会展策划也必须关注这一方面的工作内容。影响会展决策的因素包括营销需要、市场条件、营销方式、内部条件等。会展的决策与计划应从分析决策的要素入手，确定会展的基本目标、集体目标和管理目标，然后决定相应的战略安排、市场安排、方式安排等。

（三）会展的运作与实施

会展的运作与实施是进行会展的中心环节，也是会展策划的重心所在。在这一步骤中，会展策划人员将对会展实施过程中所涉及的营销推广、展馆设置、团队建设、后勤物流、相关活动等内容进行设计安排，形成《会展策划书》的核心内容，并以此指导工作人员按照《会展策划书》的计划与安排进行广告宣传工作、设计招展和招商工作、会展设计以及会展相关活动等具体工作。

（四）会展效果评价与测定

计划、实施、评估是项目管理的三个步骤，会展效果评价与测定是全面验证会展策划实施情况必不可少的工作。当整个会展策划和实施工作结束后，会展人员应及时进行评估，总结经验，寻找问题，并撰写评估测定工作报告。如此，不但能够发现问题，解决问题，而且还能为后续的会展策划工作提供相应的参考与借鉴，从而提高会展策划的水平。

会展评估工作一般分为两个方面：一是对会展环境、会展筹办工作及后台工作的评估，这一部分工作在会展结束时完成；二是对会展现场工作及后续服务工作情况进行评估，这一部分比较复杂，先在会展结束时针对现场工作情况进行评估，然后在会展的后续服务工作过程中进行跟踪评估。

二、会展策划的基本流程

会展策划是对未来时期内的会展活动进行预测和计划，受到众多因素的影响，不仅要考虑经济因素，还要考虑政治因素、社会文化因素等，具有突出的变动性，因此其决策规划工作比较复杂。本书参照国际会展活动的普遍情况对会展策划流程进行概述。

（一）成立策划小组

会展工作需要集合各方面的人士进行集体决策，因此，首先要成立一个会展策划小组，具体负责会展策划工作。一般而言，会展策划小组应由以下人员组成：

（1）业务主管。一般由总经理、副总经理或业务部经理、创作总监、策划部经理等担任。在会展公司里，业务主管具有特殊地位，他是沟通会展公司与会展服务承包商、参展商的中介。一方面，业务主管代表会展公司与会展服务承包商、参展商等洽谈业务；另一方面，他又代表会展服务承包商、参展商等监督会展公司的一切活动的实施。

（2）策划人员。一般由策划部的正副主管和业务骨干来担任，主要负责编制会展的策划工作。

（3）文案撰写人员。专门负责撰写各种会展文案，包括会展常用文书、会展业务社交文书、会展业务专用文书、会展业务推介文书、会展业务事务文书、会展业务合同协议文书、会展业务法律文书等。文案撰写人员应该能够准确领悟策划小组的集体意图，具有较强的文字表达能力。

（4）美术设计人员。美术设计人员是会展策划小组很重要的组成部分，专门负责进行各种类型视觉形象的设计。在整个会展策划过程中，诸如各种类型的广告设计、展示设计、展示空间设计等都需要美术设计人员的参与。美术设计人员必须有很强的领悟能力，能够将各种策划创意转化为文字、图画。

（5）市场调查人员。能进行各种复杂的市场行情调查，并能写出精辟的市场调查报告。

（6）媒体联络人员。要求熟悉各种媒体的优势与劣势、刊播价格，与媒体建立良好的关系，能按照会展策划方案的部署，进行媒体规划，争取达到最佳的广告宣传效果。

（7）公关人员。能够为会展公司创造融洽、和谐的公共关系氛围，获得各方面的支持与帮助；同时能够从公关的角度提供建议。

在会展策划过程中，整个会展策划小组由业务主管负责，各方面人员通力配合、协调一致，共同完成会展策划工作。

（二）进行市场调查

市场调查是以科学的方法，有系统、有计划、有组织地收集、调查、记录、整理、分析有关产品或劳务市场信息，客观测定与评价，发现各种事实规律，协助解决有关营销的问题，并作为各种营销决策的依据。会展市场调查是会展策划的基础，是会展策划者为了了解市场信息，把握市场动态，进而确定会展目标和主题，编写会展策划方案，选择会展策略，评估会展效果等所必需的调研工作。只有在系统收集有关市场与相关背景的资料并加以科学分析基础上确立的会展策划，才能卓有成效地实现其总体目标。在执行市场调查时，不仅要考虑区域的优势产业和主导产业，还要考虑重点发展的行业、政府扶植的行业等。以展览为例，主办者需要将市场调查的重点放在以下四个方面：

（1）市场前景分析（如政策可行性、市场规模及类型等）。

（2）同类展览的竞争能力分析。

（3）本展览的优劣条件分析。

（4）潜在客户需求调查。

总之，在瞬息万变的市场中，如果没有科学的市场调研和预测做先导，会展策划往往很难达到预期的目标。

（三）决定会展策略

做出会展决定是一个决策过程，应该有相应的程序。在一般情况下，会展决策应充分考虑营销需求、市场条件、营销方式、内部条件等因素，还要关注宏观政策环境、企业经营实力、会展市场竞争状况、顾客满意程度等条件，充分掌握现有资料。以展览为例，组织者在进行会展策略定位时需要考虑以下四个因素：

（1）展览的类型。组织者首先要明确自己所举办的是什么类型的展览，因为政府主办的展览、公益性质的展览和商贸展览在具体操作模式和策略的制定上具有明显的区别。

（2）产业标准。导致展览目标市场定位复杂的原因之一是一个展览往往要涉及多个产业。如举办一个汽车展，组织者除考虑汽车生产企业外，还要努力吸引销售、运输、维护等相关企业甚至一些研究机构等。

（3）地理细分。由于不同地区的参展商和专业观众有着不同的需求特征及营销反应，所以地理变量经常被作为划分展览市场的依据。在进行地理细分时，组织者不仅要分析不同国家的参展商对展览的个性化要求，而且要弄清楚参展商在本国的具体分布，这样才能行之有效地进行决策。

（4）行为细分。行为细分是指根据参展商的参展动机、购买动机、购买状态或对展览的态度进行划分，其中参展动机被认为是进行展览市场细分的最佳点。

（四）制定媒体策略

现代社会是一个信息社会，人与人之间、企业与企业之间都需要交流信息，而信息交流的主要载体便是各种各样的媒体。实施有效的媒体策略对会展活动至关重要，因此，会展组织者要根据有限的广告预算以及举办会议或展览的需要来选择合适的媒体，选择时需要综合考虑目标受众的媒体习惯、产品性质、信息类型以及广告成本等因素。

市场化程度的提高，带来了媒体的迅速成长，会展专业媒体也不例外。因而，在制定具体的媒体策略时必须要分析媒体在会展活动中的成长策略。以展览活动为例，制定策略要综合考虑媒体在宣传活动中、在联系活动中以及在提升展览企业形象互动中的成长策略。从提升城市形象的角度分析，大型国际会议或展览中城市政府面向媒体的主要工作包括以下三点：

（1）会展活动开始之前，政府需要媒体对会展前期准备工作、会展特点及创新性等进行大量的宣传报道，具体方式有举行记者招待会、组织专家学者讨论并在相应媒体上发表声明，以吸引市民和潜在专业观众的注意。

（2）会展举办期间，继续组织有关媒体尤其是本地的主流报纸、电视台对会展活动进一步宣传，以满足不同受众对此次活动的关注需要。

（3）会展结束之后，政府应该鼓励媒体对此次活动的效应和成果等进行总结报道，以加深公众印象并达到提升城市形象的目的。

从参展商与媒体的角度来说，在展览开幕之前，参展商除了可以通过直接邮寄等方式与客户联系并邀请对方光临自己的展台外，还可以积极利用各种形式的媒体对本企业的参展活动进行大量宣传，如在报纸、杂志或参展手册上刊登广告，或利用组展商发布的展览快讯宣传和介绍企业的参展产品，以吸引专业买家前来洽谈。在此期间，还可以通过别出心裁的现场表演、公关事件或召开新产品推介会等来吸引媒体和专业观众的广泛关注。另外，为推广企业的品牌形象、提高产品的知名度，参展商必须与媒体保持良好的关系，积极提供有价值的新闻，争取让媒体在会展期间对本企业给予更多的报道。

随着会展经济的不断升温，杂志、报纸及网络等媒体正走向多元化，媒体定位更加细化、更加鲜明，媒体形式愈发丰富，互联网被广泛深入地应用。因此，会展媒体的筛选必须紧随这一发展趋势，选择更加有效的媒体策略。

（五）制定设计策略

商业展展示设计是以传达信息、吸引参观者为主要职能的、有目的的、有计划的环境、展台、展品设计。优质的设计能提升展会的定位，吸引参展者、参观者，同时对产品营销也在潜移默化中起着作用。

一般而言，会展设计的相关工作往往在会展开始前9个月就启动了。从参展商的角度来说，会展设计不仅仅是一个展台设计的问题，在策划阶段就要考虑设计展览结构、取得组展商的设计批准、制作展览宣传册等。展台设计根据具体情况要求有不同的设计原则和功能，所以会展设计策略也是千变万化的。以会展宣传材料的设计与制作为例，狭义的宣传材料主要指各种文字资料，如宣传册、新闻稿件等，但事实上宣传材料不仅仅限于现场分发给观众或记者的文字资料，它还包括很多形式如产品介绍、影碟、纪念包（手提袋）、户外广告或展览会现场的每日快讯等。在宣传材料外观的设计上，必须尊重产品的整体风格；同时，要能形成强大的视觉冲击力；另外，还可以通过改变材料的形状和大小等使得宣传材料人性化，便于携带。

（六）制订预算方案

良好的财务管理和预算控制是筹办会展最重要的因素，如果安排得当不仅可起到增加收益、提升效果的作用，而且有助于管理者了解收入的比例、分析主要的收入项目、确定主要的收入来源。预算是协助企业实现财务目标的一个工具，可以将之视为一张特制的地图，它能引导公司达到预期的目标。为了达到这个目标，会展在制订预算方案时必须做到有计划、有步骤，不断更新信息。一般来说，制订一份会展预算方案至少应包括以下内容：

（1）历史数据。回顾过去的工作，以便制定出相对精确的新预算。

（2）成本。包括行政管理费、固定费用、可变费用，如员工的工资与奖金、复印、电话、信函往来、日常办公等要支付的费用。

（3）收益。指项目带来的收入，包括公司拨款、预算、注册费、出售展品和纪念品的收入、赞助等。

（4）调整控制。由于预算是根据估计而制定的，因而不一定准确，需要不断地调整。

（七）撰写策划方案

会展策划就是对会展的整体和未来发展进行组织安排与规划，包括从构想、分析、归纳、判断，一直到策略的拟定、方案的实施、事后的追踪和评估等。把策划的内容用文字完整地记录下来就是会展策划方案。广义的会展策划方案是指围绕会展活动的前期、中期、后期而撰写的所有的策划文案，可以涵盖在市场调查基础上产生的可行性研究报告、项目意向书、项目建议书、广告策划案、宣传手册等。

（八）实施效果评估

会展的效果是长期的，如果说会展是"播种"，是建立新的客户关系，那么，会展的后续工作就是"耕耘"与"收获"，是将新的关系发展为实际的客户关系。会展实施效果评估是会展策划工作中的重要一环。在会展活动结束之后，通过将实际情况与会展策划目标进行对照比较，可以检测会展策划方案的成功与否。会展的效果评估内容也很丰富，有展览工作评估和展览效果评估，其中展览工作评估需要由参展商自己安排或委托专业评估公司来做；展览效果评估则有定性和定量的评价方法，条件允许的情况下应尽量使用定量的评价方法来评估内容，可使评估结果更客观、更有价值。

总之，会展作为一种营销方式，在开拓市场、巩固市场等方面发挥着重要作用。会展是一项包含诸多工作环节的复杂工程，为了保证其顺利有效地实施，必须要重视会展策划工作。

【拓展阅读】

海南博鳌亚洲论坛策划案例

博鳌处于海南岛万泉河入海口，自然生态保护得近乎完美，1992 年就被列为"万泉河口海滨风景旅游区"。自 2001 年以来，博鳌从一个偏僻落后的海边小镇迅速发展为亚洲地区一流的国际会议、旅游度假中心，其崛起速度之快被誉为"亚洲奇迹"。而这一切均来源于博鳌亚洲论坛的设立所带来的历史机遇。

1. 博鳌亚洲论坛简介

博鳌亚洲论坛是一个非政府、非营利性的国际组织，它致力于通过区域经济的进一步整合，推进亚洲国家实现发展目标。作为一个非官方、非营利、定期、定址、开放性的国际会议组织，博鳌亚洲论坛以平等、互惠、合作和共赢为主旨，立足亚洲，推动亚洲各国间的经济交流、协调与合作；同时又面向世界，增强亚洲与世界其他地区的对话与经济联系。目前已成为亚洲以及其他大洲有关国家政府、工商界和学术界领袖就亚洲以及全球重要事务进行对话的高层次平台。

2. 论坛策划背景

近半个世纪以来，亚洲在国际和地区事务中的影响力日益上升，并成为世界最具经济发展活力的地区之一。亚洲各国的合作与交流、亚洲与世界其他地区的合作与交流迫切要求加强相互间的协调与合作，保持本地区经济的健康发展。相对于 APEC、OPEC 等跨区域国际会议组织而言，整个亚洲区域缺乏一个真正由亚洲人主导，从亚洲的利益和观点出发，专门讨论亚洲事务，旨在增进亚洲各国之间、亚洲各国与世界其他地区之间交流与合作的论坛组织。

3. 论坛策划操作

1998 年 9 月，澳大利亚前总理霍克、日本前首相细川护熙和菲律宾前总统拉莫斯倡议成立一个类似达沃斯世界经济论坛的亚洲论坛。1999 年 10 月 8 日，时任中华人民共和国副主席胡锦涛在北京会见了专程为亚洲论坛来华的拉莫斯和霍克，表示中方将对"论坛"的设想进行认真研究和积极考虑，尽力提供支持和合作，并希望进一步了解其他国家的反应。此后，亚洲有关国家的政府均对成立亚洲论坛做出了积极反应。

4. 论坛选址策划

论坛总部选择在中国海南博鳌，这是亚洲地区的一些前领导人向中国高层领导提出的建议。其一，海南作为中国最大的经济特区，是中国深化与国际社会联系的实验区；其二，海南省以建设生态省为目标，说明它在当前和未来的发展重点是生态产业，这是亚洲和国际社会所看重的领域，符合世界经济发展潮流；其三，海南博鳌是一个专门为论坛设计的集生态、休闲、旅游、智能和会展服务为一体的综合功能区，有着十分宜人的自然地理环境；其四，海南省政府已经为论坛的创建提供了多方面的实际支持，并承诺将继续为论坛的创建和运作提供高效、优质的服务。

5. 论坛前期开发建设

1998 年，上海中远发展股份有限公司、海南黄金海岸集团与晓奥公司共同组建博鳌投资控股有限公司，开发建设"博鳌水城"的旅游项目。受亚洲论坛设想的影响，投资方决定在此基础上建设论坛会址，2000 年为迎接亚洲论坛而进行了核心项目的建设：会议临时主会场——3 500 平方米的博鳌广场及一个国际标准的会场设施；年会主餐厅——可同时容纳 1 500 人用餐的建筑；博鳌水城——主要的旅游景点；两家酒店——五星级的金海岸温泉大酒店和四星级的博鳌锦江温泉大酒店。2003 年 9 月 22 日，博鳌亚洲论坛国际会议中心正式启用，成为博鳌亚洲论坛的永久会址。

6. 博鳌亚洲论坛成立

在中国政府的大力支持下，26 个发起国的代表于 2001 年 2 月 27 日聚会博鳌，宣告成立博鳌亚洲论坛并通过《博鳌亚洲论坛宣言》。2002 年 4 月 11 日，博鳌亚洲论坛理事会经选举产生，菲律宾前总统拉莫斯当选为理事长，中国对外贸易经济合作部前副部长张祥担任秘书长。

博鳌亚洲论坛之所以能够取得巨大的成功与海南博鳌亚洲论坛高超的策划密不可分。在该策划案中，策划方充分分析了良好的区域经济背景、优质的微观生态环境，同时，取得了东道国积极的支持。此外，策划中所体现出高端的定位和持续的活动策划以及政要、经济首脑的广泛参与、企业的踊跃支持等都是博鳌亚洲论坛能够成功的重要因素。

【思考与练习】

1. 进行会展策划应遵循哪些原则？
2. 会展策划的基本流程是怎样的？
3. 随着中国加入 WTO，会展经济以更快的速度和国际接轨。目前，我国会展业急需解决的问题有哪些？

【参考文献】

［1］华谦生：《会展策划》，浙江大学出版社，2010 年。
［2］马勇、冯玮主编：《会展管理》，机械工业出版社，2006 年。

［3］王起静编著：《参展营销》，南开大学出版社，2010 年。

［4］许传宏主编：《会展策划》，复旦大学出版社，2010 年。

［5］周培玉编著：《商务策划管理教程》，中国经济出版社，2006 年。

第四章　会展调研与信息管理

【学习目的】

通过本章学习，需要了解会展市场研究体系的基本组成，熟悉会展调研的基本流程与方法，掌握会展信息管理系统的概念及功能，掌握会展电子商务的内涵及运行模式。

【学习要点】

1. 会展调研的基本方法
2. 会展信息管理系统的功能
3. 会展电子商务的运行模式
4. 以会展举办过程为服务对象的调研
5. 以会展为平台解决营销问题的调研

【课前阅读与思考】

想搭广交会顺风车的会展不止一个。中国（深圳）国际工业博览会从 2009 年办展伊始就一直高调"傍"广交会，春、秋两季的展期与广交会保持一致，而这只是珠三角会展业同业竞争情况的冰山一角……如何使珠三角会展业进行理性盘整、规范发展，成为真正一体化的一副盘棋？从全国会展业的版图来看，在珠三角区域内，面积超 10 万平方米的展馆数量非常多，香港、澳门、广州、深圳和东莞等城市凭借各自的优势，都拥有了各自的国际知名会展品牌，谁也整合不了谁。有些会展事前并没有进行市场调研与市场细分，导致会展产品优势不明确，使主办机构、参展商、采购商处于疲惫不堪的窘况；有些会展定位不准、标榜过高，实际上只是较小范围内的会展，导致参展商有"食之无味、弃之可惜"的感觉。以家具展为例，广东的家具展虽然已经形成品牌规模，但重复办展现象严重，广州、东莞、深圳、顺德都举办过家具展，虽然各有各的资源优势，但是仍然存在着客户的分流。如果重视会展调研和市场信息收集分析环节的工作，可能会产生令人意想不到的良好效果。

第一节　会展市场研究体系

企业是会展市场与会展经济运行的主体，会展市场研究需从企业的角度入手分析，帮助企业在纷繁复杂的会展市场中，获取各种信息资料，设计合适的会展项目，选择合适的目标市场，明确合适的参展价格，寻找合适的促销手段，以保证会展相关企业获得最佳综合效益。

一、会展市场信息研究

会展市场信息研究，是会展企业为了发现新的市场机会或进行正确的经营管理决策，利用各种渠道获取反映会展活动特征及其发展状况的数据、消息和情报，并进行整理、研究、归类，进而将分析结果提供给企业相关部门的行为过程。会展市场信息按内容可分为三类：市场开发方面的信息、会展技术方面的信息、专业客户方面的信息（如表4-1所示）。

表4-1 会展市场信息分类

信息类型	主要内容
市场开发方面的信息	会展市场的现状及发展趋势
	同类型展览会的经营状况
	展览会的市场占有率
	潜在竞争者的数量和规模
会展技术方面的信息	会展场馆建设与装潢技术
	新的布展概念与工艺
	更先进的会议或展览设备
	其他相关技术
专业客户方面的信息	参展商或与会者的基本情况
	忠诚客户的经营动态
	参加展会的目的
	对展会项目、服务、价格的要求、建议和意见等

二、会展市场供求关系研究

市场由产品的需求和供给构成，供求关系是会展市场研究的重要内容。对于会展业而言，供给是一定时期内，会展企业向市场提供的各种类型的会议或展览的总和；需求则是一定时期内，参展商或与会者对会展有支付能力的需求总量。供求关系研究不仅有利于会展企业发现额外的市场机会、分析会展的市场潜力，还有利于会展管理部门对会展产品结构进行调整，对会议和展览的发展进行规划和控制等。随着会展市场的迅猛发展和逐渐成熟，会展市场逐步由"卖方市场"过渡到"买方市场"，对会展市场需求的研究影响着会展市场的供给。综合多方面观点，会展市场需求是一种广义的市场需求，具备以下两个特征。

1. 多维性

从空间的角度，会展市场需求可分为世界、全国、区域和本地（当地）四个层次。从行业的角度，会展企业可以将市场需求分为工业、农业、服务业等多种类型。此外，按照不同标准，会展市场需求还可以从时间、产品等多个角度进行划分。

2. *层次性*

会展市场需求主要分为潜在市场、有效市场、合格的有效市场、目标市场和渗透市场五个层次。通过对不同层次市场需求信息进行研究，会展企业可以明确各个层次市场的需求规模和营销机会，进而制定相应的营销策略。

（1）潜在市场。市场是某种产品的现实市场和潜在市场的总和。其中潜在市场有三个特征：兴趣、购买能力和市场获取途径。假设某会展公司计划在某个城市推出 A 展览会，该公司首先必须判断该城市中对 A 产品感兴趣的参展商数量，这项工作可通过抽样调查来完成。如果平均 100 个相关企业中有 15 个对 A 展览会感兴趣，会展公司便可假定这个城市中相关企业总体的 15% 可成为 A 产品的潜在市场。

（2）有效市场。仅有兴趣并不能促成参展商的购买行为。要顺利参加 A 展览会，潜在的参展商还必须拥有足够的收入和畅通的购买渠道。有效市场即指对某一特定会展产品感兴趣，并具有相应购买能力和市场获取途径的购买者的集合。

（3）合格的有效市场。有些情况下，组展商会对参展企业设立一定的门槛标准进行筛选，从而产生合格的有效市场。例如，组展商把展会定位为国际性的、高端的品牌展览，往往会筛选合适的销售对象，以确保该展览会的高品质。在这种情况下，那些实力相对弱小的相关企业虽然也在有效市场范围内，但可能并不符合组展商对于参展企业的相关门槛的标准，他们就会被排除在合格的有效市场之外。

（4）目标市场。在明确了合格的有效市场之后，会展企业接着要选择决定占领的市场即目标市场，它既可以是整个合格的有效市场，也可以是其中的细分市场。例如，企业在目标市场上难免会遇到相应的竞争者，竞争者的展览会也会在目标市场中占据一定的市场份额。

（5）渗透市场。渗透市场则是指已经购买了展会的参展商集合。如果组展商对目前展会的销售情况不满意，通过对会展市场需求信息的研究，可以采取一系列措施扩大销售。例如，其一，加大广告宣传力度，使更多的参展商对展会产生兴趣，以扩大潜在市场的规模；其二，通过严格控制成本和实施规模经营，降低展会的报价，以增加有效市场的购买者数量；其三，制订更有竞争力的营销组合方案，力图在目标市场中占据更大的份额等。

三、参展商或参观者购买行为研究

参展商与参观者的购买行为研究属于消费者行为研究的范畴，是现代会展业以顾客需求为中心的经营理念的具体表现。参展商与参观者的购买行为直接关系到会议或展览的规模和市场价值，因而对其进行分析是会展市场调查研究的重要内容之一。参展商与参观者的购买行为研究实质上就是通过分析参展商与参观者的购买过程，明确影响其购买行为的主要因素，从而帮助会展企业制定经营决策。

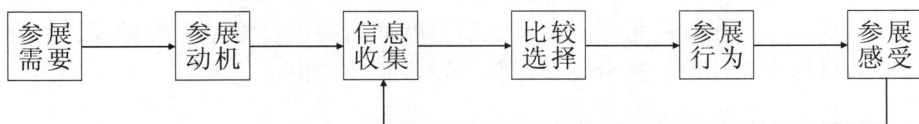

参展需要 → 参展动机 → 信息收集 → 比较选择 → 参展行为 → 参展感受

图 4 - 1　参展商购买过程示意图

图 4-1 表明了参展商购买过程中的一系列行为，参观者的购买过程也与之相似。事实上，影响参展商与参观者购买行为的各种因素概括起来为内部因素、外部因素和企业营销组合三个方面。其中，内部因素指参展和观展需要、参展商和参观者对展会的态度、展后感受等；外部因素包括经济态势、行业发展状况、协会推荐等；企业营销组合则指会展企业的展会项目、对外报价、分销渠道及促销活动等。

四、会展企业经营环境研究

与其他企业类似，会展企业经营环境包括外部环境和内部环境两个部分。外部环境是会展企业不可控制的各类因素的总和，包括宏观外部环境和微观外部环境。宏观外部环境具体体现为政治、经济、社会文化、科学技术、法律等方面，可以采用企业战略管理中的 PEST（政治 Politics、经济 Economy、社会 Society、技术 Technology）分析方法进行分析评价；微观外部环境则具体指购买商和竞争者对于会展企业经营管理的影响。内部环境主要指企业人力、物力和财力资源配置、组合以及利用情况对于企业经营管理的影响。会展企业对于内外部环境的综合分析可以采用 SWOT（优势 Strengths、劣势 Weaknesses、机会 Opportunities、威胁 Threats）分析方法进行分析评价。

会展企业经营环境研究的目的是，分析企业外部不可控因素对会展企业经营的作用方式及影响程度，以指导企业对于内部可控因素进行动态调整，适应外部经营环境，确保会展企业在日益激烈的市场竞争中立于不败之地。

在会展企业宏观外部环境的诸多因素中，经济因素对会展企业经营活动的影响最为明显。经济因素包含很多内容，但能直接影响会展企业经营发展的因素主要有四个，即产业发展政策、对外贸易发达程度、国民经济增长状况、交通运输及公共事业的发展水平。此外，科技教育、法律规范等因素也是会展企业宏观经营环境研究的重点内容。

在会展企业微观外部环境因素中，企业往往过度专注于对购买者即客户信息的研究，而忽视了对于会展市场竞争者的研究。对会展市场竞争者的研究又称为"会展市场结构分析"，即分析自身和主要竞争对手的竞争能力以及各自的市场占有情况，帮助会展企业明确自身的竞争地位，从而制定行之有效的竞争策略。竞争者研究的核心问题是明确本企业的优势，并在顾客心目中形成独特的定位。对于竞争者信息的研究主要包括对于地区会展行业竞争态势和市场结构的研究，对于竞争者资金、人才、技术实力的研究以及对于区域内潜在市场机会的研究等。

五、会展企业经营策略研究

经营策略研究的目的在于优化会展企业的经营绩效，实现利润最大化。会展企业通过运用市场定位策略、市场发展策略、市场竞争策略和营销组合策略等各种经营策略，准确选择最合适的目标市场，可以充分发挥优势、增强企业的市场竞争力。

（一）市场定位策略

市场定位是基于市场细分提出来的概念。市场定位策略指会展企业根据客户偏好、资源优势和竞争态势，在市场细分的基础上确定目标市场，并为了占据目标市场所采取的相应策略。

1. 会展市场细分

科学的市场细分是会展企业制定市场定位策略的重要前提。为保证市场细分的结果能正确反映市场结构的现状，会展市场细分应遵循以下三个原则：

（1）可操作性原则。包括两层含义，一是会议或展览的所有潜在市场能依据某种标准进行细分；二是各细分市场的购买需求能够被测量，即要求会展企业在依据某种变量进行市场细分后，能明确各细分市场的需求类型，并定量预测主要细分市场的潜在需求量。

（2）可进入性原则。可进入性即对目标市场的可占领性。具体而言，指在完成市场细分后，会展企业能够根据自身实力、市场前景等因素，合理选择目标市场，并凭借本企业在资金、技术或人才等方面的独特优势去占领这些细分市场。

（3）可营利性原则。可营利性要求通过市场细分选定的目标市场，来满足会展企业获取利润和扩大规模的要求。在激烈的会展业竞争中，为了保证自身的市场地位，会展企业必须不断发展壮大。因此，所选定的目标市场不仅要保证会展企业在短期内盈利，更重要的是要具有发展潜力，这样才能实现会展企业的可持续发展。

会展市场细分的最终目的是帮助会展企业有效地选择并进入目标市场。只有在明确目标市场后，会展企业才能依据自身的发展目标、资源优势及竞争态势等，设计适销对路的会展项目，并采用恰当的营销组合，从而有效地扩大市场份额。

2. 目标市场策略类型

目标市场的选择，即在市场细分的基础上，通过分析各细分市场的特点和企业的经营状况，确定目标市场并采取适当的策略予以占领。会展企业在选择目标市场时通常采用以下三种策略：

（1）无差异策略。又称"整体目标市场策略"，即组展商不考虑购买者需求的差异性，而是将目标市场作为一个整体，只推出单一的会展项目，并运用统一的市场营销组合，以满足整个市场的需求。

这种目标市场策略的突出优点是经营成本和销售费用较低，且有利于形成规模和培育会展品牌；缺点是对大多数展览会而言，并不实用，容易导致激烈的市场竞争。因此，这种策略适宜于那些供不应求或竞争程度较低的会展市场，如具有垄断性的知名展览会、刚开发的博览会等。在现实社会中，只有较少的会展企业运用无差异策略来选择目标市场，而且随着会展业竞争的加剧，采取无差异策略的情况越来越少。

（2）集中策略。所谓集中策略，指组展商在市场细分的基础上，仅选择其中的一个或少数几个细分市场作为目标市场，然后集中所有力量实行高度的专业化营销，以确保在少数细分市场上占据较大的市场份额。

这种目标市场选择策略比较适合中小规模的会展企业，以及特色鲜明、能吸引特定购买者的会议或展览。其突出的特点是使会展企业充分发挥自身的资源优势，从而在特定市场上具有相当的竞争力；同时还具有资金周转灵活、经营特色明显、更好地满足参展商需求等众多优点。采用此策略的缺点主要体现为过分依赖某一市场，经营风险较大；若所选定的目标市场盈利能力强，则极容易招惹竞争者介入等。

（3）差异策略。与无差异策略截然相反，差异策略指组展商根据资源条件和外部环境，选择两个或两个以上的细分市场作为目标市场，然后针对各个细分市场的需求特点，推出不同的会展产品，采取不同的营销组合。

差异目标市场策略的主要优点在于：有利于扩大组展商的总收入、树立良好的企业形象；即使组展商推出的某个展会遭受严重的市场竞争和市场考验，对于企业整体经营的稳定性也难以形成致命打击。其局限性在于成本费用较大，而且由于经营力量分散，形成规模经济效应的难度也较大，并容易影响经营效率的提高和整体优势的发挥。

3. 目标市场策略选择

每种目标市场策略都有利有弊，对企业状况和市场态势的要求也不尽相同，所以会展企业在选择目标市场时必须综合考虑自身特点以及市场状况。具体来说，应重点分析以下五个方面的因素：

（1）会展企业实力。会展企业的综合实力包括资金、人才、技术和信息等所有资源，它是会展企业选择目标市场策略首先必须考虑的因素。如果会展企业规模较大，专业技术水平高，且办展经验丰富，有能力占领较大的市场份额，则可采取差异策略或无差异策略。反之，若会展企业综合实力不强，但在某些方面具有一定优势，则应采取集中策略。

（2）会展产品特点。对于会展企业而言，这里的产品特点主要指展览会或会议的相似程度和可替代性。若会展产品容易被其他产品替代，或与竞争者提供的产品性质相似，一般应采用无差异策略；相反，若产品特点鲜明且不容易模仿，如各种专业性突出的展览会，则可采用差异策略或集中策略，以增强会展的吸引力和竞争力。

（3）市场需求特征。若某种会展产品的需求异质程度低，即市场对会展项目的需求和偏好相似，购买方式也大同小异，在这种情况下，会展企业可以采用无差异策略，以争取更多的顾客。但随着会展业竞争水平的提高，这种策略将使用得越来越少。反之，若市场对某个会议或展览会的需求差别很明显，会展企业一般适宜采用差异策略或集中策略。

（4）产品生命周期。在不同的生命周期，会展产品表现出不同的特点，对企业的经营策略也提出了不同的要求。对处在投入期或成长期的新型产品，会展企业适宜采用无差异策略来进入目标市场，以尽快占领市场并广泛探测市场需求；当产品进入成熟期后，适宜采取差异策略，以开拓新市场，并延长会展产品的成熟期；到产品衰退期时，会展企业一般应采用集中策略，集中力量经营最有利的细分市场，并延缓产品的衰退。

（5）市场竞争状况。会展企业在选择目标市场时，必须认真分析竞争对手的情况。从企业的竞争地位看，若本企业推出的产品影响力大、垄断性强或竞争者少，则可以采取无差异策略，反之则应采用集中策略或差异策略；从竞争对手的策略看，会展企业一般采用与竞争对手相反或比其更高级的策略，例如，当主要竞争者采取集中策略时，本企业可以进行更深层次的市场细分，然后开发更高水平或更具有专业性的会展产品。

（二）市场发展策略

一个会展企业要在激烈的市场竞争中站稳脚跟，就必须努力扩大本企业产品在市场上所占的份额，即提高产品的市场占有率。为实现和保持较高的市场占有率，会展企业应采取合适的市场发展策略，其总体原则是扬长避短、发挥优势。总的来说，会展企业可通过两种途径来占领新的市场，一是扩张，二是多元化经营，具体表现为九种方法（如表4-2所示）。

表4-2　会展产品的市场发展策略

原有产品	相关产品	新型产品
市场渗透策略	产品开发策略	产品创新策略
市场开发策略	多元化经营策略	产品发明策略
市场转移策略	市场创造策略	全方位创造策略

下面，将以某个组展商推出的 A 展览会为例，详细阐述上述市场发展策略中五种常用策略的含义：

（1）市场渗透策略是指组展商立足于原有市场和产品，通过改进产品和服务，逐步提高 A 展览会的市场占有率。

（2）市场开发策略的核心是为 A 展览会寻找新用途、新客户，即以原有产品或稍加改进后的产品争取新的参展商。

（3）市场转移策略是指组展商将 A 展览会销售给竞争对手尚未进入的新兴市场。

（4）多元化经营策略是指组展商凭借现有的资源优势，同时向多个行业的其他业务发展。这种策略有助于会展企业分散经营风险，增强应变能力，但容易产生泡沫经济现象。

（5）产品发明策略是指组展商精心策划其他企业从未推出过的新型展览会，并力图进入这些企业已经成熟的市场。

（三）市场竞争策略

会展企业之间的竞争，主要是为了争夺最有利的目标市场，并占领更大的市场份额。由于各会展企业的总体实力和竞争优势不同，在竞争策略选择上也大不一样。总的来说，会展企业在市场竞争中主要会运用六种策略，即品牌制胜、创新制胜、服务制胜、技术制胜、价格制胜以及规模制胜策略。

若以市场地位为依据，会展企业的竞争策略又可分为市场主导型、市场挑战型、市场追随型和市场利基型策略。以上各种竞争策略所强调的重点有着明显的区别：市场主导型策略的重点是开拓会展市场的总需求、保持企业的现有市场份额并提高市场占有率；市场挑战型策略的基本原则是攻击主导型会展企业或其他竞争对手，以夺取更大的市场份额；市场追随型策略的常用方法是效仿主导型会展企业，为市场提供类似的展览或会议项目；市场利基型策略通常重点开发被大型会展企业所忽视的小部分市场，以求得"夹缝"中的生存，其主要经营策略与经营方式是实行专业化营销。

（四）营销组合策略

市场营销组合（Marketing Mix）是1964年美国哈佛大学鲍顿教授首先提出来的，现已成为市场学的一个重要概念。对于会展企业而言，营销组合是指企业为了满足目标市场的需要，对会展产品、参展报价等各种可控变量（Controllable Factors）进行组合使用。有效的营销组合是会展企业市场营销工作成功的关键。

会展市场营销组合中包含的可控变量很多，大致可以概括为四个基本变量，即会展产品、展会报价、分销渠道和促销手段。其中，每一种变量又包含许多内容，从而形成若干亚组合。会展营销组合策略的实质是综合发挥会展企业的相对优势，做到产品、价格、促销等多方面的"适合"和各种可控因素的动态组合。

第二节　会展调研的提供者和使用者

近年来随着调研专业工作的不断发展，营销方面的调研投入不断增加，技术水平和专业化程度也在不断提高。作为新兴产业的会展业，一场会展成功的关键在于严密的计划和细致入微的前期准备工作，各种会展需要解决的课题不同，其基本调研实施的内容也随之有别。

一、会展调研的提供者——调研的生产者

（一）会展行业的专门机构

会展调研的提供者主要来自会展行业内部，包括会展咨询公司、会展策划公司、展会广告代理商以及现场服务公司。由于国内的专业会展咨询公司刚刚起步，因此大量为会展本身提供资讯调研服务的主要还是来自会展策划公司和展会广告代理商；现场服务公司的工作主要是收集数据，不进行调研设计也不进行分析。现场服务公司是数据收集专家，根据转包合同为企业的市场调研部门、会展公司或专业市场调研公司收集数据。这些专门机构提供的相关调研以描述性调研为主，调研的内容主要围绕会展的基本信息展开，调研目的主要是为会展策划做必要的资讯准备。另外，随着全球广告业的发展和广告公司业务的拓展，越来越多的广告公司不仅代理展会的广告宣传业务，更深入会展业内部，参与招商、管理以及调研业务。

（二）市场调研行业

市场调研行业所开展的会展调研多是为制造商和经销商服务的。大型市场调研公司往往将会展作为调研的平台，根据会展特点，选择使用特定的调研手段，将会展调研纳入相关的系统营销研究之中，同时也为参展商提供独立的会展效果评估等服务；规模较小的调研公司通常在展会过程中为参展商提供定制的、非重复性的营销调研项目。

（三）企业营销调研部

商业会展中，参展者主要是企业，企业是大多数市场调研的最终消费者和发起者。多数大公司都有自己的调研部门，一些公司把市场调研和战略计划部门相结合，而一些公司则把市场调研与客户满意部门相结合。商业会展中的调研工作更接近于竞争情报工作，企业在参展的同时派出目的明确的市场研究人员参与会展的全过程，运用科学的研究手段，为企业完成相应的营销调研课题。竞争情报工作是正在全球推广的营销手段之一，有助于企业分析对手和供应商，从而减少意外情况的发生。竞争情报工作使得企业管理者能够预测商业关系的变化，把握市场机会，对抗威胁，预测对手策略，发现新的或潜在的竞争对

手，学习他人成功的经验并吸取他人失败的教训，洞悉对公司产生影响的技术动向，并了解政府政策对竞争产生的影响。专业会展往往汇集了来自四面八方的同行，这就为企业进行竞争情报工作提供了成本低廉、调查便利的平台，竞争情报工作者可以在会展上收集对手的销售传单和产品宣传册，与对手的供应商、经销商自由交谈，核对产品价格，了解新技术和新产品，并把握行业动态。

二、会展调研的使用者——调研的消费者

（一）当地政府

会展举办地政府关注会展调研的结论，其主要目的在于研究会展经济与区域经济的发展战略与政策，通过建立并运用相应模型进行科学的定量研究和中长期预测，提出会展产业发展的对策与建议，权衡各产业间的均衡发展，促进有序竞争，制定可持续发展策略，宣传推广城市文化等。

（二）参展商

展会的参展商在做出参展决策之前都希望对展会以及展位的各项指标有所了解，他们可以要求组展商提供相关数据资料，也可以委托其他机构例如广告代理商进行调研。随着会展咨询业的不断发展，参展商还将有可能直接向会展咨询公司购买相应会展的数据信息用以指导决策。

（三）会展组办方

会展组办方对调研数据的需求和使用主要基于以下四点：

（1）确定会展各项策略的需要，如会展主题、办展时间、招商对象等。

（2）为具体计划做准备。在基本构想的基础上，组办方必须制订详尽的执行计划，包括建设计划、展示计划、活动计划、宣传计划、动员计划、招商计划、情报工作计划等。所有这一系列具体计划都不可能凭空制订，相关的调研数据将为这些计划的制订提供信息。

（3）制定预算的需要。对预算的有效把握是展会成功举办的最基本的要求，支出项目与数量以及会展所能产生的直接或间接经济效益都是组办方最为关注的内容。准确有效的调研结论能够科学指导预算的制定，因此也是会展组办方使用调研结论的一个重要原因。

（4）招商的需要。会展组办方在招商过程中往往会采用多重手段对会展进行推介，那么推介过程中最具说服力的就是各种各样真实可靠的数据。这些由专业机构或会展组办方提供的调研数据能够极大地强化参展商和参观者对展会的信心和兴趣，从而对招展和招商工作形成有效推进。

（四）相关广告商

相关广告商包括两类：一类是会展广告代理商，这类广告代理商主要负责会展本身的广告宣传工作；另一类是为企业服务的广告代理商，这类代理商对会展调研数据的需求相

对较大。会展作为整合营销传播中必不可少的元素越来越多地被广告公司用于营销和传播组合中；会展的实际效果、会展的性价比等都已成为广告代理商希望获得的重要信息。

第三节　会展调研的种类

一、为会展组办方提供会展策划必要资讯的调研

会展的内容和形式多种多样，一般可以分为如下四种：

（1）行业展：电子展、轻工展、食品展、石化展、汽车展、纺织服装展、建材展、房地产展、酒店设备用品展、航空航天展等。

（2）商贸洽谈会：中国进出口商品交易会（广交会）、中国国际高新技术成果交易会（高交会）等。

（3）艺术文化展：美术展、艺术节、民俗文化节等。

（4）博览会：世界博览会、园艺博览会、产业博览会等。

会展的类别和目的不同，其组办方的构成也多有不同，行业展与商贸洽谈会多是由政府职能部门牵头，行业协会参与组织，由专业会展公司执行实现的会展类型。行业展和商贸洽谈会往往担负着重要的商业职能，其举办是为尽可能多地实现直接经济效益，因此会展组办方所需要的基础资讯主要集中于参展商的数量、级别、性质、需求等。另外，多数行业展和商贸洽谈会都是定期举行的，因此组办方对参展单位的满意程度、相关要求也非常在意。一些会展承办机构如专业会展公司、现场服务公司为了获取这些重要资讯，一般采用自行收集的方法。不过，一旦会展规模庞大，调研工作量就会增加，专业市场调研机构的协助便成为一种必需。为了成功举办会展，组办方必须自行完成或委托完成一些基本调研，主要包括七个方面。

（一）项目调研

项目调研是为了解决选择什么样的项目作为企业发展会展业基点的调研。此类调研必须全面了解本地、本区域的经济结构、产业结构、地理位置、交通状况、展馆条件等因素；优先考虑本区域的优势产业、主导产业、重点发展的行业、政府扶植的行业，具体分析行业市场状况、办展资源，如资金、人力、物力、信息（目标客户的信息、合作单位的信息、行业产业信息）和其他社会资源（政府主管部门、全国及海外合作伙伴、招展组团的代理机构、专业传媒和大众传媒等），并摸清行业归属。

（二）主题调研

会展项目确定之后，会展策划人员还必须就会展的具体主题进行相关的研究分析。由于定期举行的常年固定会展在宣传推广以及品牌建设方面具有先天优势，因此多数会展在策划之初都是以此为目标，调研的前期准备工作因而就显得尤为重要。展览会的名称、基本理念和具有延续性并相互独立的主题等都应在相关调研的基础之上予以确立。主题调研

不仅可以广泛研究已有会展的主题性质与分类，同时也可以通过民意调研的手段广泛了解和听取市场需求者的意见。

（三）场馆调研

近年来，国内各大城市纷纷建设会展场馆，场馆的规模、设施、地点、服务水平等各有差异。场馆调研具体包括：①硬件条件，如场馆地点、交通情况、周边住宿条件、停车位数量、场馆空间规模、内部空间使用的便利程度、陈列道具的种类、多媒体设备条件、照明、空调、消防等；②软件条件，如网络通信便利程度、邮政电信便利程度、管理系统等；③服务水平，如基本设计制作水平、场馆内部搭建改造水平、施工水平等。场馆调研信息的市场需求量十分巨大，甚至有专门机构定期进行调研并出版相关的资料信息，比如，美国商务手册出版公司每年都会出版汇集当年商业展览会信息的《博览会、展销会和展览会手册》，手册中对遍布全美的各级各类会展场馆都有详尽客观的介绍和评估，可以直接解决会展场馆调研的需要。

（四）参观人数预测

无论是以营销为主要目的的商业洽谈会，还是以宣传为主要目的的文化展览，参观人数都是重要指标。参观人数预测直接影响场馆选择、门票定价、办展时间、预算等一系列重大决策。但即便对于举办多年的固定展会，参观人数的预测仍非易事，诸多不确定因素都有可能导致预测的偏差和失误，如天气条件、突发事件、同类展会的竞争等。因此，参观人数并不能简单地根据往届实际参观人数进行预测，而是应该在会展筹备之前通过科学的定量分析进行预测。

（五）同类会展竞争者调研

同类会展竞争者不断涌现，就国内案例而言，最著名的一对竞争对手就是北京国际汽车展和上海国际汽车展。在相同的行业、相同的主题下，要想成功举办会展就必须对竞争会展的规模、具体参展商、会展时间、效果、满意度等进行详尽的调查研究，做到知己知彼、取长补短、避免恶性竞争。又如，每年8月中旬到9月中旬，甘肃兰州的商品交易会和新疆乌鲁木齐的商品洽谈会几乎同时进行，同是西部重镇，经济发展水平相当，交易商品也相近。为此"乌洽会"组办单位进行了细致认真的调查研究，最终调整办展策略，积极吸引中亚、东欧客商参展，使"乌洽会"成为西部最大的进出口贸易平台，从而与"兰交会"实现了差异化的共同成长。

（六）社区居民意识调研

展会有的时间较短，2~3天；有的时间较长，一个月甚至更长，如BIE（国际展览局）的注册博览会时间可长达250天。如此长时间的会展必将对场馆附近甚至整个城市的市民生活造成影响。特别是开闭幕式、论坛期间频繁有重要领导、国家元首到来，对市民的工作、休息、学习、交通、餐饮、卫生、安全等方面都会造成影响。而当地居民的态度和认识将在很大程度上影响会展的效果。热情好客的居民不仅可以很好地配合组办方的各项安排，积极参与会展活动，为会展制造人气，同时也可以给会展参加者留下美好的印象；相反，居民的抵触情绪也将给会展带来不必要的麻烦。因此，组办方在基本调研中要特别强调居民意识的调查研究，发现问题要尽早想办法疏导、解决，以期营造出最佳的会展外部环境。

（七）环境影响调研

会展期间，交通工具和流动人员激增，将在一定程度上影响城市环境；会展过程中大量宣传品从会展现场被带出，在相当大的范围内造成环境污染或卫生清洁工作的压力；会展期间的声光电污染也高于平常；撤展后，会展现场遗留的垃圾也增加了城市的环保投入，这些都是会展活动所带来的环境影响。特别是大型会展，如世界博览会，相关的环境影响问题就更加严重。政府的有关部门往往要求会展组办方在会展申报时必须提交环境影响调研的预期状况以及解决方案，同时还有一些民间组织会对会展的全过程进行监管。

二、为参展方提供会展选择与决策依据的调研

对于参展方而言，展会是有效实施营销计划的媒介平台之一。参展方必须在选择展会时遵守恰当原则，即恰当的地点、恰当的时间、恰当的价格、恰当的主题以及恰当的形式。近年来，展会数量与日俱增，同一主题的展会遍地开花，商业展会更是如此。对于参展方而言，常常无法识别良莠，难以正确选择。开展此类调研将是国内会展咨询业发展的有利契机，采用媒介监测的手段，可以对各种展会进行分类监控和评估，最终向使用者提供调研数据。

三、以会展为评估对象的调研

会展评估是对展览环境、工作效果等方面进行系统、深入的考核和评价，是会展整体运作管理中的一个重要环节。科学有效的会展评估应当以数据库为基础，通过建立数学模型实现客观公正的评估结论。而在实际工作中，会展评估则更多流于形式，其真正的意义与作用并没得到各会展组办方以及会展行业主管部门的重视，其原因一方面是由于对会展评估的认识不够，另一方面也是因为缺乏专业的机构和人员。当前，会展评估调研的内容仍比较表面化，主要调查参展商数量、参观人数、取得的利润等，评估内容和调查方法缺乏创新，所谓"评估"仅仅停留在数据的简单整理上，缺少对数据的深入挖掘。会展评估因每届展会举办的宏观环境不同，评估内涵、特征也随之发生变化。会展评估应根据相关展会调研的数据，深刻地分析、评价当前的会展市场环境和未来走向，为今后会展项目的市场开发、运营管理提出相应的建议。会展评估调研的项目应包括以下七个方面：

（1）会展基本情况：创办时间、办展周期、办展时间、主办商、办展展馆、联系电话、展览互联网地址、电子邮件、主要服务内容、主要参展产品、开幕时间、门票价格、场地面积、同期举办的展会、参展面积、参展商、参展商分布统计、参展商产品行业分布、观众来源、观众分布统计、观众关注行业统计、签约项目数、成交金额等。

（2）展会主题：主题是否明确、是否服务地方经济、主题的延续性、会展主题的推广效果等。

（3）展示设计：展示手段、多媒体技术使用情况、展示种类分布、展台设计、科技含量、展示效果、展示成本分布等。

（4）招商组展：招商方式、招商成本、招商时间、组展筹备时间等。

（5）广告宣传：会展前期广告宣传手段与策略、广告投入、新闻宣传策略、新闻稿数量、促销活动等。

（6）会展后勤服务：展场指南、食宿安排、交通服务、展会会刊等。

（7）经济与社会效益：交易额、协议数量与金额、贸易商满意度、相关行业受益情况、社会反响、市民认知度等。

四、以会展为平台进行的调研

会展是进行营销研究的重要舞台，具有许多特有的优势。首先，在会展中生产商、批发商、零售商、消费者、政府官员、行业主管人员、专业人士、行业专家大量聚集，诸多市场调研（特别是访谈）中不易接触到的对象都有可能集中出现在会展中，这使得调研成本大大降低，调研效果大大提升；其次，在会展进行的过程中，参展商往往能够在相当宽松的条件下公开产品、生产、营销等商业信息以吸引新客户，实现新订单，这为商业情报的收集提供了很好的机会；再次，消费者直接接触产品和生产企业，对产品性能、定价等方面的问题可以直接给予反馈。

以会展为平台的调研所要解决的营销课题包括以下内容：

（1）产品调研：新产品的接受与潜力、新兴产品测试、包装、价格、竞争产品研究等。

（2）企业研究：短期预测、长期预测、行业趋势、进出口、公司内部员工研究等。

（3）消费者研究：消费者购买行为、使用习惯、态度以及品牌市场概念的定量和定性研究等。

（4）销售与市场研究：市场潜力的衡量、市场份额分析、市场特性的识别、销售分析、分销渠道、促销研究等。

（5）民意研究：生活形态、价值观念研究等。

（6）其他：政策、生态影响、法律限制、企业公众形象研究等。

上述营销课题通过日常的市场调研也可以实现，但是必须注意的是，会展时间往往较短，进行会展调研必须做好前期准备，包括问卷或访问稿的设计、日程的安排、样本的选取与确定、访员的培训、礼品的准备、调研设备的准备、访谈地点的确定等。只有先将以上各项准备工作落实，会展调研工作才能顺利完成。

第四节　会展调研的过程与方法

市场信息收集是策划举办一个会展最基础的工作，它主要通过各种市场调查手段，有目的、系统地收集、记录和整理各个市场的信息和资料，客观地反映市场态势，为办展机构全面认识市场特征、进行市场预测及其他决策提供科学依据。

一、调研过程

会展调研的过程是连续的，主要包括以下八个方面。

（一）确定调研目的

首先，不同的对象对调研的要求也有所不同，政府部门关注宏观数据，生产企业关注具体情况，调研也应该因对象而异。其次，调研过程的开始首先是认识问题，应该准确把握数据的真正作用，明确开展调研究竟要解决什么问题，哪些问题是通过会展调研可以解决的，哪些不能或不用通过会展调研解决，否则大量的财力、人力和时间就将被浪费。同时由于会展时间的限制，必须认真对待那些在会展过程中难以完成的任务。另外，会展中大量信息是公开的，确定调研目的时应该向委托方说明。

确定了目的，就应形成调研目标，目标应尽可能具体和切实可行，这样可以避免许多不必要的麻烦。向委托方核实过调研目标之后就可以形成初步的假设了。假设是在给定信息的条件下，被认为是合理的初步陈设。调研假设的提出为生成调研设计奠定了基础。

（二）生成调研设计

调研设计是指实现调研目标或调研假设需要实施的计划。调研人员需要建立一个回答具体调研问题的框架结构。当然，客观上不存在最好的调研设计，不同的调研设计都各有优缺点，重要的是必须权衡调研成本和信息质量。通常，所获得的信息越精准、错误越少，成本就越高，但是由于会展调研的特殊性质，调研设计者应以有效性原则为基本准则。

（三）选择调研方法

调研人员可以根据调研项目的目标选择描述性、因果性或预测性的调研设计，随后再确定收集数据的手段。有三种基本的调研方法：观察法、询问法、实验法，这将在后面的章节中予以介绍。

（四）抽样过程

不同的调研手段对样本的要求也有所不同，会展调研中抽样与调研手段的对应关系与一般调查研究中一样，应根据具体情况灵活运用。

（五）收集数据

大多数数据是由市场调研公司、现场服务公司从会展现场收集得到的；同时，会展的组办方掌握大量免费、公开的信息。

（六）分析数据

分析的目的是解释所收集的数据并提炼出结论。数据的分析需要具备一定的专业技巧和手段，专业分析人员不仅可以对数据进行简单的频次分析，同时能够使用复杂的多变量技术进行交互、聚类、因子等分析，并建立模型等，从搜集到的数据中提炼更多的信息，解释更多的问题。

（七）撰写调研报告

会展调研的报告形式因提交对象的不同而有所不同，一般市场调研报告都要求简明、清晰。如果报告是提交给政府部门用作宏观分析，那么，报告就应详尽丰富。

（八）跟踪调研结果

通过对调研结果的跟踪检查，不仅能进一步确认调研结果的正确性和适用性，同时还可以对不足之处进行及时的调整。

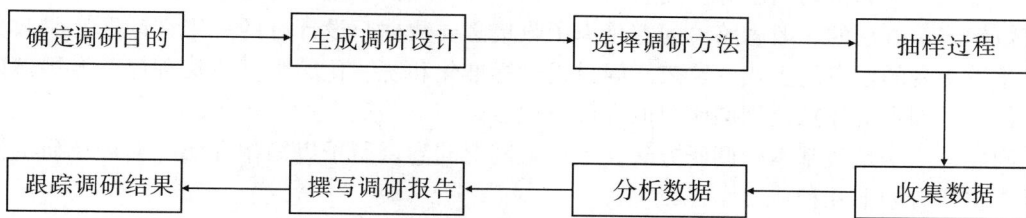

图 4 - 2 　会展调研的过程

二、调研方法

（一）观察法

观察法主要是观察人们的行为。确切地讲，观察法可以被定义为不通过提问或交流而系统地记录人、物体或事件的行为模式的过程。当事件发生时，运用观察技巧的调研人员客观见证并记录信息，或者根据以前的记录编辑、整理证据。会展主题明确，参展商与参观者已经形成明确的细分，绝大多数会展对专业参观者和普通参观者又进行区别，因此在客观上符合使用观察法的条件。会展调研中所使用的观察法大致分为以下两类：

1. 非参与观察法

指调研人员作为局外人，从旁进行观察，而不参与受访者的活动。调研人员可以分布在展会的不同位置，根据之前统一的要求进行现场观察，并在印制好的记录单上予以记录。记录单可以使用按秩序圈选的封闭式量表，也可以使用记录具体情况的开放式表格。调研人员的观察不应打扰与会者的行为，最好能够避免引起与会者的注意。另外，也可以安装一些被允许的装置进行机器观察，如流量计数器、条形码识别仪、录像机、现场检测仪等。

2. 参与观察法

指调研人员根据市场调研的需要，深入调研现场，通过对调研对象进行直接的查看测量，或者和调研对象直接相处并一起活动，从中可以更深入地了解被访者，以获取第一手市场资料的方法。参与观察法仍是以观察为主，调研人员可以作为展会中的一分子，参与试用、参加专业研讨等，有的放矢地进行观察研究，当然这种研究对调研人员的能力要求就更高了。

（二）询问法

询问法是目前最常用的调研手段，通过此种方法能够收集到广泛的资讯。询问法又可分为问卷访问法、小组焦点访谈法、深度访谈法等。询问法的基本原理是，由市场调研人员事先拟定调研提纲，然后请被调研者回答相关问题（封闭式或开放式），以此来收集资料和获取信息。

1. 问卷访问法

问卷访问法在调研中最为通用，包括个别访问法、集体访问法、电话访问法、邮寄法、留置法、计算机访问法等。问卷访问的每一种形式都依赖于问卷的使用。问卷几乎是所有数据收集方法的一般思路。问卷是为了收集必要数据而设计好的一系列问题，是收集来自于被访者的信息的正式一览表。问卷提供标准化和统一化的数据收集程序。会展调研中所使用的问卷应注意区别调研目的和调研地点。

问卷访问法是最基本的调研方法，下面就网上问卷调研予以简单介绍。会展调研的网上操作主要有如下几种：

（1）网上会展搭载的调研。

网上会展成本相对低廉，同时不受时间、地点、天气条件、交通条件的限制，不仅是长年不落幕的展示平台，同时也是成熟的 B2B 平台。搭载于会展网站的调研项目成本较低，数据的回收与分析在技术上可以实现即时化。通常填答问卷的浏览者都是专业人士，由于其专业特点，问卷的设计不必像一般的网上调研那么简短，可以使用较长的问卷；同时在网上会展的参展商身份确认过程中也可以进行大量信息的收集与整理。在技术上，调研员能够跟踪受访者，进行更深入的研究。

（2）门户网站会展频道搭载的调研。

门户网站的会展频道备受专业人士的关注，也是开展会展调研的极佳途径。此类调研也可辅助完成会展满意度、会展需求等方面的调研。

（3）邮寄问卷。

这种方式是指制作一份问卷，通过 E-mail 发送给被访者。被访者收到问卷后自行决定是否填写，如果填写则再通过 E-mail 把答案寄回。问卷可以让被访者在闲暇时完成，这种方式很像现实生活中填写产品或服务的调查问卷或用户意见反馈表。一般来说，网上会展的参展商和浏览者都是以会员的形式加入后才取得相应的展示、浏览权限，因此单位、机构或个人的邮箱很容易得到。邮寄问卷法具有匿名性、广泛性、经济性和实用性等优点，因此会展公司应根据调研需要和具体情况合理使用这种方法。

会展举办的时间长短因会展的性质不同而有所区别：展销会一般时间较短，在 3 天左右；行业型年度展会时间稍长；文化型展会时间更长一些，可达十几日甚至几十日；博览会时间最长，往往在 150～200 天。因此，不同会展过程中所采取的调研方法也应有所不同。短期会展中适宜采用节省时间、节省费用的方式和手段，许多定性调研手段皆适合使用。定性研究是以小样本为基础的无结构式的、探索性的调查研究方法，目的是对问题的定位或启动提供比较深层次的理解和认识，调研的结果通常用于分析态度、感觉和动机。

定性调研通常比定量调研费用低，并且能够大大提高调研的效率（如表4-3所示）。在寻找处理问题的途径时，定性调研常用于指定假设或者确定研究中应包含的变量，有时定性调研和二手资料的收集分析可以构成调研项目的主要部分。

表4-3　定性调研与定量调研

调研类型	定性调研	定量调研
目的	对潜在的理由和动机求得一个定性的理解	将数据定量表示，并将结果从样本推广到所研究的总体
样本	由非常有代表性的个案组成小样本	由具有代表性的个案组成大样本
数据收集	无结构的	有结构的
数据分析	非统计的方法	统计的方法

2. 小组焦点访谈法

通过有意识的信息收集，来自四面八方的经销商、消费者汇聚会展，使得平时几乎无法实现的小组焦点访谈成为可能。小组焦点访谈可以使参与者对主题进行充分和详尽的讨论，通过这种方法，参展商可以对定价、销售手段、产品性能等需要了解的主题进行深入研究；会展组办方也可以通过小组焦点访谈对参展商的需求以及满意度进行调研。

3. 深度访谈法

深度访谈指组织熟悉某个市场问题的相关人士，围绕某一产品、服务、组织或影响实体当面展开讨论，最终获得比较一致的结果，人数通常为6~10人。这种调研方法的优点是能够集思广益，而且意见反馈迅速；但在定量分析等方面存在明显的不足，且对小组成员和主持人的要求很高。深度访谈适用于两类人群：一类是与会的官员、学者和企业高层管理者。这类人群在日常的深度访谈操作中皆是难于接洽的对象，但是在会展过程中往往相对集中，同时由于大部分会展都有明晰的主题或单一的行业性质，因此访谈的实际操作也容易深入，有效性更高。另一类是参观者。不论是企业自己组织的现场介绍，还是委托专业公司进行的会场演示，都是直接面对参观者的极好机会。商业展会参观者中有代理商、经销商以及消费者；文化展会参观者大多是专业人士或爱好者。通过相对无限制的一对一会谈，可以实现多种调研的目的。受访者与面谈者很容易在会展这样一个特定环境中达成相互间的融洽关系，同时与主题无关的信息也将比一般情况少。

（三）实验法

实验法指为了获得特定的信息，通过对参与者类型的恰当限定、对信息产生条件的恰当限定、对信息产生过程的合理设计，而获得准确、真实信息的方法。通过实验法可以获取正常手段难以获得的信息或结论。以实验为基础的调研与以询问为基础的调研相比有着根本的区别，其对调研环境、技术、人员素质的要求较高。在会展过程中要想实现真正意义的实验调研是很困难的。但是，实验法有许多值得在会展调研中积极采用的思路和手段，比如在会展中设置实验区域，请消费者现场体验产品功效，一方面可以起到宣传促销的作用，另一方面也可以为参与观察的调研人员提供观察、记录的条件。

（四）二手资料分析

前述三种方法是调查研究中常见的获取一手资料的手段，但并非调研的全部，在会展调研中，二手资料的分析运用也相当重要。从会展上可以搜集到大量的二手资料，这些二手资料不仅有助于明确或重新明确探索性研究中的主题，而且可以使会展主办方切实找到一些解决问题的方法。政府或企业所面临的问题，以及下达给会展调研者的问题可能有人已经收集了所需的精确资料，只不过不针对当前方面，做好这方面资料的收集可以说是事半功倍。二手资料的来源主要有以下四个：

1. 组办方

会展组办方会在会展过程中免费发放各种名录，如参展商名录等，内有详细的地址、联系方式、产品介绍、工厂分布、主要领导的姓名、员工数量、销售水平、市场占有情况等。

2. 参展商

参展商在会展中更是会准备大量资料，这些资料中有可能包括平时难得一见的内部资料，如新产品研发档案、年度报表、股东报告、新产品测试结果、公司内部刊物等。

3. 行业主管部门或行业协会

会展中常设有免费公开的信息查询系统，提供诸如行业发展趋势、市场分布等来自权威机构的统计结果。

4. 会展项目管理系统

越来越多的大型会展开始使用会展项目管理系统。这种系统实际上是一个庞大的数据库，可以为各个方面提供所需要的二手资料。

（1）展位预订管理系统：可在线查询展位状态，通过平面图和三维演示浏览展位位置和周边设施。

（2）邀请函、参展手册发放管理系统：可调用企业资料、已发送邀请函邮件列表来确定是否已发送。

（3）新闻信息发布管理系统：可对会展新闻、图片新闻、会议新闻、专题新闻栏目进行查询。

（4）论坛管理系统：对会展期间的论坛主题、时间、日程安排、演讲内容纲要等予以发布。

（5）网上招商管理系统：对会展招商内容进行的修改、有效参展信息过滤、预订反馈信息管理、网上预订业务跟踪、在线参展合同签订落实等均可查询。

（6）网上门票预订管理系统：门票预订发售、个人资料提交、预订处理、门票发送（下载打印或邮寄）、网上观众信息统计管理等。

（7）会展观众登记管理系统：统计现场观众登记数、发放参展商胸卡数，通过条码识别进行身份认证、通过照片进行个人识别，汇总网上预订观众、大会贵宾和重要买家的到场情况等。

（8）会展现场网上直播管理系统：可提供现场图片即时传输和现场摄像即时传输等方式。

这些资源可以通过付费的方式单项或全部出售给数据使用方，对于二手资料收集者而言具有重要价值。计算机数据库、公开的二手资料、互联网和内部数据库都是一个组织信息管理系统的重要组成部分，用好信息，才能做出明智的决策。

第五节　会展信息管理

随着科技的进步和互联网的发展，会展企业应用信息技术已是大势所趋。会展业被推崇为"现代城市的面包"，具有强大的综合带动效应，汇聚了巨大的信息流、技术流、商品流和人才流，对一个城市或地区的国民经济和社会进步产生难以估量的影响和催化作用。信息技术的广泛应用可以给会展经济带来多元化的资金，也可以使商品和信息流动更加顺畅合理，降低会展各方的运营成本。

一、会展信息与会展信息管理

（一）会展信息

现代会展业是一个开放的、竞争激烈的行业，信息技术的进步给会展业带来深刻的影响，会展企业要在高度竞争的信息时代求得生存和发展，应加快企业的信息化进程，完善全面、可靠的会展信息管理。从宏观的角度来看，会展信息处理包括信息的收集、分类、传输、加工、检索和使用等。从具体的信息管理使用者来看，不同的使用者对信息处理的需求是不同的，即使对于同样一个使用者，每次组织、策划的会议和展览都没有一个统一的、标准的模式，这样就显现出会展信息的多样性和复杂性。从管理学角度看，会展信息是有关会展行业的各种消息、信号、情报，是经过加工后的行业相关数据，对会展行业决策或行为具有现实或潜在价值，是有关展览馆、服务商、参展商、专业观众等会展行业信息的集合。

（二）会展信息管理

会展信息管理是指为了满足会展企业管理的需要而进行的信息产生、识别、筛选、收集、加工、传递、存储、检索、输出等各项工作的总称；是会展企业运用现代化的管理手段和管理方法来研究信息资源在经济活动和其他活动中的利用规律，并依据这些规律对信息资源进行组织、规划协调、配置和控制的活动。

1. 会展信息管理的内容

（1）原始数据收集：根据特定的目标和要求，将分散在不同时空域的有关信息，通过特定的手段和措施进行采集和汇聚的过程。它是指一切信息工作中的数据收集，包括企业和组织的管理者为了实现决策、管理和控制等目标所进行的数据收集。

（2）会展信息加工：把原始信息进行辨别、筛选、分类、排序、计算、研究、著录、标引、编目和组织而使之成为二次信息的活动。信息加工的范围很广，计算机技术、网络技术、人工智能计算机的不断发展和应用，大大缩短了信息的加工时间，满足了各种需求。

（3）会展信息传递：信息传递是人类交换信息的一种过程，是人与人之间、人与社会之间，通过有意义的符号进行信息传递、信息接收或信息反馈活动的总称。信息是传输的内容，传递信息是传输的根本目的。会展信息可通过人内传递、人际传递、组织传递、大众传递、网络传递等手段进行传递。

（4）会展信息存储：对所采集的信息进行科学有序的存放、保管，以便后续使用的过程。会展信息存储可方便企业及时获取所需要的信息，为控制、管理与决策服务，并且存储的信息可供企业或组织的全体人员共享，提高信息的利用率。

（5）会展信息检索：将各类会展信息按一定的方式组织起来，并根据会展信息用户需要查找出有关的信息的过程和技术。

（6）会展信息输出：指按照需要，将信息显示和提供给用户。会展信息输出的手段包括多媒体技术的应用、传统的广告以及 Web 站点和主页等。

2. 会展信息管理的途径

（1）信息管理标准化：指研究、制定和推广应用统一的信息分类分级、记录格式及其转换、编码等技术标准的过程，有利于提高会展行业信息管理水平，主要包括资料收集制度化、信息载体规范化、信息加工程序化、信息传递工艺化等。

（2）信息管理高效化：指信息管理的各个环节做到及时、准确、适用、经济。高效率的信息管理既是信息管理工作的目标，也是贯穿于信息管理全过程的工作标准。

（3）信息管理现代化：指广泛应用现代科学技术和经济管理方法，促进信息资源更有效地为会展企业和行业服务。

二、会展信息管理系统

（一）会展信息管理系统的定义

会展信息管理系统是一个以人的需求为主导，利用计算机硬件、软件、网络通信设备以及其他办公设备，进行信息的收集、加工、传输、存储、更新和维护，以凸显会展企业战略竞争优势、提高会展经济效益和效率为目的，支持会展企业的高层决策、中层控制、基层动作的集成化的人机系统。

信息管理系统由信息源、信息处理器、信息管理者和信息使用者四大部件组成。其中，信息源是数据的输入源，来源于系统内部或外部；信息处理器负责信息的接收、传输、加工、存储、输出等任务；信息管理者依据信息使用者的要求来进行系统的设计开发、运营维护；信息使用者还包括企业内部不同层次的管理者。会展信息管理系统根据作用对象，可以分为两大部分：第一部分与会展信息直接有关，称为"前台部分"；第二部分与会展信息没有很直接的关系，涉及会展公司内部的管理和运作，称为"后台部分"。

1. 前台部分

前台部分在企业信息管理系统中占有非常大的比重，应用范围和应用层次非常复杂。前台系统为会展企业提供全面的信息化服务，紧密围绕会展项目相关的业务展开，包括会展策划、会展准备、现场服务、会展后服务的全程信息处理的模式。通过全面的信息管理提高会展企业的管理水平和服务水平，同时，更好地为会议代表和与会者服务。因此，前台部分是以提供会展策划和管理为主要目的的系统，包括策划子系统、任务落实子系统、客户和参展商管理子系统、财务管理子系统、供应商管理子系统、展位管理子系统、市场营销子系统、人力资源管理子系统、服务/保安子系统等。

2. 后台部分

后台部分是会展企业内部的信息管理系统，也是会展信息管理系统的基础。该系统在于构建一个企业管理平台，包括电算化系统、人力资源管理系统、办公信息管理系统、总经理查询系统等。

（二）会展信息管理系统的功能

会展信息管理系统全面涉及和管理会展服务企业的日常业务，可以有效地实现数据的共同应用和管理，全面管理客户关系，使得大量的重复工作可以实现自动化处理，防止客户数据因业务人员流动而流失，并可以直观地对会展过程进行有效管理，收集和提供精确的统计数据，辅助公司决策。

1. 信息管理角度

会展信息管理系统一方面通过计算机网络将企业、客户、供应商及其他商贸伙伴连接起来，实现会展电子商务化，将原来分散的资源集中分析处理，全面整合企业内外资源，对信息的存储、传输、增加、删除、修改、统计和检索进行一体化，完成信息流、业务流和资金流的有效转移与优化；另一方面信息资源得以集中管理，加上完善的授权机制，降低了信息安全风险，保障了企业的利益。

2. 管理职能角度

会展信息管理系统能够帮助企业建立一种新的管理体制，实现企业内部的相互监督和相互促进。作为管理者，可以深入了解客户、市场和业务绩效，及时了解会展的业务运营状况，随时了解公司的财务状况，从容面对每个重要决策。通过会展信息管理系统，人工流程得以简化和自动化，有效地规范了工作流程，在过程监控中提高了工作效率。

三、会展信息化管理

会展信息化管理的目标之一，就是用现代信息技术来管理会展，以达到节约管理成本的目的。传统观点认为会展信息化是指利用信息技术管理会展的各个环节，其实会展信息化的实施是为组办方、参展商和专业观众提供信息交换和互动的平台，根据实施地点、内容和方式的不同可分为办公室信息化、现场信息化、网上信息化。

办公室信息化是会展业信息化建设的前提，现场信息化是会展业信息化的基础，网上信息化是会展信息化的核心。现代会展业是一个开放的、竞争激烈的行业，会展的组织者在思考自身综合竞争力的同时，要意识到互联网科技的进步给会展业带来的深刻影响，一个功能完备的会展网上信息化平台，不仅代表会展的品牌形象和管理需求，更代表会展的综合竞争力和以客户为中心的服务水平。

（一）办公室信息化

1. 客户关系管理（CRM）

客户关系管理是一种旨在改善企业与客户之间关系的新型管理机制。它实施于企业的市场营销、销售、服务和技术支持等与客户有关的领域，一方面通过提供更加快速和周到的优质服务，吸引和保持更多的客户；另一方面通过对企业流程的全面管理降低企业成本，从而使企业赢得竞争优势并获得利润。

客户关系管理就是企业利用信息技术，通过对客户的跟踪、管理和服务，留住老客户、吸引新客户的手段和方法。CRM 是联系企业内、外信息的桥梁，通过建立良好的客户关系，可以提升客户的满意度，获得最新的客户需求，真正实现"以客户为中心"的经营目标。CRM 通常是一个系统的工程，只有软件与硬件的结合才能造就完整的 CRM 系统。CRM 一般都提供电子商务接口，还全面开展电子商务，支持电子商务销售方式，即以电子流的方式进行销售活动的商业模式，如网上购物、网上支付等。办展机构实施会展客户关系管理的目的，是实现会展与客户之间的合作共赢。一方面，对办展机构来说，实施会展客户关系管理，不仅可以为会展赢取新客户、挽回流失的客户和识别新的关系细分群体，从而增加会展拥有的客户数量；而且可以通过培育客户对会展的忠诚度、挽留和发展有价值的客户以及减少客户流失，发展与客户的长期合作关系，为会展赢得更多的长期稳定客户；还可以通过有针对性的个性化服务提高现有客户的购买数量，扩大会展的展位销售量。另一方面，对于客户来说，会展的各种个性化服务手段可以满足自己的特殊需求，增加参展效果，实现贸易成交、收集信息、产品发布或产品展示等具体目标。办展机构实施会展客户关系管理的作用主要表现在：

（1）提高销售和服务功能。

会展客户关系管理是一种以客户为中心的营销策略，它在信息技术的支持下，通过分析不同客户的不同需求，从而提供个性化的应对措施，制订有针对性的营销计划。向不同客户提供符合其需求的个性化服务，这极大地提高了展位的销售能力，同时也提高了会展的服务质量和服务水平。

（2）降低获取客户的成本。

研究表明，开发一个新客户的成本比挽留一个老客户的成本要高出五倍。会展客户关系管理通过有针对性的个性化服务，能够很好地挽留老客户，赢回流失的客户，从而降低会展获取客户的成本；在开发新客户时，会展客户关系管理可以通过客户聚类分组技术，识别有价值的客户，减少对新客户开发的盲目性，节省不必要的开支。

（3）增加客户价值，提高客户满意度。

参展商和观众参加会展的主要利益，在于通过参加会展实现自己的目标。会展通过分析不同客户的特殊需求，采取积极的应对措施，最大限度地满足客户的各种需求，努力帮助他们实现目标，客户价值因此而增加，他们对会展的满意度也因此而提高，客户与会展的长期合作关系也变得更加牢固。

2. 销售、财务等业务管理

销售管理用于集中管理企业的销售行为，包括客户跟踪、联系日志、合同签订与变更、合同注销、应收款、付款管理、票据管理等方面。销售管理的目标是：全程跟踪销售进程；量化业务部门的考核；及时准确的应收应付款管理；全面的销售日志；销售行为由个人行为转化为企业行为；全面的财务监管；电子化的销售流程，管理层对销售行为全面而及时的分析与决策。系统中与销售管理相关的模块包括应收款管理、应付款管理、合同管理、招商进度、客户资源分配、产品（展位）资源分配管理、销售业绩测评、销售日志管理、票据管理。

3. 协作办公自动化（OA）

随着企业办公条件升级，办公自动化要求越来越高。办公自动化管理信息系统有助于提高企业的办公效率；集中管理办公数据；扩大办公范围；允许远程办公和远程监控；集中管理企业内部资源，提高利用效率；保留办公痕迹，集中办公管理。系统中与办公自动化相关的模块包括公文管理模块、合同档案模块、音像档案模块、车辆管理模块、资产管理模块、邮件与快递件管理模块、电话与传真管理模块、资料管理模块、公司组织机构模块、规章制度模块、行政企业管理模块、员工管理模块、薪酬管理模块、绩效考核管理模块、培训与开发管理模块等。

（二）现场信息化

1. 会展现场信息管理系统

这部分主要包括以下五个系统（如图4-3所示）：

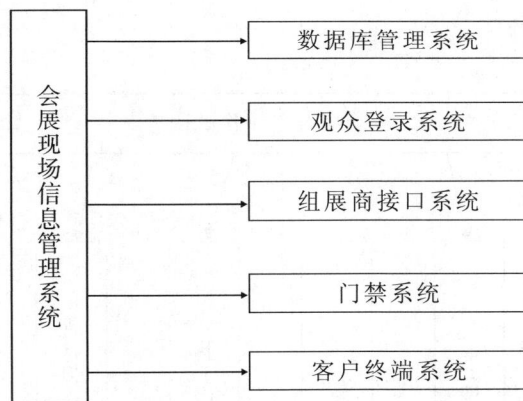

图4-3 会展现场信息管理系统构成图

（1）数据库管理系统。

数据库管理系统包括中心服务器系统、观众信息处理和质量保证系统两个部分。其中，中心服务器系统是系统数据、应用程序的管理中心，也是大量的会展相关信息数据的集中存放中心；观众信息处理和质量保证系统是对登录大厅采集系统提交的名片电子图像做集中处理，并采用多重质量校验方法保证信息质量。

（2）观众登录系统。

观众登录系统包括观众信息采集系统和现场制卡系统。观众信息采集系统是对观众信息进行采集，实现从纸质到电子文档的转换；现场制卡系统是为需要现场制卡的观众和参展商提供高速条码卡打印工具。

（3）组展商接口系统。

现场信息处理完成后，系统需要对信息进行进一步加工，才能满足组展商的要求。这主要包括观众信息处理/下载系统（观众归一化管理、观众信息质量整理、所在城市自动生成、观众信息查询处理、观众信息下载）；展览会报告生成系统（根据收集到的各种信息，进行分析统计，得到切实有用的分析结果）；展后信息查询系统（包括观众基本信息查询、观众调查表查询分析管理、观众行为信息查询分析、观众数据对比校核、观众数据导出等）。

（4）门禁系统。

门禁系统包括大会入口门禁系统和研讨会门禁系统两个部分。大会入口门禁系统是实现对观众进出场馆权限的控制和对观众行为信息的采集；研讨会门禁系统是对进出研讨会的观众进行扫描，以实现会后对与会人员的信息分析。

（5）客户终端系统。

随着科技水平的发展，会展服务也随之产生了新的内容，现在已经广泛使用触摸屏系统建立"人性化"客户终端。从技术层面来说，触摸屏系统由两部分组成：①触摸屏信息生成系统，即根据参展商的展台、名称、类别等信息生成展台触摸屏系统；②触摸屏演示系统，即根据触摸屏系统生成的数据显示相应的会展信息。

2. 会展现场信息服务系统

会展现场信息服务系统包括会展准备、现场服务、展后服务。

（1）会展准备。

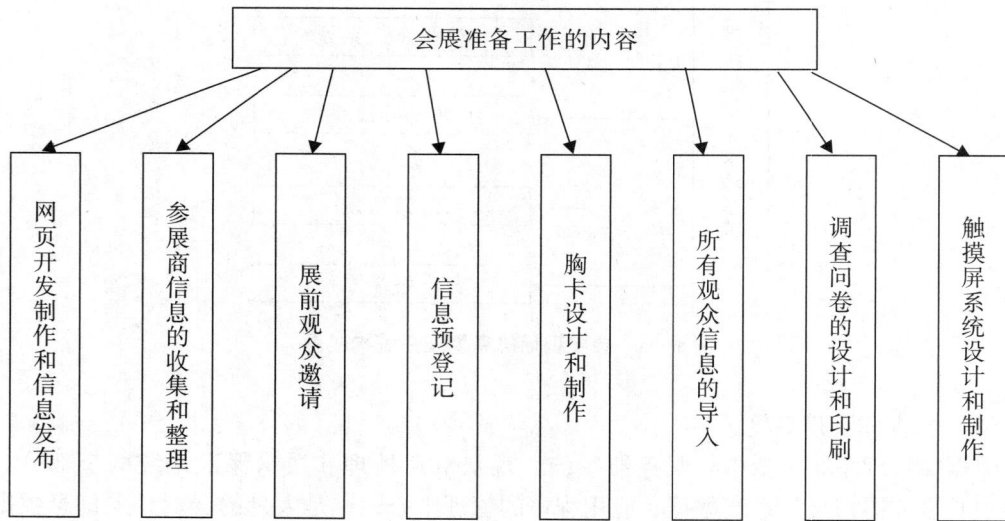

图4-4　会展准备工作的内容

在会展开幕之前，组办方要围绕会展参与者处理很多细节工作（如图4-4所示），在短时间内集中处理这些琐碎事务绝非易事，但以上这些重要的细节工作直接关系到会展的效果，关系到会展参与者对组办方的印象。会展现场信息服务系统可以帮助组办方从繁杂的事务中解脱出来，达到事半功倍的效果。

①网页开发制作和信息发布。

组展商利用服务商的技术力量，开发会展宣传网站，实现会展新闻宣传、观众预登记、参展商在线申请、问卷调查、研讨会信息发布等功能。组展商可以通过该网站发布会展相关信息、在线招展（邀请参展商）和招商（邀请参观者）。

参展商可以通过该网站了解会展信息，包括上届会展情况和报告、本届会展在该网站的发布、修改和维护日程和活动安排、展馆地理情况、酒店预订、运输和搭建等。同时，在参展后，即可查询有关资料和信息，并通过工作平台管理预约观众信息等。公众可以通过访问该网站，查看组展商和参展商发布的有关信息，了解展览动态，并预约参观。

②参展商信息的收集和整理。

全面的参展商公司和产品信息是最有价值的行业数据资源中心。参展商信息有三个来源：参展商参展调查表、参展商发放的产品资料、参展商公司网站以及相关行业媒体的介绍和评价。通过信息化的方式收集和管理整个参展商的参展展品型号、报价和销售渠道、行业背景、获奖情况等多方面的资料；按照行业特点把参展商和展品进行分类，能方便利用参展商信息。

③展前观众邀请。

服务商可以根据组展商的要求向有兴趣的客户和预登记的观众邮寄邀请函和胸卡。

④信息预登记。

组展商可以利用服务商的技术优势和专业队伍，完成参展商和观众在展前的信息采集、录入工作。

⑤胸卡设计和制作。

服务商可以根据组展商的要求，设计和制作兼容非接触式智能卡、接触式智能卡、PVC条码卡、纸质条码卡等各种形式的卡证；同时，为组展商提供参展商和观众的胸卡设计和印刷服务。

⑥所有观众信息的导入。

服务商可以对组展商原有观众数据科学化、合理化的整理，使之更符合会展的需求，并将其导入现有的数据库中，或建立基于互联网的快捷、稳定的查询。

⑦调查问卷的设计和印刷。

根据会展的实际情况，服务商结合自身经验和问题库，提供调研问题咨询，会同组展商设计最合理有效的调研问题，并负责排版制作。

⑧触摸屏系统设计和制作。

结合会展风格和不同的需求，设计独特、美观的触摸屏系统，提升会展档次，满足使用者了解、查询等需求。

（2）现场服务。

①参展商服务。

参展商服务管理由参展商登记、参展商证卡制作、资料管理、欠费管理、参展商申请服务管理、参展商调查表、展台管理、参展商调查表统计分析组成。

②观众服务。

观众服务由观众登记、观众信息收集、制作卡证、门禁管理、电子会刊、事件管理、调查表分析和观众抽样调查分析组成。

（3）展后服务。

①数据处理。

指对会展现场收集的观众信息和观众行为数据进行深入的规范化处理。一是根据相应行业的特点，对各种不同部门和职位进行归类处理，确定观众的部门属性（管理、销售、技术、服务等）、决策层面、职位属性（高级职员、中级职员、一般职员）；二是通过邮政编码、电话区号和全世界城市数据库的相互校验，确定观众所在城市、省份和大区信息规范；三是对残缺不全、明显无用的信息进行删除，提高信息的有效性；四是对基本信息（姓名、单位、部门、职位、手机、邮件等）相同的观众进行辨认，合并相同信息。

②会展统计分析报告。

指为组展商和参展商提供基于数据的多种分析报告。提供展览会各会场和研讨会的观众到达人数、在馆人数等，帮助组展商分析现场展览效果，辅助未来展览策略。会展统计分析报告包括比例类分析报告、调查类报告等。比例类分析报告，是指根据规范化的数据，以图表形式提供基于观众职位、部门、来源区域等的分析报告；调查类报告，则是通过对观众填写的调查表进行统计和分析，对组委会关心的每个调查问题提供备选答案的图表报告，以及对每个调查问题的相关性分析，如某个职位或某个问题看法的相关性分析。另外，组办方在提供会展统计分析报告时，应开放对调查问卷的逐一查看功能。

③展后回访。

指提供专业的观众回访服务，方式包括邮寄、E-mail、传真等，内容包括会后满意度调查、下届参观意向调查等，通过展后回访，可以有效地管理观众的各种联系方式，进而提高信息的质量。参展商和观众展后对会展网站的访问：观众展后访问本次会展站点时，可以查看新发布的会展资料、查询曾经访问过的参展商、查看参展商的最新信息、下载参展商的参展资料，并可通过留言簿或电子邮件联络参展商或组展商。

（三）网上信息化

进入 21 世纪，人类社会步入了"全球经济的网络化时代"。网络日益成为人们生活的第二空间，并构成现代社会信息交流的重要平台。同时，网络技术也渗透于人类经济社会生活的各个方面，并使企业进行市场营销和对外交流、联系的方式、途径发生了巨大的变化，给会展业带来了新的机遇和挑战。会展业必须顺应潮流，借助网络技术提升行业竞争力，实现可持续发展。

现代会展业是一个开放的、竞争激烈的行业，会展组织者在思考自身综合竞争能力的同时，要意识到互联网科技的进步给会展业带来的深刻影响。一个功能完备的网上会展信息化平台，不仅代表着会展的品牌形象和管理需求，更代表着会展的综合竞争力和以客户为中心的服务水平。

1. 网上会展

网上会展即利用网络技术手段，在互联网上举办会议或展览会。它是传统会展利用网络和电子手段的虚拟表现，其中会展的组织、交流和交易活动都通过网络实现。网上会展包括网上展览会、网上会议、视讯会议等。

（1）网上展览会。

指对实体展览会的虚拟。展览的组织、展出及展览活动的各个环节都实现了电子化，组展商、参展商和观众之间的交流通过互联网进行。

（2）网上会议。

基于网络实时交互式多媒体通信平台技术的支持，利用语音、视频、数据共享等全面高效的实时通讯服务，使得任何地方的单位和客户只需用普通的上网浏览器，就可足不出户、安全快捷地通过互联网共享远在千里之外的文件、程序、网页、话音、图像、视频，甚至操作远端的计算机，将声音和视频传递给对方，实现实时、交互的在线会议，更加节约、高效地与客户、同事或合作伙伴交流沟通。网上会议可以在销售、市场、技术、客服等各部门广泛应用，从而增加销售、节约开支、提高工作效率及客户服务的满意度。

（3）视讯会议。

是以宽带为主，兼容窄带接入的一种交互型视讯多媒体业务，能实现一对一、一对多的视讯传输，将不同地点的图像信息和语音信息安全地、可靠地、实时地相互传递。只需将视讯终端设备放置于办公场所，通过通信线路接入，即可获得远程视讯服务。其优点是节省会议时间，提高工作效率；节约差旅费用，免受舟车之劳；可随时召开紧急会议、跨国跨区会议；多组会议可并行召开，不受彼此干扰。

2. 会展电子商务

随着信息技术的迅猛发展，特别是互联网的普及和应用，人们的传统行为和观念受到了巨大的冲击与影响，一种新型的商务运作模式——电子商务应运而生。电子商务进入会展业是会展业自身发展的需要。互联网因其低投入、高收益的特点成为传统会展有效的补充和延伸。因为会展本身就是人们进行信息交流与发布、洽谈商业合作和进行市场营销的场所，它发挥的是一种桥梁和媒介的作用，而电子商务恰恰在这方面有着传统会展业无可比拟的独特优势，即提供一个更为快捷、互动、有效的商务通道。因此，会展电子商务的定义为：为满足会展企业、会展场馆、参展商以及会展产品消费者的交易愿望，通过以 Internet 为主的各种电子通信手段而展开的一种新型的会展商业活动。按照电子商务对传统会展业介入程度的不同，可以将会展电子商务分为不完全会展电子商务和完全会展电子商务。

（1）不完全会展电子商务：会展运作过程中部分地借助电子商务方式为会展服务，完成网上广告、订货、付款、货物递交、售前和售后服务，以及市场调查分析、财务核算、生产安排等一项或多项内容。

（2）完全会展电子商务：会展的组织、举办等各个环节都实现了电子化，组展商、参展商和参观者之间的交流主要通过互联网进行。

3. 会展电子商务内涵

对于会展电子商务的理解，应从"现代信息技术"和"会展商务"两个方面考虑。如果将"现代信息技术"和"会展商务"分别看作一个集合，"会展电子商务"无疑是这两个集合的交集（如图 4-5 所示）。因此，会展电子商务是现代信息技术和会展商务的结合。

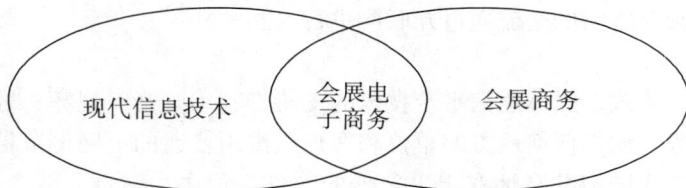

图4-5 会展电子商务

（1）技术基础。

从技术基础的角度看，会展电子商务采用数字化电子方式进行会展信息数据交换和会展商务活动的开展，比较多的是运用以 Internet 为基石的多种电子手段实现交易。它是在互联网的广阔关系和现代信息技术系统的丰富资源相互结合的背景下应运而生的一种相互关联的动态会展商务活动。

（2）活动范围。

会展电子商务所涉及的贸易活动包括两个方面：一是面向市场；二是面向企业内部。面向市场：以市场活动为中心，促成网上发布信息、网上促销、会展调研、会展产品展示、会展交易、网上支付、售后服务等各种商业行为。面向企业内部：利用网络重组和整合会展企业内部的经营管理活动，实现会展企业业务管理系统、客户关系管理系统、物流管理系统和财务管理系统等内部管理信息化。

4. 会展电子商务运行模式

电子商务是通过信息技术手段将交易各方联系起来进行商品交换的商务活动。按照交易所涉及的对象通常可以将电子商务分为三种类型或模式，即企业—企业（B2B）、企业—消费者（B2C）、企业—政府（B2G）。会展商务活动涉及组展商、参展商和交易商三方。组展商可能是政府，也可能是专业的会展企业，因此会展电子商务在运行过程中主要表现出以下四种模式：

（1）会展企业对会展企业的电子商务模式。

会展企业包括专业展览公司以及会展场馆。会展企业间的电子商务是指会展企业之间通过网络信息手段实现相互之间的一对一或一对多的合作交流，开展商务合作。它的功能在于通过会展企业之间的信息交流，开展网络合作，共同搭建会展网上交易平台，为广大的参展商和交易商提供更加广泛、全面、权威的会展资讯，并在此基础上结合相应的会展在线商务往来、交易管理等需求，设计并构架相应的、符合各目的的运营模式系统。

（2）会展企业对参展商的电子商务模式。

这一模式中会展企业通过网络发布会展信息，提供专业服务，招徕目标企业客户上网参展的在线营销活动。它的功能在于通过 Internet 向各类产品运营商提供一个快捷的网上展览和促销环境，兼具跨时空、形象化的产品展示效果和专业权威的会展咨询，从而促进产品销售；同时利用网络开展一对一营销，尽可能多地吸引和招徕参展企业，为广大的交易商提供更广泛的产品选择。

（3）参展企业对交易商的电子商务模式。

参展企业对交易商的电子商务就是通常所指的互联网销售和互联网购物，是一种利用互联网推销参展企业产品和提高服务的销售方式。它的功能在于通过 Internet 向产品交易商中的网络用户提供一个便捷的网上购物环境，如丰富全面的展品信息、专业权威的使用资讯、个性定制的产品设计等，通过交流促进交易商做出购买决策，同时它的电子支付功能可以实现网上购买。从未来的发展前景看，由于网上支付简便易行，而且费用较低，采取网上支付的方式购买产品不失为一种较为理想的选择。

（4）会展企业对政府的电子商务模式。

会展企业指承办会展的专业会展公司。会展企业对政府的电子商务模式是指，当展会由政府主办、企业承办时，会展企业与政府之间进行的电子商务活动。它的功能在于通过网络的公开、发布与反馈信息，一方面增强政府办展的公开性和透明度，另一方面使政府随时随地了解承办企业的办展情况，加强对会展电子商务活动的有效监管。

【拓展阅读】

香港书展的启示

1990 年香港会展中心刚刚落成，举办的基本上是贸易展览会，比如时装展、珠宝展等。为了填补暑期淡季空档，贸易发展局想针对香港一般市民办一些消费展览会，首先想到的是书展。于是，香港贸易发展局在香港出版总会每年一度于大会堂举行的展览的基础上开始举办香港书展，书展每年 7 月在香港会议展览中心举行，为出版界提供推广新书的平台，为读者提供接触新书及会见作者的机会，是香港每年夏天的一项盛事。经过 20 多年的持续办展，香港书展每年都吸引大批市民和游客进场，已经成为亚洲最大型的书展之一。

香港书展的成功自有众多因素，但是观众的高度重视和全面服务是其中最为突出的一点，这一点的成功实现来自于对目标市场细致周到的调查研究。

注重家庭观众的观展需求

1997 年，书展首次设立"儿童天地"展馆。

1998 年，经过民意调查，香港贸易发展局与所有协办机构决定书展只陈列、展示和售卖第一类物品及书刊。

注重在职人士及学生的观展需求

1999 年，为配合在职人士的时间，书展首次设立夜书市，在星期五、星期六把展览时间延至晚上 10：00；同时首设"大学坊"，展示大学出版社出版的刊物，并增设书籍速递服务。

2005 年，首次增设夜场，晚上 6：00 后入场费有半价优惠，反应甚为理想。

2006 年，试验成功的周末夜书市升级为午夜书市（0：00—2：00），并设立两条特别巴士线，方便市民归家或转乘其他交通工具。

注重观众的多样化需求

2001 年，在书展期间推出一系列文化及推动阅读的节目，吸引众多观众参与。

2003 年，书展增设网上书籍目录搜寻，便于读者找书。

2004 年，书展试办国际文化村，拓宽观众获取书籍知识的范围和渠道。

2005 年，香港书展首次与亚洲周刊合作，邀请了两岸三地知名作家到港与读者见面，并举办专题讲座，观众反应踊跃。

详细而全面的调查研究使得香港书展的主办机构能够及时、准确、全面地了解观众的需求及变化，从而能够迅速地采取针对性措施实现改变，这种迎合需求的变化又反过来直接推动了香港书展的不断发展。可见，成功往往来自最基础的细节工作。

【思考与练习】

1. 举例说明会展调研的全过程。
2. 会展调研有哪些方法？
3. 如何在会展调研中应用现代信息技术？

【参考文献】

［1］杨波、陈禹、殷国鹏编著：《信息管理与信息系统概论》，中国人民大学出版社，2009 年。

［2］张凯主编：《信息资源管理》，清华大学出版社，2007 年。

［3］刘腾红、宋克振、张凯等编著：《经济信息管理》，清华大学出版社，2005 年。

［4］武邦涛、柯树人编著：《会展项目管理》，北京大学出版社，2010 年。

［5］马勇、肖轶楠编著：《会展概论》，中国商务出版社，2004 年。

［6］罗松涛主编：《会展管理实务》，对外经济贸易大学出版社，2007 年。

［7］许传宏主编：《会展策划》，复旦大学出版社，2010 年。

第五章 参展目标、会展题材与主题策划

【学习目的】

通过本章学习，了解参展目标、会展题材、会议旅游，理解会展主题策划、会展活动策划、企业选择会展影响因素的基本内容，掌握参展目标的确定方法、参展计划的主要内容。

【学习要点】

1. 参展目标和会展题材
2. 会展主题策划
3. 会展活动策划
4. 会议旅游的特点
5. 会展定位

【课前阅读与思考】

企业参展目标到底是什么呢？根据德国经济展览与博览会委员会（AUMA）所做的一项调查发现，企业参加会展的目标可以分成：基本目标、产品目标、价格目标、宣传目标、销售目标。和广告等其他市场营销工具相比，企业通过会展活动能够较好地实现吸引新客户、发现潜在客户、节约费用、节省时间等营销目标，会展因而被称为企业最有效的市场营销工具。德国慕尼黑经济研究所（IFO）曾经在全球最大规模的机械工程设备类展览会 BAUMA 进行"企业参展目标"专门调查，企业参展目标中提高企业知名度为 85%；密切老客户和结识新客户均为 70%；通过展览会宣传产品市场为 63%；推介新产品为 60%；提升产品知名度为 58%；交流信息为 50%；发现客户需求为 50%；影响客户决策为 33%；签署销售合同仅为 29%。可见，对成熟的参展商来讲，尽管参展的根本目的就是为了提高产品销售率，获得订单，扩大市场份额，但是他们更关心的是企业实力。所谓企业实力可以理解为是一种对产品供销的市场保障能力与提供服务的执行能力，也就是企业的卓越信誉，其在会展中的表现形式就是展示企业形象和提高企业知名度。在这个意义上，会展是一个提升企业形象，提高企业在行业里的影响力的一个很好的平台。而有了品牌影响力，相信其他的企业经营目标也会顺利实现。

第一节　企业参展目标及会展题材选择

一、参展目标的概念

制定准确的目标是参加会展取得成功的必要条件，所谓参展目标是指展出者根据营销战略、市场条件和会展情况所制定的明确、具体的展出目的。大型会展的参展目标相当复杂，如各国参加世博会，首先考虑的是政治因素，其次是经济因素，最后才是社会文化因素。当然，每次参展还有一些特殊原因，比如某些邻国举办世博会或者同属某个区域联盟的国家，如欧盟或东盟国家，肯定会成为参加会展的影响因素。从企业的角度来说，设定参展目标尤为重要。参展目标是会展策划、筹备、展出、后续等一系列工作的方向，也是每一项工作评价的基础和标准。因此，应当充分考虑遵循市场规律和经营原则，重视参展目标并做好参展目标的制定工作。

二、参展目标的内容

在考虑与会展主办方签署协议之前，企业首先应该思考以下问题：

（1）为什么我要参展？

（2）谁是我的目标客户？

（3）我想要达到什么效果？

如果对于问题（1）的答案是以下的任意一项：

因为我们总是参加那个会展；

因为我们的竞争对手会参加那个会展；

如果我们不参加，那似乎就太糟了。

那么，对不起，上述的答案对于参展目标的确立来说，没有一项是站得住脚的。因为仅仅是觉得不错就去参展，是一种非常不理智的决策。

（一）常见的参展目标

通常企业参加会展的意图多种多样，因此参展目标也各有不同，常见的情况包括：

（1）收集潜在销售线索。

参展商能在短短几天内接触大量买家，并通过产品展示有效地推动销售。而且，会展期间获得的销售线索通过会展后跟踪销售转化为订单的成功率非常高。

（2）新产品或新服务上市发布。

突出展示新产品的展位往往是买家及媒体关注的焦点，因为搜罗新品正是大多数观众及媒体观展的主要目的。

（3）开拓新市场。

会展是最迅速、成本效益最佳的新市场开拓手段之一，它不仅具有广泛的行业覆盖率，而且能即时收集优质的销售线索。

（4）建立客户忠诚度。

定期与客户保持经常性联系能凸显企业对客户的重视，而会展正是一种最省时、与客户保持联系成本效益最佳的方式。

（5）公司品牌定位/重新定位。

会展能迅速建立新的公司定位或改变市场对公司形象及能力的理解。

（6）市场研究。

因为会展将市场的各个部分全面地集合在一起，所以也是各个企业进行客户研究并实现及时反馈的理想手段。

（7）建立媒体关系。

会展是大范围接触媒体并影响媒体的不可多得的机会，从而激发媒体对公司新产品或新服务及公司发展的报道宣传。

（8）招募新代理商或经销商。

行业会展是企业寻找新的代理商及经销商的常规渠道，因此，如果企业正在寻找新的代理商，务必要在相关会展资料及展位上突出有关信息。

（9）获取市场竞争情报。

会展是观察、评估竞争对手及其产品与市场策略的极好机会。

（二）确定目标得以实施的原则

在分析了众多可能达成的目标后，企业在行动过程中一定要注意以下几个方面。这些都是落实目标的必然之举，缺少了任何一项，最终参展效果都有可能大打折扣。

（1）保持一致。

参展目标必须与公司更广泛的市场策略、目标保持一致，以便使广告、公关、直邮、直销等其他营销手段与会展协调作用，互相加强，而非各自孤立。

（2）设定可达到的目标。

没有什么比设定不可能实现的目标更打击员工士气的了，而对现实目标的完成正是对员工努力的最佳鼓励。

（3）为目标设定优先级别。

如果需要设定多个目标，企业应该对这些目标分别设定不同的优先级别，以确保将最大努力投入最重要的目标上。面对多个目标时，应该有所侧重，切忌贪多，否则资源将被分散，从而使参展失去重点。

（4）普及目标。

必须将既定的参展目标向所有的参展工作团队成员通传，以确保每一位团队成员都朝着统一的目标努力。

所以，企业在参加会展之前，务必要清晰地设定参展目标，也就是说，所选择参加的会展必须符合企业的市场推广目标。尽管这项原则听起来是老生常谈，但事实上不少企业参加的会展活动并不能有效地针对其目标客户群，也不能充分实现参展的价值。还有一点要注意：参加会展的工作事务烦琐，委托一家有经验的会展策划公司，将避免消耗太多的时间和精力。

三、参展目标的确定

对于参展企业来说，应该进行的工作很多，一次会展就是一个机会，绝对不可以浪费，所以如何达到最好的参展效果就成为最重要的问题。在进行各种准备之前，有一点是企业必须明确的，那就是：确定你想达到的参展目标。据德国经济展览与博览会委员会的分析，企业参展的目标有基本目标、产品目标、价格目标、宣传目标、销售目标。因此，销售是参展的最终目标，但并不是会展中最重要的工作。IFO 的调查也认为，企业参展的根本目标是销售，展示只是一种手段，但这并不意味着企业参展时签订的定单数就等于参展效果。企业参展的目标除了展示新产品、提升企业知名度外，还包括了解市场与行业的变化，如市场上什么样的产品最受欢迎、竞争对手的各种动态等，这些都是会展上最有价值的信息，能让参展企业及时地对自身的战略进行调整优化。

因此，在最终决定参加会展之前，参展商必须深入分析公司状况，认清自身条件。学者们再三强调，在参展前建立对外交流机制、施行价格战略、实现分销和产品目标等非常重要。做好这些工作，公司中期计划所确定的目标即可认定为以参展开展的市场营销的发端。参展目标实际上正是来源于各个单项市场目标。一般来说，参展很难获得当场的贸易效果，充其量是对销售的准备工作有益。然而，并不能就此认定进行对外交流是参展的唯一目标，因为营销人员直接走访客户和参展之间的区别还是显而易见的。由于会展平台的多功能性，参展商的一系列市场营销目标均可通过参展来实现，例如，公司在开展销售活动的同时，可以进行公关工作并有可能开展市场调研，以发现外来竞争变化；同时，会展为促销和宣传产品提供给大量专业人士与之直接接触的有利机会，其他媒介无法实现这一点，参展商可以借助会展的优势达到促销和宣传某一新产品的目的。所以，在做出展出决定后，参展企业应当尽早根据营销战略、市场条件和会展情况制定明确的、具体的参展目标。在实际工作中，不少参展企业未制定参展目标或者制定笼统的、含糊的目标，往往导致展出不成功或者效果打折扣。相比之下，具有明确目标的参展企业会有更佳的展出表现并会获得更好的展出效果。

参展目标和展出目的的含义基本是一致的。相对而言，展出目的要抽象一些，而参展目标要具体一些。在实际工作中，两者常通用，为避免产生歧义，一般都使用"参展目标"。具体的目标制定，主要考虑如下内容：

（一）建立、维护企业形象

这里所指的企业可以是公司，也可以是行业、地区甚至是国家。对于新的参展企业，目标是树立形象；对于老的参展企业，目标是维护或提高形象。建立、维护形象在任何时候都是参展企业的目标之一。新进入一个市场及一些其他特别时期，参展企业可以考虑将建立、维护形象作为最主要的参展目标。

（二）进行市场调研

会展是进行市场调研的好机会。会展几乎能汇聚市场中的全部卖主和买主，因此能充分、全面地反映销售渠道状况、市场供求水平、客户情况甚至市场发展趋势等。在会展上，参展企业能够免费、合法地收集到几乎所有主要竞争对手的情报，包括生产技术、营销等情况。竞争对手往往会在追求新客户、追求新订单的诱惑下，放松警惕，不小心就会泄露商业秘密，比如专利产品的技术性能、价格条件、运输条件、包装条件等。所以，了解并熟悉市场是进入市场、占领市场的必要和先决条件，参展企业应当将市场调研始终作为参展目标之一。对于新进入市场者或者想扩大市场份额者，市场调研尤为重要。这里还需要注意两点：由于展览费用高，参展企业不宜将市场调研作为唯一的参展目标，否则成本太高；规模小、档次低的会展，也不适宜进行市场调研。

（三）向市场推出新产品或服务，探测市场反应

企业在不断研制新产品、设计新的服务项目，在产品大批量、大规模地推向市场之前要了解市场的反应。展出新产品是很多参展企业的主要参展意图，而很多参观者参观会展的主要目的是为了了解企业的新产品、公司所处行业状况、市场新的发展趋势。参观者大多是行业内人士，收集他们对产品性能、质量、价格、包装、服务等各方面的批评、要求和肯定，就可以基本了解市场的反应，并据此调整、安排设计和生产。会展时间相当短，而接触的参观者却相当多。与其他市场测试方式相比，利用会展这种方式试探市场对产品或服务的反应，既节省时间又节省费用。需要注意的是在会展上推出新产品、新服务很容易向竞争对手暴露秘密，因此要谨慎、周密。

（四）建立新客户关系，巩固老客户关系

客户关系是合作达成的先决条件，许多企业将客户关系视作商场的生命线。客户关系的重要性等同于甚至高于成交的重要性，因此建立或巩固客户关系也应当作为最重要的参展目标。

对于新进入市场或者想扩大市场的参展企业，参展目标当然是建立新客户关系。在会展上有很多目标观众，目标观众就是潜在客户。参展企业不能被动地任由目标观众离去，应当主动地、热情地接待目标观众，在宣传公司和产品的同时，与之建立联系并争取在以后发展中成为真正的客户关系。对于已进入市场的参展企业，巩固老客户的关系也是很重要的，一方面要与老客户继续做生意，另一方面要防止客户流失。

（五）宣传产品

会展在宣传产品方面有着独特的优势。首先，会展可以使参观者调动全部感官来感觉、认知产品，而其他媒介，如报刊、电视、广播一般只能调动受众使用一种或两种感觉，这大大限制了客户对产品的了解。其次，会展可以展览几乎所有规格的产品。在市场经济中，除规格品种相对固定的大宗初级产品如农产品、矿产品等通过交易所进行买卖外，绝大部分商品需要看样订货。这就给会展提供了充分、全面地展览产品的独特机会。最后，会展可以通过介绍产品、解答问题，以及反复回答技术性的问题等方式实现参展商与客户间的双向交流。这样能使客户全面、深入地了解产品，增加对产品的信心，从而实现交易。对于需要扩大产品影响的参展企业，都应当制定相应的产品宣传目标。

（六）成交目标

对于参展企业，成交自然是最重要的目标。参展企业为了销售有备而来，参观者为了

购买也是有备而来。样品放在眼前，全面、彻底地介绍或了解后，有意愿的双方可以就价格条件、包装条件、运输条件、交货条件、支付条件等进行讨价还价，最终达成一致，签订合同。

四、制定参展目标常见问题处理规范

制定展览目标存在的问题大致可以归结为六种，是参展企业的通病。几乎一切失败的展览，都可以在本节中找到原因。具体情况如下：

（一）目标不明确

参展目标含糊、不明确可能由两种原因造成：一是由于会展组织者没有太大的压力，没有硬指标要求，于是负责人便将展出工作作为例行公事，不认真制定参展目标；二是由于会展组织者（尤其是政府部门）面对参展企业实际成交的要求，不愿承认本身的政治目的而对此含糊其词。这样的结果使会展很难取得良好的效果，组织者和参展者都难达到预期目标。作为会展组织者要克服例行公事的态度，认真制定参展目标；如果认为有必要制定政治性的参展目标，应当明确向参展者说明，并做出相应的安排和投入。

（二）目标中附加目标

附加参展目标比较常见的是将展览当作安排度假旅游的机会。会展地点对于大部分参展企业来说可能是异土他乡。会展工作头绪多，互相连接、互相影响，会展结束后，休息放松、旅游购物是正常现象。但是如果主次颠倒，不能按时完成工作，就可能影响会展的整体效果。旅游为主、展览为辅，那么参展目标自然就错了。

（三）目标过高或过低

参展目标的作用之一是指导会展工作，保证高效展出。高效率和高质量的工作才能达到好效果和高效益。

参展目标定得过高，有关人员不论如何努力也达不到，那么参展目标就不是一种工作标准，而仅仅是一种可望而不可即的方向，失去了对于实际工作的指导意义，有关人员可能失去积极性；参展目标制定得过低，不用努力就能轻易达到，那么有关人员就会感到没有压力，工作产生怠惰。

（四）目标没有主次

按主次关系、轻重分量分配预算、安排人员、布置工作，这是会展工作的实际需要。必须处理好几项任务即几个分目标的关系，有所侧重，以确保重点目标和工作的实施，发挥展览的多重作用，达到预定的参展目标。

制定参展目标，要有主次之分，要能区分对待，如目标要制定得有抱负是主要目标；通过有关人员的努力可以实现，遇到出现人力、财力不足等情况或者其他困难时，可以取消或者减少一些要求，这就是次要目标。

（五）目标过于抽象

参展目标应当具体化，具体是与抽象相对而言的。会展是一种多功能、多作用的营销手段和方式。如将"促进双赢、开创未来"作为参展目标就显得抽象，难以衡量展出效果。应将参展目标数量化，改为"发展 N 个客户，谈成 N 个订单"就更为现实，也更易于评估。

（六）目标随意更换

参展目标要稳定，一经确定后，不要因为出现问题或更换负责人就随意更改。

参展目标一般是根据参展企业的发展需要和经营战略、会展实际情况等因素，通过综合考虑后制定的。若无充足理由改变参展目标，就有可能不符合发展的要求，不适应环境条件，就需要相应地调整人员、经费和工作重点，就可能造成参展企业资源的浪费。

改变目标而不做相应的资源调整，那么这个新的参展目标就可能是个虚的目标。虚的参展目标本身就没有什么实际意义，也不容易提高会展工作的效率和质量，也就更加难以保证展出效果。

五、会展的题材选择

一般来说，组展商选择举办会展的题材，要依据会展举办地及其周边区域的经济状况、产业结构、地理位置、交通情况和展览设施等条件。首先，考虑本区域的优势产业和主导产业，其次，考虑国家或本地区重点发展的产业，最后，考虑政府扶持的产业。组展商确定了举办会展的所属产业后，就应进一步选择会展题材，确定展出产品的范围。会展题材可以分为新立题材、细分题材、延伸题材与合并题材。

（一）新立题材

新立题材就是通过对收集到的各种信息进行整理和分析，选定一个会展企业从来没有涉足的产业作为举办新展览的题材。进入一个从来没有涉足的新产业对会展企业来说具有一定的挑战性，如果题材选择不当，不但会展很难举办成功，而且会展企业的业务和形象也会受到严重影响。一般而言，在决定收集信息之前，要从备选产业中选择一个或几个产业作为候选对象。如果会展企业还不能确定在哪个产业领域内举办会展更有利，就要展开信息收集和市场调研工作。通常，为确定新立题材进行市场调研的产业不止一个，而是有好几个；也就是说，同时对几个题材展开调研，以便经过分析后确定一个或几个可以进入办展的题材。当把这几个候选题材的信息收集起来并经过仔细分析之后，会展企业可以结合自己的实际情况，从中选择一个或几个作为策划举办新会展的候选题材。之所以作为候选题材，是因为尽管目前选定了这一题材，但最终是否确定举办该题材的会展，还要看项目的可行性分析结论如何。但不管怎样，这时候是可以根据信息分析初步确定会展题材的。

会展企业可以从国外已经举办的相关会展题材中选择新立题材。有时候尽管目前国内还没有某种类型的会展，但国外却已有大量此类会展举办，因此可以通过收集国内外关于此种类型的会展的现有资料着手，从中发现目前国内没有举办的会展题材，然后通过广泛的信息收集，确定一个或几个题材作为候选。新立会展题材往往是将一个新的产业作为会展题材，其优势在于：第一，会展企业可以进入一个新的产业并开发一个新的市场；第二，新题材往往是暂时被市场忽视、别的会展企业进入得少或者根本就没有进入的题材，如此，会展企业就可以避开同行的竞争；第三，新题材大多是市场的新兴产业，只要抢先一步，成功的可能性就更大。

但是，作为一个全新的会展题材，新立题材也会存在一定的风险：第一，对于会展企业来说，新题材是一个崭新的领域，进入一个陌生的领域有一定的风险；第二，会展企业可能会缺乏对该题材有所了解的专业人员，对该产业的企业、行业协会等的数量和分布等情况缺乏基本了解，不利于以后会展筹备工作的展开；第三，由于缺乏对该产业的了解，会展企业可能在确定该产业的发展重点和热点方面存在困难，会展可能因此而缺乏市场号召力。

（二）细分题材

所谓细分题材，就是将会展企业已有的会展题材再做进一步的细分，从原有的大题材中分列出更小的题材，并将这些小题材办成独立的会展。细分题材不是随意的，不是想怎么分就怎么分，它要满足一定的条件，要在符合会展企业的发展战略并得到各种信息支持的基础上才可以细分。细分题材的目的不仅仅为了多办几个会展，而是为了使经过细分的题材能更好地独立发展壮大。细分题材要满足以下五个条件：

第一，原有的会展已经发展到一定规模，某一细分题材在原有会展中已经占有一定的展出面积；第二，由于场地限制等原因，某一细分题材在原有会展中的面积已经很难再进一步扩大，而如果将这一细分题材独立分列出来单独发展，其发展空间将更大；第三，尽管某一细分题材在原有会展中已经占有一定的展出面积，但如果将这一细分题材分离出来，原有会展不会受到太大影响；第四，某一细分题材与原有会展其他题材之间具有相对的独立性，这一细分题材的企业和客户可以从原有会展中分离出来；第五，收集到的各种信息表明，这一细分题材适合单独举办会展。

如果达不到上述条件，细分题材就可能会失败。通过细分题材的方式来选择新会展题材有以下三个好处：

第一，由于细分题材是从原有会展大题材中细分出来的，会展企业对该题材有一定的了解，并有一定的客户基础，新会展容易成功举办；第二，该细分题材分列出来以后，不仅为原有会展的其他题材让出了更大的发展空间，而且依据细分题材所办的新会展也可以发展壮大；第三，原有会展和依据细分题材所办的新会展都将更加专业化。

采用细分题材的办法选择新会展题材也有一定的风险：

第一，分离时机很难把握，很难确定什么时候才是将某一细分题材从原有会展中分离出来的最佳时机，如果时机把握不好，题材细分就很难成功；第二，将某一细分题材从原有会展中细分出来，会给原有会展造成多大程度的冲击，往往较难把握；第三，会展企业是否已经具备将某一细分题材从原有会展中分离出来独立办展的实力，要经过慎重考虑才能决定。

将某一细分题材从原有会展中分离出来独立办展后，如果这一细分题材的会展规模较小，就可以将它和原有会展同时同地举办，以便培育其发展壮大，等其发展到一定规模时，再将其彻底和原有会展分开；如果这一细分题材的会展刚开始就具有一定规模，则可以将它和原有会展彻底分开，另外确定时间和地点来举办。

（三）延伸题材

延伸题材就是与现有会展没有包含关系，但与现有会展题材有密切关联的题材，或者是将现有会展题材中暂时还未包含的某一细分题材列入现有会展。

延伸题材不是随意的，它也要满足一定的条件才可以进行延伸：第一，计划延伸的题材与现有会展的题材要有一定的关联性，如果不具备关联性，延伸题材的必要性就不大；第二，现有会展能容纳延伸题材的加入，换句话说，延伸题材的加入不会给现有会展造成任何操作上的不便。

延伸题材实际上就是将现有会展原来没有包含的题材包含进去，将一些与现有会展题材密切相关的题材补充进去，这样可以使会展内容更加完整、范围更加广泛，并使会展更加专业化，从而具有行业代表性。因此，延伸题材的加入对于现有会展而言应是锦上添花，而绝不能是画蛇添足。

当然，如果延伸题材处理不当，也会带来一定的风险：第一，如果延伸题材与现有会展题材的关联性不大，可能会出现"拉郎配"的现象，使现有会展变成"大杂烩"而失去专业性；第二，新题材的加入可能会影响到现有会展的展区划分、现场布置与管理。

（四）合并题材

合并题材就是将两个或两个以上彼此相同或存在一定关联的会展题材的现有会展合并为一个会展，或者是将两个或两个以上的会展中彼此相同或存在一定关联的会展题材剔除出来，放在另一个会展里统一展出。

合并题材是一些小型会展的常用策略，具有以下好处：第一，合并题材将彼此相同或有一定关联的题材合并起来，有利于集中精力做大做强该题材的会展；第二，如果合并题材是在两个不同的会展机构之间进行的，那么，合并题材就可以消除市场竞争，形成合作；第三，合并题材可以更好地安排会展日期和划分专业展区，从而方便企业参展和观众参观；第四，合并题材可以得到行业内知名企业的大力支持，提高企业参展的积极性；第五，合并题材可以使会展更具有行业代表性，有利于提高会展的档次。

不过，合并题材也有一定的风险：第一，合并题材往往涉及多个会展，如果处理不当，可能会对这些会展带来不利影响；第二，合并题材可能会涉及多个会展机构之间的业务合作，相互之间的业务合作不当和利益分配不均可能会导致题材合并的失败。

为了避免合并题材失败和可能带来的风险，在合并题材时要遵循以下做法：第一，计划合并的题材如果不是同一题材，那么题材之间一定要有很强的关联性；第二，如果计划合并的题材涉及两个或两个以上的会展，在题材合并前要充分估计合并可能给各个会展带来的影响，并采取相应对策将不利影响降至最低；第三，如果是两个或两个以上的会展机构的会展进行题材合并，那么题材合并前要谈妥相互之间的业务合作和利益分配办法，不要仓促进行合并；第四，要选择好合并的时机，使合并能为行业内企业所了解和接受，并留有充足时间对此做出反应。

六、企业选择会展的影响因素

一般来说，企业在选择会展时应结合参展目标考虑以下五个因素：

（一）会展性质

不同类型的会展性质是不一样的：在会展选择时企业必须要了解其性质。如果企业参展是以树立形象、推广品牌或招徕加盟商与代理商为目的，就不应该选择一般的零售展，而应选择形象展或大型的专业展，工作重点在于展台形象的设计与打造；如果企业要在会展上向公众直接销售产品，那么零售展就比较合适，企业还应备足产品，保证款式、色彩、尺码齐全，避免因现场断货而错失良机。

（二）会展知名度

如果某个会展成为本行业的名牌会展，众多参展商包括行业内领导型企业都会十分重视，专业客户也会相继前往。所以一般而言，会展的知名度越高，吸引的参展商和客户就越多，成交的可能性也越大。知名度高的会展，费用一般也较高，但参展效果远好于一些不知名的会展。如果是新的会展，则要看主办方实力如何，在行业中的影响力和号召力怎样。如果主办方完全有能力将会展打造成一个行业内有特点、有实力、可持续发展的品牌会展，企业完全可以考虑参展。所以，对于是否参加会展，企业可结合自身需要，根据主办者背景来进行选择。

（三）会展目标受众

会展成功与否在某种程度上取决于会展参观者的质量。据广交会所做的一项调查表明：60%以上的被调查者认为会展成功的标志主要是专业观众的质量和会展的实际效果。蒙哥马利展览集团主席蒙哥马利先生也认为组展成功的关键在于专业观众的质量，这是维护组展商与参展商良好关系的前提之一。的确，会展需要参观者，但更需要专业观众。会展上可能人头攒动，展台被围得水泄不通，但如果都是仅仅为了领小礼品、看表演、凑热闹而来的普通观众，对于参展商而言就没有太大的意义和价值。要取得一定的参展效益，会展需要的是有效观众，只有这样的观众才能给会展带来"票房"价值。

（四）会展主题

在选择会展时，还应考虑会展的主题。当前，业界很多人士都在大力呼吁发展主题会展，即强调会展要针对目标客户，分别实现各个参展商的利益。事实上，每一个会展都应有一个明确的主题，能够让人清晰地了解和识别会展的行业领域、具体题材、产品内容、自身特色，从而吸引所针对的客户群体，保证会展的实际效果得以实现。主题含混不清的会展只会让参展商不知所措，专业观众也会因为会展缺乏专业性而弃展，从而导致展出的失败。

（五）会展配套设施及服务水平

会展不仅要为参展商和观众提供一个交流场所，还应提供相配套的高质量服务。从会展的价值角度来看，配套设施及服务水平应该是衡量一个会展档次的重要参数。优质的会展服务是吸引优质客户及优质参展商的基础，比如会展的宣传方式和力度怎样，是否能吸引足够的专业观众和优质参展商，会展提供的交通运输和装卸设施如何，有哪些道具及设备的出租等；是否对中介机构进行资质认证，是否有餐饮服务，清洁卫生状况如何，有哪些免费服务等，这些都是参展商所关注的环节。当前，相似题材的会展越来越多，参展商和专业观众都有较大的选择余地，这就要求会展的服务质量必须具有一定的水准。为了寻求便利，参展商往往选择配套设施及服务水平高的会展，以保证会展活动顺利进行。

第二节 会展主题策划

一、会展主题策划概述

策划是为达成目标而进行计划与预测的思维过程，也是对一项计划活动进行决策之前的构思、探索和设计过程。策划作为人类不可缺少的活动，源于计划生活和决策活动的需要。策划与管理决策交织在一起，具有悠久的历史。会展主题策划则是确定会展主题并围绕主题策划会展活动的过程，其中包含策划者所要传达的中心信息。通过这一信息，策划者刺激并约束参与者的行为，使其能够依据策划者的信息去完成工作。会展主题策划统帅着创意、构思、方案、形象等各个要素，贯穿于整个会展策划工作之中，并把各种要素紧密地结合起来。

二、会展主题策划的内涵

无论是会议还是展览，都需要有明确的主题，如 2008 年北京奥林匹克运动会以"同一个世界，同一个梦想"作为主题。主题可以是一个或相关联的多个，但绝不能没有主题，也不能有太多的主题，因为过多的主题就意味着没有主题。鲜明的会展主题不仅是会展运作专业化的重要表现，也是避免会展业恶性竞争、重复办展的重要手段，还是培育会展品牌形象的有效措施。会展主题是对会展的指导思想、宗旨、目的、要求等最凝练的概括与表述，是统领会展各个环节的"纲"，贯穿于会展活动的全过程。可以说，会展主题策划是会展最精髓的部分，在一定程度上影响会展内容的安排、活动形式的选择和其他要素的设计。

三、会展主题策划的三要素

（一）会展策划目标

会展策划目标是根据会展策划工作委托方的宗旨、行动方式、社会角色设定等因素确定的。项目策划主题只有服从和服务于项目策划目标，才能有的放矢，才能与组织的根本目的相一致。会展策划目标可分为经济目标和社会目标两类：经济目标是对经济效益而言的，社会目标则是针对文化、公益等方面而言的。无论哪个目标，在进行主题策划时，都要坚持可行性和可持续性的原则。

（二）策划对象的信息个性

策划对象的信息个性是指这种策划对象有别于其他事物的特点，因为只有把它与一般事物区别开来，才能抓住参与者的兴趣。比如广州的中国进出口商品交易会，一直被强调是新中国历史最悠久的商品交易会，如第 100 届广交会还举行了盛大的庆祝仪式，就是力图突出和彰显自己的信息个性，和其他交易会形成明显的区别，吸引更多的海内外客商。

（三）会展参与者的心理需求

心理需求是指潜藏在人内心的欲望与追求。一个成功的会展主题策划一定要能够迎合参与者的心理需求，引起参与者强烈的共鸣，例如举办广州美食节迎合了人们对粤式美食的欣赏与渴望。

当然，并非将策划目标、信息个性、心理需求三者简单地拼凑便能叠加成为会展策划的主题。这三个要素应该有机融合、相互渗透。策划目标构成策划主题的基础和依据；信息个性使策划主题针对特定的策划对象；心理需求使策划主题具有活力。

四、会展主题策划的要点

会展主题策划时要灵活地运用策划理论，根据客观实际的变化，集约化地整合、调动和运用各种资源。

（一）时态变化

1. 形势的变化

形势的变化是指宏观环境的发展变化。会展主题策划就是谋求一种有利的形势，综合利用政治、经济、文化及国际等各方面的有利因素，使所策划的会展项目的地位、规模和成效得到提高。宏观形势在不断变化，会展主题策划要在形势的不断改变中寻求和建立优势，发挥优势，保持和强化优势。例如，国家提出了"一带一路"的发展战略，有关"丝绸之路发展"主题的会展活动就相应地增多了；旅游产业的地位得到提升，各种旅游产业发展研讨会、论坛、展览会就应运而生。

2. 时机的变化

根据形势的发展变化决定行动的最佳时机，即对会展主题进行时间筹划。杰出的策划之所以能成功，正是因为预先洞察到推行的最佳时机。例如，高校毕业生招聘会多是于每年的秋季陆续举办；年货展销会则必然是在每年的春节前举办。另外，一些会展还会选在淡季进行，如广州的一部分会展往往会避开广交会的时段，从而避免人流拥挤，将参展、与会的成本控制在较低的水平。

（二）会展举办地特色

"民族的才是世界的"，这告诉会展策划者一个道理，会展策划要突出会展举办城市的地域特色，这些特色一般包括：

1. 产业优势

一般来说，展览题材要根据会展举办地的经济实力、产业结构、地理位置、交通状况和展览设施等条件来确定。会展的策划要依托会展举办地的产业优势，首先考虑本区域的优势产业和主导产业，其次考虑国家或本地区重点发展的产业，再次考虑政府扶持的产业。有的城市是工业基地，装备制造业发达，所举办的会展就要体现出工业文明，如沈阳、大连、东莞等城市；有的城市旅游资源丰富，要体现出特色的旅游文化，如杭州、桂林、昆明等城市。

2. 文化特色

努力挖掘会展举办城市的文化底蕴，为会展主题服务，策划具有当地民族特色、体现地方风土人情的会展，如西藏文化、云南文化、贵州文化都是中国最有特色的地方民族文化，相应的省市、企业可以举办文化会展活动，展示地方特色，吸引客户。广西民歌节、杭州丝绸展、义乌小商品展、武夷山茶文化节等会展活动都体现了当地的文化特色，也成为吸引各地客商、观众的核心要素。

（三）办展机构自身的办展目标和资源

必须清楚地认识办展机构的优势和劣势。如果毫无优势可言，那么该办展机构在进入相应行业进行办展活动时需要慎重考虑和评估。同时，在办展之前，办展机构首先必须明确自己的办展目标，举办该会展是着眼于经济利润目标还是社会效益目标？是为长远利益打算还是为近期利益着想？只有目标明确，行动才具有说服力。所以在会展主题策划中，策划者除了具备策划的理论和信息基础之外，还必须对办展机构的实力有清醒的认识，扬长避短，才能做出正确的选择。

第三节　会展活动策划

一、会展定位

会展定位是办展机构根据自身的资源条件和市场竞争状况，通过建立和发展会展的差异化竞争，并使之在参展企业和观众的心目中形成一个鲜明而独特的印象的过程。在会展举办之前，必须明确该会展是面向哪个目标市场的，该市场群体的需要何在，会展能否很好地满足其需要，依托于该市场能否成功组展。这要求组办者要能准确地进行市场定位。一个会展的成功举办，首先必须清晰地表明会展是什么和有什么，这涉及会展的题材定位；而为了吸引参展商和观众，必须做好会展营销，向客户表明会展的个性和特色，这涉及会展的品牌定位；另外，要确保会展相关工作人员认真履行职责、准确地进行会展的功能定位。从国际知名会展的发展来看，定位是会展成功的关键。每个品牌的会展都有明确的定位，只有找到准确的位置才能找到合适的发展道路。进行正确的会展定位，必须明确会展的目标参展商和观众、办展目标、会展的主题；必须把注意力放在接受方身上，集中研究潜在顾客的现实需求。

（一）市场定位

市场定位是会展对目标顾客或者目标市场的选择。在市场群体多元化的现今社会，任何一个会展的目标顾客群体都不可能是所有的人。其一是因为大众的需求各式各样，单一会展无法使方方面面都得到满足；其二是由于有些顾客给会展带来的负价值远大于正价值，开发这些劣质顾客不仅浪费大量的资金和人力，而且还会影响优质顾客的参与。从这一点来讲，选择合适的顾客与裁减成本一样重要，要恰到好处地裁减劣质顾客就必须准确地选择目标顾客，也就是正确地进行目标市场的选择。为此，必须对整体市场进行细分，对细分后的市场进行评估，最终确定所选择的目标市场。大多数情况下，通过对市场规模和发展潜力的分析，结合办展机构的办展目标、资源以及举办地的独特优势，选择拟举办会展所在地产业竞争力强、市场前景好的市场作为会展目标市场，成功的可能性较大。

（二）展题定位

展题定位是在完成市场定位的基础上，对会展题材和服务进行的确定和安排，即目标市场选定后，要具体地明确会展计划展出的展品范围，进行展题定位。会展的具体题材可以是现有会展题材的合并（若干题材合成一个题材）、拓展（将暂时未包含的题材列入现有题材）、细分（从原有题材中分离出小题材），也可以重新确定新的题材（从来没有涉及的题材）。题材的选取应充分结合产业发展状况、市场发展前景和参展商与观众的参展动机。顾客的参展动机各有不同，有的参展是为了交易，有的是为了获取信息，有的则可能是为了宣传，而更多的则是出于多种动机的结合。因此，会展题材应具有研究、生产和应用的广泛性，总体上能够满足参展顾客的多样化需求。另外，由于会展举办地的产业、市场、软硬件以及办展者的原因，会展应尽可能地朝专业化、国际化和市场化的方向发展，不必在会展题材定位上面面俱到，否则无法清楚地告诉顾客该会展到底"是什么、有什么"。

（三）功能定位

功能定位具体来说是会展对举办地、会展服务者以及参展商和观众的作用定位，这涉及会展的经营宗旨，也关系到会展的品牌影响力。会展的主办方与承办方应该对参展商和观众的参展动机及参展目的进行全面了解和分析，将参展顾客的利益集中体现在办展宗旨之中，把为参展顾客服务作为其办展目的，这样的会展功能定位将会收到长期的市场回报，影响力也将越来越大。因此，功能定位要结合会展的现有和潜在优势，适应市场需要。正确地进行功能定位有利于优秀品牌的形成，也是对其市场定位和展题定位的进一步的升华。当然，会展功能定位的制定和落实不仅牵涉组展方，而且涉及会展各方服务主体。

（四）品牌定位

会展品牌是能使一个会展与其他会展相区别的特定标志的集合，它通常是以某种名称、图案、记号、识别符号以及上述因素的组合所构成，包括以下三个方面内容：品牌所代表的会展品质；会展能带给参展商和观众的利益；会展在参展商和观众心目中的地位。会展品牌定位是在市场定位和展题定位的基础上，对特定会展品牌在文化价值取向及个性差异上的策略研究，其实质就是确定品牌核心价值，最大限度地激发目标顾客的参展热情，使他们形成高度的品牌忠诚。品牌定位是品牌建设的核心环节，是在理解会展定位的基础上对会展定位的进一步升华，其目标受众范围不仅仅包括会展的目标参展商和观众，还包括其他与会展相关的社团和群体；同时，品牌定位还要充分考虑竞争者的特点以及本会展与竞争者的相对关系，并在这种相对关系中找到自己的差异化优势，巩固其他竞争者所不具有的竞争优势。

二、参展计划

（一）参展计划的内容

参加会展不是简单地派几个人带着展品和样本去展馆展示，而应该看作是一个涉及面很广的复杂工作，因而制订详细的参展计划就显得十分重要。一个好的参展计划是在一定的投入下取得最大参展效益的基础，应该在企业的年度工作计划中作统筹安排。参展计划一般包括：

（1）展出目标，确定参加会展的目的或预期达到的目标。

（2）选择会展，根据展出目标确定要参加的一个或数个会展。

（3）展出重点，确定所要宣传或展示的重点项目。

（4）相关活动，确定在会展期间开展的各项活动。

（5）时限要求，按会展的时间确定各项工作的起止时间。

（6）人员安排，指定参展项目的管理人员、工作人员以及各自的责任。

（7）资金计划，安排全年度用于会展的资金使用计划。

（8）筹备工作，确定与所参加会展配套的资料准备、展品制作、运输等其他工作。

在年度参展计划的指导下，针对每一个参加的会展制订出详细的参展方案。参展方案中除了年度计划中的相应内容，还应包括主题、标志、色彩、文字、照片、图片、展品、布局等具体要求以及对指定展位设计和施工公司的要求。

（二）参展计划的制订

1. 选定一位参展协调人

选定一位参展协调人负责整个项目的计划、预算、展位管理等工作，这位协调人必须具备始终带领整个参展团队成功完成参展目标的权能。

2. 选定优秀的展位设计公司

拟定一份简短的服务供应商名单，从中选出最佳者外包展位设计工作。为此，必须详细了解每家候选公司的情况，并咨询这些公司的之前客户，确保他们有能力按时在预算内完成任务。

3. 制定可评估的目标

设定目标应该与参展效益评估相联系。以收集销售线索为例，其目标应该考虑潜在受众规模、展位工作人员人数及会展开放时间等因素。

4. 阅读参展手册

务必从收到参展手册之日起就认真阅读，特别要注意其中的展位管理规章及反馈参展订单表格的截止时间。逾期的参展订单及最后时刻的更改可能需要支出额外费用。

5. 确定展品

提醒产品经理，确保展品的数量及质量。对于需要进行现场运作的设备，记得准备足够的零配件及耗材，以备不时之需。

6. 宣传参展

应为参展撰写专门的新闻发布稿并登录会展目录（切记按时送交相关登录资料）。此外，还应向所有的目标客户寄发观展邀请函，并尽量设计一些激励措施吸引更多的观众参观企业的展位。为此，应特别关注会展官方网站上推荐的宣传机会，从中选择合适的项目积极参与。

7. 留意标准展位套餐

许多会展主办机构都提供"标准展位套餐"，以套餐式价格提供包括展位光地、结构模块、布景、家具、灯光等综合展位的配套设施。此外，参展推广套餐也是经常提供的服务项目，它能非常有效地帮助参展商进行预算和成本控制，从而节省大量的管理时间和投入。

8. 协同利用其他媒体活动

为最大限度地运用推广预算，应将会展推广活动与其他媒体活动协同安排，以取得更好的宣传效果。

9. 制定详细预算

在项目实施前，应详细预测各种可能的参展开支，并做出详细预算；在项目实施过程中，应密切关注各项开支，并集中记录所有采购订单及发票。

10. 选择及培训展位工作人员

应尽早选择展位工作人员以确保其工作时间，同时应为其安排充足的培训时间。为此，应制定专门的排班时间表，并向所有成员充分传达展品信息、各自职责及公司的参展目标。

11. 设定高效的展位咨询处理系统

在会展期间捕捉、识别观众信息的方式将决定会展结束后跟踪销售线索的速度与效率。因此，应该设计一份"展位观众咨询表格"，供展位工作人员快速记录重要的观众信息（如感兴趣的产品、采购决策权、预期采购时间等）。

12. 制定关键任务时间表

参照参展商手册，制定一份关键任务时间表，其中须列明各项任务的负责人及截止时间，之后分发给所有参展人员。

13. 清晰界定沟通环节

沟通不畅是会展项目实施出现问题的主要原因之一。为此，应该向相关供应商及会展主办方明确具体的联系人，同时应在参展项目团队内定期召开简报会，以确保每位成员及时了解项目的进展。

14. 准备跟进销售线索

会展期间搜集的销售线索经正确处理后将具有极高的价值。为最大限度地实现销售回报，务必尽快、高效地跟踪销售线索。为此，应该在会展前就制订好会展后的销售跟进计划，并给予足够的人手和时间安排。会展期间所有销售线索必须在会展结束后1~2周内跟进联系。

三、招展方案

会展招商方案是在会展策划的基础上，为展位营销而制订的具体执行方案。会展招商方案是对展位营销工作的整体规划和总体部署，是会展策划方案中的核心子方案之一。

（一）会展招展方案的内容

会展招展方案是对会展招展工作的总体规划和全面部署，其内容涉及会展招展工作的各个元素，一般包括以下内容：

（1）产业分布特点。

（2）展区和展位划分。

（3）招展价格。

（4）招展分工：①招展单位之间的分工；②本单位内招展人员及其分工安排。

（5）招展函的编制与发送。

（6）招展代理：①招展代理的种类及其来源；②代理的聘用及代理期限；③代理商的权利与责任；④代理佣金。

（7）招展宣传推广：①招展宣传推广的渠道；②招展宣传推广的策略；③招展宣传推广的时间和地域安排。

（8）展位营销办法。

（9）招展预算。

（二）会展招展方案的写作规范

撰写会展招展方案需要充分考虑产业特点和展位划分，合理规划招展价格和招展分工，提前统筹招展函的编制和发送事宜，对招展代理、宣传推广、营销方法和营销进度进行整体安排，并做出初步预算。招展进度安排一般用表格的形式来表现。

1. 介绍产业分布特点

从产业的高度介绍、分析会展题材所在行业的经营环境、分布特点和发展态势，介绍行业内的企业机构状况、分布情况并进行优劣比较。

2. 介绍展区和展位划分

以平面图或表格的方式对展区和展位进行划分，介绍具体安排情况。

3. 规划招展价格

列明初步规划的会展招展价格。

4. 规划招展分工

对会展的招展分工做出规划和安排，包括招展地区分工安排、招展单位分工安排、本单位内招展人员及分工安排等。

5. 招展函的编制与发送

统筹、介绍招展函的内容、编制方法和发送范围。招展函的编制计划要考虑到招展函的印制数量、发送范围和发送渠道等问题。

6. 选择招展代理

对会展招展代理的选择、指定和管理等做出安排，对代理佣金水平及代理招展的地区范围与权限等做出规定，要尽可能保证代理商的资质和实力。

7. 规划招展宣传推广

招展宣传推广是指为了更好地促进会展的招展活动，围绕会展招展的基本策略和目标制定的具有高度针对性和配合协调性的宣传推广活动。在招展方案里，需要提出招展宣传推广的策略、渠道、时间和地域安排等。

（1）招展宣传推广的策略：包括宣传推广的出发点、主题、亮点，突出会展的个性化特色。

（2）招展宣传推广的渠道：包括召开新闻发布会、网络推广、相关协会推广、广告等。

（3）招展宣传推广的时间和地域安排：招展宣传推广在时间和地域的分布和安排上要注意与招展实际工作紧密配合，因地制宜但又不彼此冲突。

8. 规划展位营销办法

提出适合本会展展位营销的各种渠道、具体办法及实施措施，对招展人员的具体招展工作做出指引。

9. 制定招展预算

对各项招展工作的费用支出做出初步预算，以便及时、合理地安排各项所需费用的支出。

10. 规划招展总体进度

这一点指的是在招展工作实施之前对招展工作及其要达到的效果进行统筹规划、总体布局，以便掌控招展工作的进程。

第四节　会议旅游

一、会议旅游的概念与类型

会议旅游是指人们为更好地开展会议而离开常住地进行的一系列活动，该活动既包括了与会议本身直接相关的会议体验（食、宿、交通等），又包括由参加会议活动而延伸的其他旅游体验（观光、娱乐、购物等）。

划分会议旅游类型的标准可以有多种，比如说按会议主办单位的不同可以划分为公司类会议旅游、协会类会议旅游、其他组织会议旅游；按会议活动的特征可以划分为商务类会议旅游、文化交流类会议旅游、专业学术类会议旅游、政治类会议旅游、培训类会议旅游等；按会议的性质可以划分为论坛类会议旅游、研讨类会议旅游、报告类会议旅游；按会议的主题可以划分为医药类会议旅游、科学类会议旅游、工业类会议旅游、技术类会议旅游、教育类会议旅游、农业类会议旅游等。除此之外，随着社会文化发展和科学技术的进步，还产生了几种新型会议类型，如辩论会、角色扮演、网络会议和视频会议等。据统计，公司类会议旅游和协会类会议旅游占整个会议旅游市场的80%，所以本节将对公司类会议旅游、协会类会议旅游、其他组织会议旅游进行介绍。

（一）公司类会议旅游

为了应对日趋激烈的竞争、计划和协调企业的发展目标、策略及各项指标，全球各类公司每年都要举行成千上万次会议，与此相关的旅游活动就是公司类会议旅游。

（二）协会类会议旅游

协会类会议旅游是指协会机构为开展各种形式的会议而组织的旅游活动。协会会议又可分为国际性协会会议和国内协会会议，也由此引发了相关的协会类会议旅游。

（三）其他组织会议旅游

其他组织会议旅游是指其他各类组织机构为开展各类形式的会议而进行的特殊的旅游活动，如联合国、世界贸易组织、世界旅游组织等机构每年都要组织、举办各种类型、规模和档次的国际性大会、论坛、研讨会等，由此引发了大量的会议旅游活动。

二、会议旅游的特点

（一）公司类会议旅游的特点

1. 数量庞大，范围广泛

公司类会议旅游是会议旅游市场的主要组成部分，发展非常迅速。统计数据显示，从会议数量和与会人数上看，公司类会议旅游占会议旅游的大部分。公司类会议旅游涉及范围也很宽，具体可分为国际、全国和地区性销售会议等形式。

2. 周期性与灵活性相结合

调查表明，公司类会议旅游因会议类型不同而呈现出不同地点、时间的选择。部分旅游形式具有明显的周期性，如国际、全国和地区性销售会议、股东大会通常是每年举办一次，奖励会议也有一定的周期。但是大部分的公司类会议旅游是根据需要而定，而非按固定的时间周期来举行。

3. 地点选择具有重复性

公司类会议旅游对旅游地点（会址）的选择主要从公司的实际需要出发，考虑设施条件、服务质量、交通费用及便利程度等，对会议旅游地点一般遵循的是就近选择原则。因此，公司类会议旅游大都具有在固定地点重复举行的特点。不过，会议旅游会影响旅游地点的选择，组办者也可能会每次选择不同的举办地。

4. 逗留时间较短

绝大多数的公司类会议旅游控制在 1~2 天，培训或奖励会议旅游的时间可长达 3~5 天。会期直接决定了会议旅游者在旅游目的地的逗留时间。相比其他旅游活动，人们在会议旅游中的时间紧迫感要强烈得多。

（二）协会类会议旅游的特点

1. 时间选择周期性明显

与公司类会议旅游不同，协会类会议旅游大多是例行会议，因此其时间显示出固定的周期。常见的情况是每年一次的协会年会，也有一年召开两次大会或两年召开一次大会的情况，既方便会议代表自由活动，也有利于协会组织活动。

2. 地点选择变换性强

与公司类会议旅游不同，协会类会议旅游需要经常变换会议举办地以保持会议吸引力。实践证明，会议地点也是一个关键性因素。如果会议举办地有吸引力，不仅会有更多的与会者，还会带来与会者的配偶等其他会议旅游者。

3. 逗留时间相对较长

由于协会类会议与公司类会议旅游的主办者不同，出发点不同，从而使得协会类会议旅游的会期 80% 在 3 天以上，一般为 3~5 天，从而延长了会议旅游者在旅游目的地的逗留时间。

（三）其他组织会议旅游

其他组织会议旅游是指不属于公司类或协会类的会议主办者开展的会议旅游活动。这类旅游主要包括政府会议旅游、工会和政治团体会议旅游、宗教团体会议旅游、慈善机构会议旅游等，在会议旅游市场中也占有相当重要的地位，其共同特征为以下三点：

1. 旅游费用具有公共性

旅游费用主要来自行政拨款、成员缴纳的会费以及公众的资助、捐助或者募捐。

2. 目的地的选择具有一定的规律性

其他组织会议旅游对旅游目的地的选择一般都有一定的规律性，政府会议一般与该会议的等级有关，如省级会议一般选择在省会城市；地级市的会议会选择在地级市；宗教团体的会议会选择在具有一定宗教氛围的城市，或者对宗教来说具有特殊意义的目的地召开。

3. 受会议举办组织行业性质影响

会议旅游项目与会议举办组织的行业属性有关，所进行的相关活动基本上在行业领域内进行，比如宗教团体会议旅游可能倾向于去参观宗教圣地，而政府会议旅游则倾向于与此次会议的主题相关联。

【拓展阅读】
2008 年中国（广州）国际汽车展览会的主题展示

第六届中国（广州）国际汽车展览会于 2008 年 11 月 19—25 日在广州琶洲国际会展中心拉开帷幕，总展览面积达 125 000 平方米，国内外知名企业均携最新产品、技术及概念登台亮相。作为国内三大汽车展之一，该年度的广州国际汽车展以"科技拓展未来"为主题，坚持"高品位、国际化、综合性"的定位，有400余家生产企业、40 000余名专业买家云集会展，使广州国际汽车展成为中国南方最大的国际化采购平台。会展组办方大力宣传本届汽车展的科技含量，吸引了大规模的参展商和观众，各家汽车生产厂商也不遗余力地将自己最新的产品技术向公众展示。

东风日产的展台设计通过五颜六色的装饰灯光和现场音乐营造出的现代时尚风格，与厂家推出的系列品牌车辆市场定位保持高度一致，吸引了众多年轻消费者的眼球。展台内还设置了超大屏幕，对东风日产的品牌、技术、服务进行了集中展示，重点宣传了新型技术的应用。

广州本田的展台更加注重舞台设计，在展示区的中央设计了一个大舞台，配置了大屏幕进行现场直播，以防部分观众因视线被遮挡而看不到舞台的演出。设置舞台的初衷在于广州本田在该届汽车展安排了公司最新的机器人出场表演，整个机器人的设计建造综合了本田企业的各项最新技术，可谓是企业技术实力的综合体现。每当HONDA的机器人出场，展台周围总是人山人海，先进的特色科技使得广州本田展台成为整个汽车展最具吸引力的厂商展台。

【思考与练习】

1. 请列举制定参展目标常见问题处理规范。

2. 会展主题策划的要点有哪些？

3. 如何进行会展定位？

【参考文献】

[1] 毛金凤、韩福文主编：《会展营销》，机械工业出版社，2006年。

[2] 王春雷、陈震：《展览会策划与管理》，中国旅游出版社，2006年。

[3] 刘大可主编：《会展经济学》，中国商务出版社，2004年。

[4] 阎蓓、贺学良主编：《会展策划》，高等教育出版社，2005年。

第六章　会展设计与场馆管理

【学习目的】

通过本章学习，了解会展场馆的基本定义，在此基础上掌握会展场馆的类型及特点；熟悉会展场馆的设计与运营管理模式；了解会展空间与展台设计的基本知识；理解立体策划方法和创新路径，能够进行会展设计与场馆管理的基础工作。

【学习要点】

1. 会展场馆的基本定义
2. 会展场馆的类型及特点
3. 展台设计的主要理念
4. 会展设计的立体策划方法
5. 会展场馆运营管理模式

【课前阅读与思考】

2010年上海世博会的各个参展主题场馆着重反映当今世界快速城市化和城市人口加速增长背景下，地球、城市、人三个有机系统之间的关联和互动，表现"创造更美好的城市，更美好的生活"的主题，加拿大国家馆是其中的典型。

作为历届世博会的热情支持者，加拿大是第一个同上海世博会组织者进行参展合同谈判的国家。占地6 000平方米的加拿大国家馆位于世博园区C片区，体现了"城市，让生活更美好"的主题，各种精彩的文艺表演在半包围外形展馆中央的公共开放区域上进行，闻名世界的太阳马戏团成为这座展馆的主角，为加拿大国家馆量身定做了一套富有创造性的表演方案。先进的展览技术、引人入胜的展示内容和富有创造性的节目编排，都成为加拿大国家馆的亮点。美丽的自然风光和丰富的资源让加拿大人对"可持续发展"尤为重视，因此，在建筑上处处都体现了可回收利用技术。如展馆外部的墙体上覆盖了一种特殊的温室绿叶植物；使用排水系统对雨水进行回收与再利用；展馆内设有大型的展品或物件，以确保展示区域内的空气流通；同时展馆内还营造了一个既无障碍又无烟的环境。

第一节　会展场馆

一、会展场馆的基本定义

关于会展场馆的定义，国内学者众说纷纭，郑建瑜编著的《会展场馆经营与管理》一书中指出："会展场馆为各种类型的商品展示、行业活动、交流会议、信息发布、经济贸易等集中举办进行活动的场所。"张以琼编著的《会展场馆管理与服务》一书中提及："场馆是指举办各种活动（Event）的地方，它既包括'场'也包括'馆'。'场'，即场地，往往代表着室外区域；'馆'，即馆所，代表着室内区域。会展场馆因此也可以分为室内的会议和展览中心，以及露天的会议和展览场地。"林大飞编著的《会展场馆经营与管理》一书中指出："会展场馆是指从事会议展览活动的主体建筑和附属建筑，以及相配套的设施设备和服务，本书所指的会展场馆是会议和展览功能兼备的会展中心的统称。"

综合上述几种定义，本书对会展场馆进行如下的界定：会展场馆是举办和举行各种会展活动的场所，为参展商和观众提供展示和交流的空间，同时提供相应的配套服务。

二、会展场馆的基本类型

根据不同标准，会展场馆可以划分为不同的类型。按照场馆规模大小可划分为：大型会展场馆、中型会展场馆和小型会展场馆；按照场馆性质不同可划分为：项目型会展场馆、单纯型会展场馆和综合型会展场馆；按照场馆功能不同可划分为：会议场馆、展览场馆和大型活动举办场地。本书主要介绍会议场馆、展览场馆、大型活动举办场馆三大基本类型。

（一）会议场馆

会议场馆主要指举办会议的场所，主要包括会议酒店、会议中心等。会议中心是专门举行会议的独立设施，会议酒店则是指酒店附设举行会议的功能，通常以酒店会议室作为酒店举行会议、接待客户的场所。一般而言，会议酒店会根据客户的需求进行简单的会议策划和会场布置。

（二）展览场馆

一般来说，现代化的展览场馆不仅包括最基本的展厅设施，还包括配套的整个服务设施体系。展览场馆一般有四个类型：大规模新建型、旧馆改造型、生长发展型、小而专业型。

（三）大型活动举办场馆

一般不固定，视活动规模、举办需要以及活动与举办地之间的关系而定。

三、现代会展场馆的特征

（一）规模宏大

规模宏大是现代会展场馆的重要特征，尤以展览中心最为典型。国外新建的展览中心占地面积一般都超过 100 万平方米，如巴黎北部展览中心的占地面积达 115 万平方米；国内展览中心的建设规模也呈现出越来越大的趋势。同时，出于前瞻性的考虑，新的会展场馆建设都会留有一定比例的预留地，以便将来拓展之用。

（二）设施齐全

现代会展场馆已经突破了早期展览馆的单一概念，成为一个多功能的综合建筑设施。现代会展场馆不仅有展馆，还有会议中心、餐饮服务的场所和设施，既可以举办展览、会议，又可以进行文艺表演、体育比赛。

（三）智能化水平高

高科技在现代会展场馆中得到充分应用，目前会展场馆基本上都配备了智能化程度很高的网络系统，如电子登录系统、电脑查询系统。随着新技术的不断涌现，多媒体、手机、移动网络等多种通信技术手段也在现代会展场馆内得到越来越广泛的应用。

第二节　场馆设计与运营管理

会展场馆设计主要分为外部设计和内部设计两部分。外部设计主要涉及场馆的区位选址与外部交通组织，考虑的要素主要包括场馆选址、交通组织、货物运输等；内部设计则主要涉及场馆功能和场馆环境保护等问题。

一、会展场馆外部设计

（一）区位选址

会展场馆的位置在很大程度上影响着人们到达的方便程度，从而决定了场馆利用率的高低，因此区位选址是会展场馆外部设计需要重点考虑和解决的问题。一般来说，会展场馆的区位选址主要有以下四种考虑：

1. 位于城市中心

这类会展中心以法兰克福、科隆和斯图加特等城市的会展中心为代表，由于它们具有较悠久的建馆历史，因此其场馆的位置基本上处于不远离城市中心 3 千米的距离，且周边已经是建成状态，可供会展中心扩展的用地几乎没有。其中，法兰克福会展中心更具典型性，从会展中心步行仅需 10 分钟就可到达市中心的火车站；建于 1924 年的科隆会展中心则与著名的科隆大教堂隔河相望，与繁华的市中心相距不过 1 千米。

2. 位于城市近郊

这类会展中心以杜塞尔多夫、柏林会展中心为代表，其历史相对较短，多建于 20 世纪 70 年代前后，一般处于城市边缘，既有便利的公共交通系统，又有相对宽敞的扩展用地。在 40 年左右的运营期内，这些会展中心也在不断扩建与改建，但目前扩建能力也几乎达到了极限。以杜塞尔多夫会展中心为例，其展厅面积已经从 1971 年的 11.3 万平方米扩展到 2000 年的 23.4 万平方米，现有场地已经接近饱和。

3. 位于城市远郊

这类会展中心以慕尼黑、莱比锡会展中心为代表，均为近年来迁新址建成的场馆，位于城市远郊，靠近高速公路或快速道路。这类会展场馆多是由于位于市中心的原有场馆发展受限而易地重建的，新馆选址往往是改造利用一些衰落的产业用地。比如慕尼黑会展中心利用了旧机场用地；莱比锡会展中心则利用了废弃的工业垃圾堆场。选择城市远郊一方面能为场馆发展储备充足的建设用地，另一方面也能带动城市新区的发展。

4. 相对独立的会展城

这一类型的代表是汉诺威会展城。作为世界上最大的会展城市，汉诺威拥有近 47 万平方米的展馆面积，已经是一个小型城市的规模。由于各种会展产业相关设施汇集于此，汉诺威已经自成一体，相对独立。2000 年借助世界博览会的契机，汉诺威改造扩建了部分会展场馆，进一步强化了其会展城市的功能地位。

（二）外部交通组织

1. 公路运输条件

高速公路和高等级公路是到达会展场馆或会展中心的重要途径，同时也是重要的物流运输线。因此，多数大型会展中心的选址都靠近连接城市的高速公路入口，不少会展中心的选址甚至就在高速公路边。只有少数相对建成较早的会展场馆位于城市中心，距离高速公路入口比较远，制约了自身的发展。

2. 城市轨道公共交通条件

在城市道路日益拥堵的情况下，现代城市越来越重视地铁、轻轨等轨道运输网络的建设，城市与城市之间有快捷的高铁、轻轨相连接，城市内部则有地铁实现快速交通运输。轨道交通正以其大运量、高速度、不拥堵的优势成为会展场馆选址的重要考虑条件。比如，杜塞尔多夫会展中心主入口前就有两条地铁线经过；在距法兰克福会展中心 1 千米的火车站可乘坐城际特快列车（ICE）到达欧洲的各大城市，有四条城市轨道线路可到达法兰克福的周边地区；柏林会展中心不仅在周边设置了城市铁路、地铁和公交巴士系统，还将专门的城市铁路修进了会展中心的中间场地，在会展期间开设专列以满足客户的交通运输需求。

3. 与航空港的联系

德国地处欧洲的中心，由于地理及经济的因素形成了几个重要的国际空港城市，如法兰克福、杜塞尔多夫等。德国的主要会展城市一般都有自己的机场。

乘坐飞机是外地客户前来参加会展活动的主要方式。因此，会展场馆与机场的高效连接是会展活动的重要保障，也是检验会展场馆是否具备国际性的硬件基础。多数会展场馆与机场之间有高速公路、城市快速路、城市铁路等相连接；少数会展场馆则依托机场选址，如香港机场航空港范围内就建设有国际性的会展中心，直接利用机场的配套设施，更好地提升了外地客商和货品的交通效率；也有部分会展场馆距离机场较远，如慕尼黑新会展中心距机场 34 千米，但高效率的城市外环路可以实现客商快速到达。

4. 与码头的联系

水上航运如今虽然并不是主要交通方式，但仍是一些会展场馆货流运输的选择之一，尤其用于大体积、超规格的货品运输。因此，许多会展城市坐落于河流近旁，一些会展场馆也沿河岸建设，如广州国际会展中心就建在珠江河岸边。另外，为迎送参观人流，靠近会展中心的岸边一般设有小型游船码头。

二、会展场馆内部设计

会展场馆内部设计遵循两大原则：具备完善的功能和优化的环境服务；设计一般要根据展览的内容、性质和室外环境的具体情况来确定。

（一）场馆功能

1. 展览功能

会展场馆作为会展业的基础设施，提供展出场地进行产品展示，并围绕展览主题提供相应的展示设计、展位搭建、展品运输、会展现场管理等服务。

2. 会议功能

会展场馆为商务人士提供各种规格的会议厅，方便其开展周年庆典、学术交流、信息发布、产品推介、新闻接待等活动。

3. 服务功能

为配合展览、会议和其他活动的举办，会展场馆内通常还设有贵宾厅、信息中心、新闻中心、商务中心、快餐厅、咖啡厅等场所，为参展客户和工作人员提供配套服务。

4. 商务租赁功能

会展场馆的空余场所还可以作为商务场地出租，或作为会展期间餐饮、商店、金融、中介服务等机构的临时办公场所，从中获取相应的租金收入。

5. 附加功能

一些会展场馆的附属建筑或者配套酒店内有办公室、客房、娱乐、餐饮、购物、康乐、健身等场所和设施，为商务客人提供附加服务。

（二）场馆环境保护

从环保角度出发，会展场馆建设应遵循降低建筑环境负荷的原则，运用节能环保新技术，创建健康舒适的室内环境，实现会展场馆建筑与自然环境的共生。

1. 场馆建设中的自然环境保护

场馆建筑应保持与周边环境生态的平衡，建设过程中必须减少二氧化碳及其他大气污染物的排放并对建筑废弃物进行无害化处理。此外，会展场馆建设要强调节约用地，适度利用土地资源，场馆的绿化布置应该与周边环境形成系统化、整体化的关系。

2. 场馆建设中的材料选择

为了减少环境污染，会展场馆的建筑材料应该选择无环境污染材料、可循环利用材料、当地材料、可再生材料等。需要强调的是，建筑材料应易于分类回收再利用，尽可能使用当地的自然建筑材料和产品，减少运输过程中的环境污染。

3. 场馆建设中的无污染化施工

无污染化施工是指在场馆建设过程中采用降低环境影响的施工方法，并且妥善处理建筑施工产生的副产品，具体包括：防止施工过程中氟化物、氮氧化物等的产生；提高材料使用率与施工效率；减少甚至不使用木材作为建筑模板；保护施工现场既存树木；开挖的地下土方尽量回填；使用无害地基土壤改良剂；就地使用建设废弃物制成的建筑产品等。

4. 场馆建设中的噪声控制

对场馆建设施工过程中产生的噪声污染，施工单位或个人应切实采取防治措施。除了紧急抢险、抢修外，任何单位或个人不应在法律规定以外的时段从事影响周边居民正常生活的高噪声施工作业。如需在这一时段施工，必须事先向作业活动所在地的相关环境保护部门申请办理审批手续。

三、会展场馆的运营管理模式

（一）企业自主管理

企业自主管理即企业出资建设会展场馆，建成后由该企业对场馆设施进行统一的管理，典型代表为上海新国际博览中心。上海新国际博览中心由上海陆家嘴（集团）有限公司与德国展览界的三巨头——德国汉诺威展览公司、德国杜塞尔多夫展览公司、德国慕尼黑展览有限公司联合投资建造，是我国首个由外方参与投资及管理的展览中心。这种吸收国外资本、企业自主建设与运营管理相结合的模式为其发展带来了诸多便利，三家德国股东企业凭借各自在业界的知名度、对市场的理解与把握以及丰富的客户资源，为上海新国际博览中心带来了众多国际级品牌会展以及大量的国际参展商和观众，这也在很大程度上提升了上海新国际博览中心在全球会展市场上的品牌形象与知名度。另外，三家德国股东企业还在管理与技术层面上给予大量专业支持，贯穿展馆规划建造与后期设施改善及工程扩建始终，从而保障了上海新国际博览中心设计理念的先进性。

（二）政府管理

政府管理即政府将会展场馆作为城市的公共设施或形象建筑进行投资建设，建成后由政府委托或组建专门的机构进行运营管理。这一类会展场馆既可获得政府从土地、交通乃至政策方面的支持，又可保证高效、灵活的商业运营管理，典型代表为广州国际会展中心。广州国际会展中心由广州市政府投资建设，2004 年 3 月 15 日中国对外贸易中心与广州市人民政府签订备忘录，中国对外贸易中心正式取得广州国际会展中心的经营管理权。广州国际会展中心首期占地 41.4 万平方米，建筑面积 39.5 万平方米，一、二层展厅 13 个，展示面积约 13 万平方米，室外展区面积 2.2 万平方米，是目前亚洲最大的会展中心。每年的中国进出口商品交易会（广交会）、广州国际汽车展等就在这一场馆举办，经营业绩和市场知名度十分理想。

（三）行业协会管理

经济发达国家或地区，会展行业协会发展较为成熟，受到信任并拥有公正的权威，一些会展场馆的建设和运营由会展行业协会来进行统一的管理。会展行业协会既是展览企业的代言人，也是贯彻政府意图、执行政府政策的可靠助手。随着会展业的发展，行业协会在会展场馆管理中主要利用市场机制和行规对会展行业进行协调性管理。一方面，协会与政府、企业紧密配合，共同制定行业规范，一旦有会员违反，就召开会议讨论解决甚至提出制裁措施，以维持公平竞争的秩序；另一方面，就会展主题、展出时间、摊位价格、质量水准等问题，在会员单位之间进行协调，以更好地维护会员的正当权益，提高会展场馆的利用效率，获取更好的经营效益。

第三节　会展设计与立体策划

一、会展设计的概念与基本流程

（一）会展设计的概念

会展设计是指在会议、展览会、博览会活动中，利用空间环境，采用建造、工程、视觉传达等手段，借助展具设施、高科技产品，将所要传播的信息和内容呈现在公众面前，包括展台设计、空间布局设计、平面设计、照明道具设计以及相应的展馆设计等。会展设计是会展活动的视觉展示，是会展活动的重要补充部分，充分强调将要传达的信息准确地传达给观众，并让观众在接受信息的同时有一种美的享受，因此会展设计是一门综合的设计艺术，根据对参展商意图与展品特性的认识与了解，借助各种科技手段，通过视觉、听觉、触觉、嗅觉、味觉和神经觉等全方位的设计对观众的心理、思想和行为产生重大的影响。

（二）会展设计的流程

（1）接受项目订单，明确设计内容：同客户进行良好的沟通、交流与互动；明确设计的内容与要实现的目标。

（2）制订设计计划，进行市场调研：合理的计划有助于提高工作效率和品质；市场调研有助于保障设计计划的合理性与可行性；确定计划的进度和重要节点并与客户交流。

（3）提出目标提案，分析目标问题：设计师结合现场环境对客户意愿进行初步定位；与客户沟通，让客户提出评价意见。

（4）提出目标问题，发现设计问题：要了解现场实际与工作计划可能存在差异，客户的意愿也会由于现场环境的变化而变化；设计师要通过判断分析去发现设计中存在的问题。

（5）展开设计研究，调整设计方案：设计师根据客户意见进行深入研究。研究应当目的明确、内容全面、适时可行；在此基础上对设计方案进行调整与优化。

（6）提交设计草图，集中方案评估：在研究基础上，设计师将创作思维具体表现在图纸上；与客户交流，从多个方案中寻求最优效果。

（7）明确设计方案，深入优化设计：经过客户认可，形成最终方案；设计师在此基础上进行细节的优化。

（8）提交效果展示，制作三维模型：为了增加方案的直观性，需要提交设计效果图。三维模型是方案的立体表现手法，有些情况下是最具直观效果的展示方式。

（9）进行深入研究考虑是否合理：对细节进行推敲；将评估重点放在设计的形态、材料的合理性、空间利用的合理性上。

（10）确定设计材料，进行方案评估：结合设计方案选择合适的材料。材料对方案的实施具有较大的影响，具体表现在材料的制造难度、经济成本和安全性质方面。

（11）修改设计细节，确认设计方案：对方案的功能性、艺术性进行细节上的再次优化；结合人的需求、展示环境的要求进行修改。

（12）绘制展示制图，遵守技术标准：进行设计制图，为施工建设提供技术依据；同时必须遵守国家相关的技术标准。

二、会展空间与展台设计

（一）会展空间

会展空间是一种具有明确目的性的空间环境，是会展活动存在的场所，在运作过程中扮演着重要的角色。一方面，会展空间为会展活动提供运作场所，成为人们获取信息、交流信息的平台；另一方面，会展空间作为一种特殊的媒介，与展出内容相结合，将技能、观念、时代信息以及人们对技术和艺术的态度有机地结合起来，体现了与会主体与客体间的利益关系。会展空间类型多样，可以分为场馆空间、展台空间、服务空间等，也可以分为大众空间、信息空间和辅助功能空间。

会展空间的类型

类型	特点
大众空间	供大众使用和活动的区域 规模足够大，不影响其他参观者的活动 注重人性化，座椅等休息设施较安全
信息空间	即展示空间，是陈列展品、模型、图片、音像、展台、展板等物品的地方
辅助功能空间	储藏空间——临时性的仓库 工作人员空间——工作之余的休息场所，大小不限，不可缺少。设置区位要合理，出入口要隐蔽 接待空间——接待贵宾或进行贸易洽谈。通常安排在信息空间的结尾处，人流干扰小

（二）展台设计

展台就像企业的名片，代表着企业的形象，是企业品牌形象的具体体现，其根本任务是帮助参展企业达到展览的目的，即反映参展商的企业形象、吸引参观者的注意力以及提供适合交易活动的功能环境。在这个背景下，会展空间中的展台设计尤为关键，必须形成较强的视觉冲击力，给观众和买家带来新鲜感和吸引力，从而体现企业的特性，突出展台的效果。

1. 要简洁，不要复杂

一般人在瞬间只能接受有限的信息，设置简洁、明快的展台是吸引观众的最好办法，也是提高展台人员工作效率的良好方式；展品要选择有代表性的摆设，必须有所选择、有所舍弃；照片、图表、文字说明应当明确、简洁，与展出目标和展出内容无关的设计装饰应减少到最低程度。

2. 要和谐，不要杂乱

展台由布局、照明、色彩、图表、展品、展架、展具等众多要素组成，设计时要将这些因素组合成有序和谐的整体，帮助参展企业达到展出目的。

3. 要明确表达主题并传递信息

主题是参展企业希望传达给参观者的基本信息和印象。展台设计要从各方面突出企业的主题和信息，使观众能够非常容易地识别出来，进一步形成深刻印象。

4. 要突出焦点

展台空间展示应该有中心、有焦点，能够吸引人群的注意。焦点选择应服务于展出目的，重点考虑特别的产品、新产品、最重要的产品或者被看重的产品。展台设计大多通过位置、布景、灯光等来突出重点展品。

5. 要考虑人流安排

参展企业也许希望展台能够吸引大量的观众，但是过多的人流只会影响每一个观众的观看时间和效果，从而降低展台展示的实际质量。对人流的控制管理是展台设计的关键，设计人员在开始就要了解参展企业希望吸引何种人群，并合理设计展台以形成流畅的展台动线，保证观众得到良好的参观效果。

6. 要易建易拆

展台结构应当简单，在规定时间内能够装拆。从经济成本考虑，展示道具的设计应该尽可能标准化、通用化、可互换、易保存、易运输，这样才能够实现展示道具的重复使用，降低参展成本。

三、会展设计的立体策划

（一）立体策划的概念

设计，从根本上来说是一种通过把艺术与人们的物质生活联系起来，创造一个既是物质的也是艺术的文化世界的创造性活动。人们通过这种创造性活动为人类的生活世界开创了一个审美化和诗意化的生存空间。会展是一种立体的展示，在会展设计过程中，要给会展"开创一个审美化和诗意化的生存空间"则要对会展设计进行精心的立体策划。所谓立体策划是指带有全局性和长期性的策划方法，是站在战略角度对策划对象的现在和将来进行全盘考虑和设计的方法，这就要求把策划过程看成一个"总体"，从"总体"出发，推进到"面"，再由"面"出发，推进到"线"，最后到"点"。

会展设计的立体策划落实到实际工作当中包含总体设计方案和局部设计方案等。在总体设计方案中，首先是对展览的环境、场地空间进行规划，在平面、立体规划处理的基础上，结合展示内容和表现形式以及展出场地现有的建筑结构、风格，确定采光形式、整体空间的组织施工，考虑协调空间的环境等。其次，要确立展示的基调，主要包括展出形式的色彩基调、文风基调和动势基调。在色彩基调的策划方面，要根据展出内容的特性、展出场地的环境特色、展出的时间、展台采光效果及功能区域划分等因素，分别选择适宜的色彩基调；在动势基调的策划方面，要注意对韵律、节奏起伏的控制，要尽量给人以舒适的动势感。除此之外，总体设计方案还包括设计实施进度的安排与制作、施工材料的使用计划、设计实施的经费预算等。会展局部设计方案包括：布展陈列中的会标、屏风、展架、展台、道具、栏杆、展品组合等；版面设计中的版式、图片、灯箱、声像、字体、色彩等；公关服务中的广告、请柬、参观券、会刊、纪念章、样本等。局部设计方案应在总体设计方案的思想指导下完成。

在后现代主义中，文化不仅仅是一个观念的生产和再生产，它与物质的生产结合越来越紧密。就艺术设计来说，这种文化转向不仅体现在设计活动和设计产品之中，也体现在设计艺术的直接文化呈现中。会展设计艺术的直接文化呈现包括内容和形式两个方面。会展设计内容的本身具有文化性，不论是会展活动的决策选择、组织管理、宣传推广还是设计的策划方案、观点、主张等都包含着许多文化的因素；会展设计的形式如展馆、展台、材料构成、文字类型、图形、色彩、风格等也传递着文化的信息。会展设计不仅负载着展品或服务的信息，还反映出设计者的人生观、价值标准、审美情趣、思维方式、文化模式等。会展文化的形成既有着社会文化条件的因素，也有会展自身发展的因素。从会展自身的发展来看，现代会展设计虽然目的是创造宣传效果和销售环境，而不仅仅是艺术设计，然而，大众审美正越来越成为评价会展设计效果的重要标准，尤其是当会展设计要突出风格与品位的时候，立体策划就显得尤为重要。设计人员通过对会展活动的全盘分析、全面考虑，对展场、展位、展台进行全方位的设计，同时兼顾材料、文字、图形、色彩等具体元素，从企业优势出发突出地域传统、企业文化、产品特色，这样的展示将更加吸引观众的视线。

（二）立体策划的特点

会展设计立体策划要求策划者必须掌握立体策划的特点，高瞻远瞩，视野开阔，全面而细致地考虑策划过程的每一个步骤、环节，使整个策划达到完美的境界。

1. 时代性

会展设计立体策划的时代性是由会展自身发展的特点决定的。会展业是一个与时代发展紧密相连的产业，时代性是它的鲜明特性。会展设计的策划必须站在时代的高度，及时掌握全球会展业的最新动态，实现会展设备的智能化以及会展理念的前瞻性。具体来说，会展设计的立体策划强调关注以下五个方面：

（1）空间环境的开放性、通透的流动性、可塑性和有机性，给人以自由亲切感，让人可感可知。

（2）实现商品信息经典性原则，严格要求少而精。

（3）实现固有色彩的统合效果，重视对无色彩系列的运用。

（4）尽量采用新产品、新材料、新构造、新技术和新工艺，积极运用现代光电传输技术、现代屏幕影像技术、现代人工智能技术等高科技成果。

（5）重视对软材料的自由曲线、自由曲面的运用，追求展示环境的有机化效果。

2. 目的性

任何一项会展设计立体策划都有着确定的、具体的意图和目标，这就是策划的目的性，紧紧围绕参展目的进行设计策划是会展设计立体策划的必然要求。在实际的策划过程中，围绕会展的主题，体现会展的核心思想、核心理念进行设计构思通常是工作的关键，策划者必须充分了解展览者的展示意图，才能决定会展的主题与风格。

3. 创新性

一项新奇诱人、吸引观众、获得赞赏的会展设计立体策划方案应该具有创新性，这种创新涉及形式的定位、空间的想象、材料的选择、构造的奇特、色彩的处理、方式的新颖等多个方面。例如，在2003年上海国际汽车展中，策划人员为上海通用汽车厂商设计了一出颇具特色的多媒体舞台剧，让观众与主人公共同追寻实现汽车梦的经历，获得了极好的展示效果；在2008年广州国际汽车展中，广州本田汽车厂商让自己设计的机器人登台表演，成为现场最为吸引观众的展台。可见，创新的设计策划理念能够吸引观众的注意力，展示参展商的实力与品牌，最终实现最佳的展示效果。

4. 统一性

整齐而统一是展示艺术的首要标准，在会展设计立体策划中，要力求达到展示形态的统一、色彩的统一、工艺的统一、格调的统一以及整体基调的和谐统一。这种统一性是建立在对整个会展策划体系的宏观把握上，要求各种设计方案之间要有统一性，各种设计策略在本质上要有统一性。会展设计立体策划的统一性表现在内、外两个层面："内"是指整个会展设计过程的统一，它包括选择设计师、明确展台设计要求、了解参展产品与展台位置及条件、策划展台设计进程以及制订整个设计策划方案等；"外"是指会展设计立体策划要与整个会展策划的要求相统一。一般的会展策划包括会展的调查与分析，会展的决策与计划，会展的运作与模式，会展的费用预算、媒体策略、效果评估与测定等环节。会展设计的各个环节应协调统一、相得益彰，这是会展设计立体策划统一性的基本要求。

（三）立体策划的创新路径

创新是会展设计立体策划的根本所在，那么如何实现创新？只有用新的视角、新的创意、新的表现来设计才能做到出奇制胜、赏心悦目。在实际会展立体策划的过程中一般可以采用选择、突破、重构三种方法来实现创新。

1. 选择

选择是对事物本质和非本质的鉴别，即对事物特点、亮点的发现，对不必要元素的舍弃。例如，会展门票的设计、印刷和制作方式有许多。简单的单色纸单色印刷、铜版纸彩色印刷、烫金、烫银、过塑、镭射（激光）图案；各种几何形状、联票、套票、凹凸纹图案；书签形式、邮票形式、金卡形式；条形码、磁卡、电子卡等。如何实现创新，就要求设计者进行选择，除了必须包含的五大要素（名称、举办时间、地点、主办单位及价值）之外，还要通过选择个性要素从而在门票上体现出会展的风格与特色，比如会展的标志、组委会的微信二维码、多种语言对照、导览图、门票等。

2. 突破

突破是创造性思维的根本手段，会展设计是否新颖独到，最根本的就要看是否对传统与常规有所突破。突破包括两个方面，一是思维方式的突破，二是表现方法的突破。例如，2003年"非典"导致广交会无法正常举办，世界各地的客商都受到影响，组展商突破传统思维，借助互联网举办"网上广交会"，让客商不用出门就能进行观展和交易，用创新的方式实现了传统的参展目的。又如2014年广州国际设计展中，有参展商用灯光装饰商家的名称，借助表现形式的突破在众多使用文字名称的展位中脱颖而出，取得了良好的展台效果。

3. 重构

重构即重新构建，是会展设计中常用的一种基本方式，是指在设计环境与设计元素关系的基础上将原有关系重新组合、重新设计，从而创造出新的构思、新的意向。现代会展设计在发展趋势上不断趋于专业化、国际化和科技化，不少会展已成为主要的国际盛事，一些组展商不惜花重金购买创新设计来扩大影响，以取得更佳的效果。例如，有的会展在会展场馆空间规划中将展台、洽谈空间、会议室、卖场进行整合重构，形成崭新的复式展示空间组合；有的会展在色彩策划设计中将地面、屋顶、灯光、道路、材料进行整体组合，实现全色系的重构；有的会展则将室内、室外、通道等空间重构贯通。这些都形成了较好的会展展示效果，成为后续会展仿效的成功重构范例。

【拓展阅读】

会展场馆运营管理面临的严峻挑战

随着市场经济的发展，作为城市经济发展引擎之一的会展业不断升温。会展场馆不但是会展业发展的基础设施，同时也是城市形象的展示窗口，其兴建已经形成热潮。然而，一些投入少则几亿元，多则几十亿的会展中心却未能如愿以偿地收回投资。目前我国展览面积已经超过了世界第一会展强国——德国，然而会展场馆出租率却只有会展发达国家的1/3。由于多数会展中心使用率偏低、维护成本高昂，导致会展场馆经营入不敷出，相继出现经营危机。例如，昆明国际会展中心因举办世博会而兴建，然而世博会结束后，曾经风光一时的会展中心却因使用率过低而成为当地政府的一大包袱。同样的情况，2003年南京国际会展中心因为无法维持正常经营而转让会展场馆产权。最引人注目的一个会展中心由盛转衰的例子便是海口国际会展中心。2001年以前，海南因为没有大型的会展场馆，一年一度的冬季农副产品交易会（简称"冬交会"）只能不断地更换临时场所。为了使冬交会的举办更为体面，海南省将海口国际会展中心的建设作为重点工程。海口国际会展中心于1999年破土动工，并于2001年正式启用。该会展中心集展览、会议、商贸、信息、旅游、商务服务于一体，满足了冬交会的要求，同时成为海南一个多功能的会展活动中心。然而，由于该会展场馆的兴建没有经过严格的市场调查与论证，建成之后每年承办的大小会展只有十来个，远远不能填补庞大的维护开支，会展场馆经营每况愈下。直到2004年底，海口市国有资产管理委员会不得不对外拍卖海口国际会展中心，但最终却无人问津。类似的例子在我国仍不断上演，一阵阵过热的场馆建设，一个个展馆的闲置，不但未使场馆盈利，反而成了地方经济的包袱……会展场馆的运营管理成为全行业乃至全社会的关注热点。

【思考与练习】

1. 请列举会展场馆的基本类型。
2. 会展场馆的运营管理模式有哪些？
3. 什么是会展的立体策划？

【参考文献】

[1] 许传宏主编：《会展策划》，复旦大学出版社，2005年。

[2] 马勇、冯玮编著：《会展管理》，机械工业出版社，2006年。

[3] 刘大可、王起静主编：《会展活动概论》，清华大学出版社，2004年。

[4] 孙明贵主编：《会展经济学》，机械工业出版社，2006年。

第七章 会展品牌与宣传

【学习目的】

通过本章学习，了解会展宣传推广的目的、类型、内容，理解建立品牌会展的途径和基本策略，掌握基本的会展宣传推广的手段。

【学习要点】

1. 建立品牌会展的关键
2. 会展宣传推广的内容
3. 会展宣传推广策划的步骤
4. 会展宣传推广的费用解决
5. 会展宣传推广的手段

【课前阅读与思考】

2003 年 3 月，印度商人哈里斯先生接到了宁波市消博会（中国国际日用消费品博览会）组委会的邀请函，由于哈里斯先生计划前来采购一批商品，于是决定参加此次会展。由于各种原因，哈里斯未得到消博会因"非典"而延期的信息。6 月 8 日下午 3 点 40 分，哈里斯从深圳飞抵宁波，成为"参加"消博会的唯一外商。令哈里斯先生意外的是，消博会推迟了；但更令他吃惊的是，举着接待牌的消博会办公室人员早已在出口处等候他。"很抱歉您没收到消博会延期的通知，但是我们非常欢迎您来宁波采购商品。"消博会推迟了，采购订单还能完成吗？哈里斯的脸上闪过一丝忧虑。他想看样采购的商品有上百种：自行车、电器、电热水壶、电熨斗、文具、电视天线、手电筒、门铃、玩具……"没问题，我们替你联系企业。"接待者热情地对哈里斯先生说。没过多久，信息反馈回来：余姚不少企业的产品与哈里斯计划采购的商品相符，余姚市外经贸局将派车接送他去企业实地考察。6 月 9 日一大早，余姚市外经贸局褚一鸣副局长和谷夏先科长就把哈里斯接到余姚，他们根据采购单上的目录，先后到富达电器、大华电器等余姚知名企业进行考察。由于担心哈里斯一家家考察企业时间上来不及，他们还特意带上介绍 100 多家企业情况的宣传画册。哈里斯乐了：这比参加博览会还要好。博览会上只能看到样品，这里既能看到产品，还能考察企业的生产经营状况，直接和企业签订合同。这一天，哈里斯一共考察了六七家企业，圆满地完成了采购任务。6 月 9 日晚上，哈里斯先生带着订购合同从余姚回到宁波时，感慨地说："虽然消博会延期了，但这次宁波之行令人难忘。"2003 年 9 月 22 日，消博会在经历了"非典"之后重新举办。哈里斯先生又来了，而且还带来了一大批印度同行，宁波市政府为此还特地授予哈里斯"荣誉市民"的称号。

第一节　会展品牌建设

一、会展品牌与品牌会展

（一）会展品牌的含义

品牌的英文单词为 Brand，最早源于 16 世纪，但是发展至今还没有一个统一的定义。在《牛津大辞典》里，品牌被解释为"用来证明所有权，作为质量的标志或其他用途"，即用以区别和证明品质。菲利普·科特勒认为："品牌是一个名称、名词、符号或设计，或者是它们的组合，其目的是识别某个销售者或某群销售者的产品或劳务，并使之同竞争对手的产品和劳务区别开来。"年小山则认为："所谓品牌，也就是产品的牌子，它是销售者给自己的产品规定的商业名称，通常由文字、标记、符号、图案和颜色等要素组成或是这些要素的组合构成，用作一个销售者或是销售者集团的标识，以便于同竞争者的产品相区别。品牌是一个集合概念，包括名称、标志、商标，所有商标都是品牌或品牌的一部分。"尽管对品牌的定义，诸多学者说法不一，但是综合起来，品牌就是一个多元要素的组合，这种组合使产品或者服务形成了一种唯一的特性，这种特性形成的目的是为提升产品或者服务本身的市场竞争力。

根据品牌的含义，本书将会展品牌定义如下：会展品牌是使一个会展与其他会展相区别的某种特定的标志，通常是由某种名称、图案、记号、其他识别符号或设计及其组合构成的。一个成功的会展品牌，至少应包含以下几方面要素：会展的规模较大、地域的覆盖面较广、能够提供专业的会展服务支撑系统、享有较高的知名度和美誉度的感知系统、获得有代表性企业与权威机构的支持、代表行业发展方向的引领系统、具有极佳投入产出比的效益系数等，如下图所示。

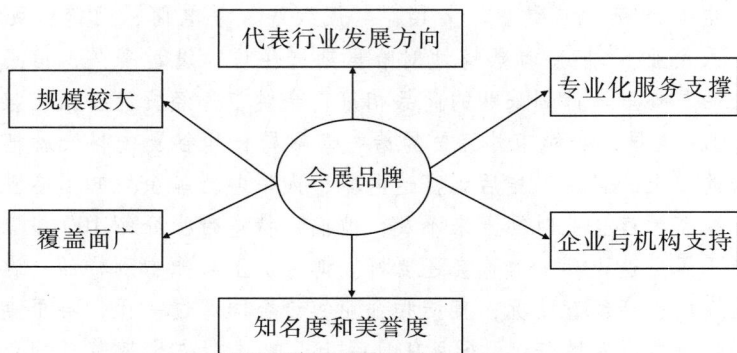

会展品牌的基本构成要素

（资料来源：王保伦，会展经营与管理，北京大学出版社，2006，内容有所改动）

（二）品牌会展的含义

品牌会展是指具有一定的规模，能代表和反映该行业的发展动态和发展趋势，对该行业具有较强的指导意义和影响力的会展。品牌代表了规模、信誉和企业形象。与一般会展相比较，品牌会展具有四大基本特征：一是具有较高的知名度。品牌会展在一定区域内具有较高的知名度和较大的影响力，普遍能得到业界的肯定和认可。二是具有较好的规模成效。品牌会展具有明显的成效，能吸引众多参展商、专业观众的参与，同时也具备相当的展位规模。三是具有较强的权威性。品牌会展具有一定的前瞻性和预见性，有明确的市场和专业观众，而且能提供几乎涵盖这个专业市场的所有信息。从某种程度上来讲，它能代表该行业的发展方向，拥有较高的声誉和可信度。四是具有规范的服务和完善的功能，同时可有针对性地安排一些配套活动。

二、建立品牌会展的关键

（一）坚持长期的品牌战略

建立有代表性的会展并非短期行为，培育一个品牌会展并不容易，不能祈求通过办一两次会展就达到目的。要建立一个品牌会展需要经过十年、二十年乃至更长的时间，品牌会展不能只追求短期经济效益，而应在知识、经验、能力、社会资源等诸多方面逐步积累，形成长期稳定的增长。会展公司必须要有长远的眼光，敢于投资，敢于承担风险，精心呵护，耐心培育，切记急功近利只能适得其反。

（二）代表行业发展方向

代表行业的发展方向是品牌化的重要标志，它体现了会展的专业性和前瞻性。能代表行业发展方向的会展才能吸引明确的目标市场和目标客户，能提供几乎涵盖这个专业市场的所有信息。会展提供的信息越全面，越专业，观众就越积极，参展企业也越踊跃。

（三）获得有代表性企业与权威机构的支持

在国际上，政府一般不干预企业办展，会展的成功与否，多取决于行业协会和行业内主要企业的支持合作，权威行业协会和代表企业的参与一方面可以提高会展的声誉和可信度，另一方面，对于整个会展的招展、宣传和组织工作都会带来很大的好处，以及保证会展的高质量。

（四）引进现代的管理经验

会展业要向国际市场进行开拓，在管理方面要积极吸取国外的先进管理经验，"他山之石可以攻玉"，随着我国会展业的快速发展，越来越多的国际客商参加中国的会展活动，国内会展企业在引进现代服务标准、场馆运营规范、国际商务服务等方面已经取得了显著的成效。当然，在引进国外管理经验的同时，应该考虑经验的实用性和可持续性、可移植性。

（五） 配合强势的媒体宣传

优质品牌建立在市场需求群体广泛认可的基础上，而要让客户了解并接受品牌就需要进行针对性的宣传，新闻媒体宣传因而成为构建品牌的重要环节。品牌建设是长期的过程，媒体的宣传也需要持续进行，一些品牌会展即使已经在业界拥有很高的知名度，也会继续通过媒体宣传强化品牌。不少的会展企业还建设了商业网站甚至同时经营商业出版社，拥有数百种专业期刊，不断地为会展品牌的维持进行强有力的宣传。

三、建立品牌会展的途径

建立品牌会展，目前来说有以下三种途径：

（1）自我培育。选择能代表某一行业先进水平或某一领域发展方向的会展主题，充分体现会展具有前瞻性、专业性和涵盖面广的特点；对该会展进行数年的建设培育，扩大市场影响力和知名度，使之成为品牌会展。例如，广交会经过60多年的培育发展，已经奠定了其"中国第一展"的地位，会展品牌不仅得到了国内商家的高度认可，也获得了世界各地客商的赞誉，已经通过自我培育成为全球知名的品牌会展。

（2）走联合之路。相似主题的会展由于针对的目标市场相近，彼此会分流客商，形成竞争，导致每个会展的效果都不尽如人意。品牌会展的一大特征是规模大，走联合之路就是尽量将同一区域内同类或相似主题的会展进行整合，实现同一主题或相似主题会展的联合，可谓"众人拾柴火焰高"。如北京的"中国国际机床展览会""中国制冷展览会""北京国际印刷技术展览会"等由分散到联合，均获得了国际展览联盟的认可，这些会展无论在国际化、专业化还是品牌化方面都已有所作为。

（3）品牌移植。我国的会展业发展时间不长，品牌会展并不多。将国际知名的会展引入国内来举办，借帆出海，不失为国内会展品牌化的一种有效途径。这种品牌移植的方法充分利用了会展活动的地域性特征，将成熟的品牌会展移入市场中某一个空白区域，发挥品牌效应去争取成功，如中国国际展览中心的"世界计算机博览会"（COMDEX），就是从美国引入行业中影响力和水平最高的会展，目前已经形成一定的品牌会展效应。

四、建立品牌会展的基本策略

（一） 制定品牌发展战略

建立品牌会展最重要的就是会展的经营者与管理者要树立牢固的品牌观念，制定长期的品牌发展战略。其中，制定相关的措施法规，提高会展市场的规范化水平十分重要。欧美国家会展业的规范化发展离不开政府和行业协会，尤其是行业协会发挥着突出作用。我国目前有关会展的各项规范的专业化程度较低，应借鉴国外经验尽快制定相关的法律法规，充分发挥行业协会"服务、代表、协调、自律"的职能，鼓励企业建立长期经营的品牌战略，不急于求成，稳扎稳打，逐步培育，为我国会展的品牌建设铺平道路。

（二）走专业化、集团化发展之路

经济全球化对会展产业的发展模式特别是管理模式提出了更高的要求。会展产业经济发达国家的成功经验显示，会展业越来越多地依靠专业公司的运作，政府和行业协会纷纷将会展活动完全移交给专业的会展公司，专业化程度越来越高。例如，德国的汉诺威展览公司，这家公司负责协调和筹备在汉诺威举办的所有会展的场地营建、展位出售、广告宣传等业务工作。随着我国对外开放的进一步扩大，会展业面临的国际竞争日益激烈，集中力量培育专业化的会展企业，争取实现大型集团化发展，对建立品牌会展具有重要意义。

（三）加快国际化进程

会展的国际化是建立品牌会展的重要保证，主要表现在两个方面：一是会展的国际化程度，即会展、参展商的国际化；二是会展运作的国际化。品牌会展国际化的方式有两种：其一，获得国际会展组织的资质认证，比如国际展览联盟（UFI）的资格认证是成为品牌会展的重要标志，因此全球众多会展都积极申请 UFI 的资格认证；其二，按照国际公认的标准，会展要有 20% 以上的展出者、观众来自国外，广告宣传费要有 20% 以上用在国外，才能达到国际化会展的基本标准。因此，中国品牌会展建设还需要在这两个方面加倍努力，培育更多的国际化品牌会展。

（四）提升经营服务理念

提升会展企业的经营服务理念是一项根本性的基础工作，会展服务的专业化也是品牌会展的标志之一。专业的会展服务包括市场调研、题目立项、营销手段、观众组织、会议安排和展览现场服务及展后的后续跟踪服务，服务内容应有尽有。对会展企业来说，只有根据客户的需求量体裁衣才是服务营销的最高境界，要树立明确的企业服务目标，将企业所提供的服务组合起来形成独特的"产品"，并运用到服务的每一个环节中去。只有这样，才能赢得客户和口碑，才能建立并培育品牌会展。

（五）打造网络品牌

互联网使会展的组织者能够向观众提供其所需要的各个阶段的不同信息，向观众进行互动式的宣传，在一定程度上延长了会展的生命，使人们在展前和展后都可以对会展进行关注。网上会展正在成为会展业的新亮点，它将传统的商务流程电子化、数字化，以电子流代替物流，大大减少了人力、物力，降低了成本，并且摆脱了时空限制，提高了效率，这些都为会展业带来了更大的发展空间，也为会展品牌的建立提供了新的路径。

（六）加快会展人才的培养

要促进我国会展业与国际快速全面接轨，必须加强会展专业人才的培养。这方面的工作可以从以下三个方面着手：第一，加强会展业的专业性研究，建立会展的科学理论基础；第二，有条件的高等院校可以开设会展专业，为会展业的持续发展培养和储备人才，如仅美国就有 150 多所大学开设了会展专业或课程；第三，组织举办会展专业培训班，对会展从业人员进行短期培训。此外，组织相关人员到国外学习，尽快完善用人机制，吸引并留住会展专业人才也是建立中国品牌会展不可缺少的条件。

第二节　会展宣传推广

一、会展宣传推广的目的

（一）提升会展的知名度

会展知名度分为四个层次：第一，无知名度，即会展的目标参展商和观众根本就不知道该会展及其品牌；第二，提示知名度，就是经过提示后，被访问者会记起某个会展及其品牌；第三，未提示知名度，即不必经过提示，被访问者就能够记起某个会展及其品牌；第四，第一提及知名度，是指未经任何提示，当提到某一种题材的会展时，被访问者立即会记起某个会展及其品牌。提升会展品牌知名度，就是要通过会展宣传推广使会展品牌逐步从无知名度走向第一提及知名度，这样，会展才会被其目标参展商和观众作为首选的对象。

（二）扩大会展的品质认知度

品质认知度是指目标参展商和观众对会展的整体品质或优越性的感知程度。参展商和观众会对会展品质做出"好"或"不好"的判断，也会对会展档次做出"高"或"低"的评价。

品质认知度对于会展发展具有重要意义。首先，它可以为目标参展商和观众提供一个参加会展的充足理由，使该会展最优先进入参展（参观）选择考虑的范畴；其次，使会展定位和会展品牌获得目标参展商和观众的认同，提高他们参展（与会）的积极性；再次，有助于会展的销售代理开展招展和招商工作，增加会展的营销筹码；最后，可以提高会展的性价比，创造竞争优势，促进会展进一步发展。

（三）创造积极的会展品牌联想

会展品牌联想是指在目标参展商和观众的记忆中与该会展相关的各种联想，包括他们对会展的类别、品质、服务、价值以及顾客在会展中所得利益等的判断和想法。

会展品牌联想有积极和消极之分，积极的会展品牌联想有利于强化会展的差异化竞争优势，使目标参展商和观众对会展的认知更趋于全面，并可帮助目标参展商和观众进行参展（参观）的选择决策，促成他们积极参加该会展。会展宣传推广的任务之一，就是要通过各种营销手段促使目标参展商和观众对会展产生积极的品牌联想，避免产生消极的品牌联想。

（四）提升目标参展商和观众对会展品牌的忠诚度

品牌忠诚度可以分为五个层次。第一，无忠诚度。参展商和观众对该会展没有什么感情，他们随时可能抛弃该会展而去参加其他会展。第二，习惯参加某会展。参展商和观众基于惯性而参加某会展，他们处于一种可以参加该会展也可以参加其他会展的摇摆状态，容易受竞争会展的影响。第三，对该会展满意。参展商和观众对该会展感到基本满意，考虑到转换成本而不太倾向于参加其他会展。第四，情感参加者。参展商和观众真正喜欢该会展，对该会展有一种由衷的赞赏，产生了深厚的感情。第五，忠贞参加者。参展商和观众不仅积极参加该会展，还以能参加该会展为荣，并会积极向其他人推荐该会展。

由此，目标参展商和观众对该会展的忠诚度越高，他们就越倾向于参加该会展，否则，他们就很可能抛弃该会展而去参加其他会展。提升目标参展商和观众的品牌忠诚度，就是要不断壮大会展的情感参加者和忠贞参加者队伍，使会展成为行业的旗帜和标杆。拥有较多品牌忠诚度的参展商和观众的会展，必将成为该行业中最为著名和最具有影响力的会展。

二、会展宣传推广的类型与内容

（一）会展宣传推广的类型

会展宣传推广是围绕会展基本目标制定的，有目的、有计划举行的一系列促进招展、招商和建立会展形象的宣传推广活动。在会展筹备的不同阶段，会展宣传推广的目的和重点有所不同，因此可以按照不同的目的，将会展的宣传推广分为五种类型。

1. 竞争型宣传推广

此类宣传推广是一种针对性很强的宣传推广活动，其主要目的是与竞争对手展开竞争或进行防御。因此，在宣传推广策划时宜拟订与竞争对手针锋相对的措施。这种宣传推广多在本会展受到竞争对手的威胁或者本会展意欲与其他会展展开竞争时使用。

2. 促销型宣传推广

此类宣传推广的主要目的是在短期内推动会展的销售或者招徕更多的客户。因此，宣传推广策划的重点是解决潜在客户关心的主要问题。这种宣传推广多在会展招展、招商时使用。

3. 显露型宣传推广

此类宣传推广以迅速提高会展的知名度为主要目的，宣传推广的重点是会展的名称、办展的时间和地点等信息。这种宣传推广多在会展创立的初期实施，或是在会展已经有了一定的名气后作为对客户进行定期"提醒"之用。

4. 形象型宣传推广

此类宣传推广的主要目的是扩大会展的社会影响，建立会展的良好形象。宣传推广的重点是促进目标受众对所策划的会展活动的定位及形象的认同，并通过积极与客户进行信息和情感沟通，增加其对会展的信任度和忠诚度。这种宣传推广可以在会展筹备的任何时段实施。

5. 认知型宣传推广

此类宣传推广的主要目的是让受众全面深入地了解会展，并提高其对所策划会展活动的认知度，宣传推广的重点是会展的特点、优势等内容。这种宣传推广多在业内相关人士对本会展已经具有初步了解之后，有意做出进一步的招展、招商时实施。

（二）会展宣传推广的内容

1. 基础资讯

各种会展都需要向参展方详细介绍会展的一切基础资讯，包括：

（1）会展的时间、场馆地点、交通住宿情况、会务组接待事宜、会展时限等。

（2）参展者情况、往届会展效果、社会评价等。

（3）参展要求与条件等。

以上宣传内容主要是针对参展方，比较简便的做法是将所有基础资讯编订成册，印发、邮寄或进行人员推广。

2. 相关活动

会展过程中往往会安排一些活动，一方面增加会展的内容，另一方面也可以有效吸引参观者，这些活动不仅是会展的有效构成部分，对于一些特定主题的会展来说甚至是会展的重中之重。会展中的相关活动包括开幕式、闭幕式、民族风俗的表演，场内特设舞台上的节目、表演、音乐会或者是主题讨论会、研究会等，还可以举办一些著名音乐家的演奏会、海外艺术表演等。会展期间若每天都能在会场欣赏到富有魅力的各种表演活动，则能够增加整个会展的魅力，成为吸引更多观众前往参观的重要因素之一。

根据活动的类别划分，可将其归纳为：

（1）正式活动：由主办者举行的前夜典礼、开幕式、闭幕式等正式活动。

（2）主题活动：围绕会展主题进行的讨论会、研究会、电影节等活动。

（3）交流活动：参展单位主办的活动。

（4）一般活动：音乐演奏会、电影、传统艺术、街头表演、盛装游行等。

（5）市民参加活动：由一般市民主办的活动。

会展的宣传与推广可以将相关活动的信息与内容提前进行告知，一方面能吸引更多的参展者，另一方面也方便已确定的参展者提前了解活动内容与行程以便安排好自己在会展期间的活动。

三、会展宣传推广策划的步骤

由于需要宣传推广的内容较多，在进行会展的宣传推广策划时，必须全面系统地制订策划方案，按照以下六个步骤来满足会展筹备工作的需要。

（一）确定目标

确定目标就是要明确通过会展宣传推广策划所希望达到的目标，如招展、招商或树立会展品牌形象等。只有确定宣传推广的目标和任务以后，会展宣传推广策划的实施才有意义；否则，会展的宣传推广工作就会无的放矢。需要注意的是，会展的宣传推广目标具有一定的阶段性，而在会展筹备的不同阶段其任务内容也有所变化，例如，在会展筹备前期宣传推广策划的目标偏重于招展，而后期则偏重于招商。

（二）进行资金预算

在确定宣传推广的目标之后，需要预算所需资金总额。在实际操作中，会展宣传推广预算可以先按宣传推广渠道的不同来分别制定，然后再将各渠道的预算汇总成会展宣传推广的总预算。从国际普遍做法来看，会展活动举办方一般会将会展预期收入的10%～20%拿出来作为会展宣传推广的资金投入。

（三）策划宣传推广的信息

宣传推广信息策划的目的在于确定会展宣传推广向外界传递信息的内容，如会展的理念、优势、特点及 VI 形象等。无论向外界宣传推广的信息如何，都必须保证信息的真实可靠。此外，会展宣传推广的信息要具有自身特色，避免与同类会展雷同，这样才不会被其他会展的类似信息所淹没。

（四）策划宣传推广的资料

行之有效的会展宣传推广活动需要以精心策划的宣传推广资料作为辅助，主要包括专题报道、展前预览、新产品报道、参观指南、展期新闻、会展回顾等。随着竞争的日趋激烈和会展规格的不断提升，组展商和参展商在宣传推广材料的策划设计上都绞尽脑汁，精心设计，力图通过创新的设计吸引更多的客商参加，取得更好的效果。

（五）策划宣传推广的渠道

为了提高宣传推广的效果，策划时需要考虑拓宽宣传推广渠道，通过电视、报纸、户外广告、网络、数据业务平台等各种渠道，及时地发布真实和丰富的会展信息。

（六）评估宣传推广的效果

对宣传推广效果的评估，归纳起来有两种标准，即量化标准和反馈标准。量化标准是指通过统计的方法，将宣传推广资料的发放、宣传的场次及受众的人次等用数字反映出来；反馈标准是指通过收集宣传推广对象的反馈信息，采取综合评估的方法来验证宣传推广的实际效果。

四、会展宣传推广的费用解决

会展宣传推广工作虽然日益受到重视，但由于预算安排的约束，宣传推广费用仍是比较有限的。作为组展商，可以采用"集资—回馈"的方式吸引社会捐赠和商业赞助。

（一）集资方式

（1）社会捐赠。社会捐赠的形式可以是货币捐赠，也可以采用提供实物或服务等方式进行捐赠，如可采取捐款，捐赠物品，提供免费住宿、餐饮和交通等接待服务。

（2）商业赞助。为赞助企业提供多种形式的回报，使赞助企业能够实现其合理的商业目的，商业赞助主要为资金赞助与实物赞助。

（二）回馈方式

（1）授予赞助商荣誉。如将赞助单位列为活动的协办（赞助）单位；或授予赞助单位负责人荣誉称号，并颁发荣誉证书等。

（2）提供媒体广告。活动期间，赞助商可选择广告媒体和广告方式免费刊播相应数量的广告。

（3）授权冠名活动。活动期间，把活动的冠名权授予赞助商，在举办活动前与赞助商联合召开新闻发布会，并在媒体上发布祝贺广告；为活动冠名企业提供免费现场广告；在与活动有关的各种宣传资料和票证上、主要活动标识物上标示带有冠名的活动全称；要求各指定媒体在宣传与报道活动时必须报道带有冠名的活动全称等。

（4）提供区域广告。活动期间，根据赞助商的贡献，在指定区域为赞助商制作、放置广告标牌，设置彩虹门，投放空飘气球等。

（5）指定产品。可根据赞助商的要求，将其产品确认为活动指定产品。

（6）标志产品。允许赞助商在其产品和服务中，使用活动的标徽、吉祥物及其他归活动组委会所有的图片、文字和标识。

（7）特约消费场所。可将赞助企业作为特约消费场所，并在相关媒体上进行公告。

（8）邀请赞助企业负责人参与会展重要活动。会展组委会邀请赞助单位领导参加会展的开幕式等大型活动，并给予贵宾礼遇。

以上这些方式可以有效解决会展宣传推广的费用问题，从而更好地实现会展的预期目标。

第三节　会展宣传推广的手段

一、广告

广告是会展宣传的重要方式，也是吸引参观者的主要手段之一。广告可以加强直接联络客户的效果，也可以将会展情况传达到直接联络所遗漏的目标观众，是覆盖面最广，同时也是最昂贵的会展宣传手段。因此，会展广告设计必须目标明确，根据需要、意图和实力有效安排内容。

费用预算决定了广告的规模，选择合适的媒体是降低成本、提高效率的最好办法。如果经费充裕，可以选择多个媒体进行广告；如果经费有限，则可集中经费在一个效果好的媒体上进行广告。同时，广告播放的时间也需要合理安排，一般情况下不要将广告集中在会展开幕前几天，而应该在 3~4 个月前就开始，广告不仅可以安排在会展之前，还可以安排在会展期间和会展之后。展后广告的作用主要是在客户中建立持久的印象，促成实际成交。

会展广告在操作过程中需要注意以下三个问题：

（1）广告内容必须真实：为了提高消费者的信任度和美誉度，会展活动举办者在进行广告策划时，必须保证信息的真实可信性，增强广告的劝说效果。

（2）必须重视广告定位：会展广告策划要求通过突出会展活动中符合消费者心理需求的鲜明特点，塑造会展活动的品牌形象，提高会展活动的竞争力。

（3）关注并熟悉消费者对广告的留意方式：会展广告设计要全面考虑消费者的留意心理，在广告创意、内容、设计等方面刺激消费者的有意或无意的关注，使广告的效果最优化。

二、新闻宣传

利用媒体对会展进行新闻宣传，具有效果明显、成本经济的特点。因此，会展企业普遍重视新闻宣传工作。选择适合的媒体，是会展新闻宣传工作提高效用的关键。选择的原则是，媒体的主要受众群体（读者群体）应与会展的观众群体相重合。一般而言，专业性较强的会展选择行业性或专业性媒体进行新闻宣传；面向普通民众的会展则选择大众媒体进行新闻宣传。此外，选择辐射范围与会展目标市场区域相重合的媒体也是新闻宣传必须注意的，例如，所举办的会展观众主要来自广东省，那么就应该选择广东媒体进行新闻宣传而不宜选择全国性的媒体。

会展不同阶段的新闻宣传重点应有所不同，通常可分为四个阶段：

一是在会展启动前后，新闻宣传主要是营造声势，通过宣传会展的宗旨、主题、展题特色和效果预期，达到传播信息、吸引社会关注的目的。

二是在会展组展过程中，主要是通过组展成效的新闻宣传，向已经报名参展的客商或机构介绍相关进度，向尚未确定参展的客商或机构发出信息，达到推动组展工作的目的。

三是在会展开幕期间，主要是通过宣传会展的特色，包括展品、配套活动以及现场服务等方面的特色，达到吸引观众、引导舆论的目的。

四是在会展结束后，主要通过回顾、总结宣传，加深参展客商和机构的印象，以利于下一届会展的组织工作。

会展组展机构应主动向新闻媒体提供新闻宣传的信息，提供信息的方式包括召开新闻发布会、约见记者、安排或协助专访、定期散发新闻通稿与新闻图片等。

三、人员推广

直接联系工作是一种直接的、双向的人员推广方式，是加强宣传效果的一种措施。直接联系工作主要是由专门的销售人员电话联系或登门拜访。直接联系的对象仍是已知目标客户，这类客户通常有巨大的商业价值或较大的新闻价值。

电话、拜访这两种方式通常具有良好的效果。用电话邀请，被邀请人比较难拒绝。商界人士大都讲究信誉，而且被直接邀请心里总是高兴的，一旦答应，往往不会食言。拜访是一种比较特殊的方式，由于成本高，因此只针对少数最重要的客户。需要注意的是，电话、拜访等方式可以结合起来进行，如先发邀请函，继而打电话邀请，最后上门邀请。

四、直接邮寄宣传

直接邮寄（简称"直邮"）是一种历史悠久的营销方式，通过邮局寄往目标客户的邮件，传递各种可以影响目标客户做出相关决策的营销信息，其受欢迎的原因如下：

第一，直邮与其他营销工具相比具有以下优势：

（1）成本低廉，展览营销的性价比高。

（2）包含的信息十分详细、全面。

（3）用邮件的方式寄给目标客户，缩短了双方间的心灵距离。

（4）特别能巩固与老客户之间的关系。

（5）直邮的对象是经过认真筛选的，具有很强的针对性，减少展览营销的盲目性。

（6）不需要较多的人员投入。

（7）整体回应率较高。

（8）便于设计制作色彩绚丽、充满创意且富有激励性的广告文稿。

第二，将科技发展与现代经营理念融入直邮活动。

近年来，随着科学技术的进步、媒体形式的多元发展，直邮在国际展览营销组合中已有了长足发展，成为近几年来增长最快的营销方式。大部分企业对接收展览信息的直邮信函都持有较积极的态度，将其视为有效的传播方式。直邮也迅速成为我国会展营销组合中不可缺少的工具之一。

五、公关活动

虽然广告是开拓会展市场的有力武器，但是，要让会展的名字一直出现在潜在客户的眼前，会展的主办方和承办方还需要其他营销活动加以配合。公关宣传可以更有力地吸引参展商和观众的注意力，有助于激起他们的购买欲望。会展的公关活动主要有：会议、评奖、表演、节事活动、新闻制造等。会议是一个统称，包括报告会、研讨会、交流会、说明会、讲座等。由于会议通常能吸引真正感兴趣的目标观众，会展企业和参展商可以通过这些人士间接地扩大展出影响，从而加强会议的影响力和宣传力。评奖的宣传效果更为明显，经权威人士的民主投票方式评出各奖项，代表着业界同行的认可，更能展示参展商的综合实力，可以产生良好的宣传效果甚至是轰动性效果。表演能吸引人的注意力，增强展出效果。表演可以分为两类，一类是与展品有关的表演，包括操作、示范等，如展出复杂的机械与简单的工艺品；另一类是与展品无关的表演，包括娱乐、抽奖等，能吸引很多人围观，展出效果较强。

六、网络推广

技术的发展也使会展可以充分利用互联网这个渠道进行有效的宣传推广，用网络信息化技术进行的会展营销活动可以有效提升会展的核心竞争能力。会展一般都有一个官方网站，组展商利用网站发布会展信息，提供各种会展资讯，参展商和观众可以在网上进行预约登记。网络推广的主要方式如下：

（1）邮件群发：群发邮件这种营销方式可以有效地向客户宣传会展，群发邮件中要包括会展的基本信息、会展网站（包含会展所有信息）的链接，电子邮件用语要生动简洁，具有吸引力。

（2）交换链接：与会展有直接或间接关系的公司、个人交换网站链接。拥有会展网站链接的网站越多，会展的宣传推广覆盖面就越广泛，出席者就可能越多。

（3）微信、微博、Q群、Facebook、Twitter等网络交流新渠道：借助这些网络信息交流传播新渠道、新方式，宣传推广会展信息，有助于进一步扩大信息传播的范围，并且这些新渠道往往由兴趣相近、专业相同的人群组成，可以使会展信息的推广更具有针对性和目标性，效果更好。

【拓展阅读】

第十二届中国东莞国际电脑资讯产品博览会

展会简介

2009年10月14—16日，由广东省经济和信息化委员会、广东省对外贸易经济合作厅、广东省科学技术厅和东莞市人民政府共同主办的第十一届东莞国际电脑资讯产品博览会（以下简称"电博会"）在东莞国际会展中心隆重举行。该届电博会的展览面积25 000平方米，共设1 200个展位，557家来自世界各地的电子信息企业共聚东莞，进场采购商总人数达31 410人次，70余家大型采购商与457家参展企业进行了"一对一"配对采购洽谈，现场达成意向合作192宗。展后对参展商和采购商的多次调研结果显示，会展期间，91.2%的参展商获得订单或联系到新客户，采购商满意度达93.33%，取得了辉煌的成就，达到了"全新打造，共赢全球商机"的办展目的，得到国家与省市领导的肯定和业界朋友的一致好评。

强势推广

第十二届电博会强化公共和专业宣传推广工作，借助报纸、专业期刊、电视、网络和户外广告等各种形式，展开全方位宣传推广活动。

1. **国内主要城市巡回宣传**

组织在电子信息产业发达的城市开展会展宣传推介，包括拜访目标城市政府、召开地方新闻发布会、媒体广告投放、媒体新闻宣传等。

2. **网络媒体宣传**

（1）与阿里巴巴、环球资源网等电子商务网进行战略合作，开设专区邀请国内外买家并与参展商进行采购配对。

（2）在中国电子信息产业网、今日电子网、慧聪电子网、电子产品世界、中关村在线、太平洋电脑网等42家专业电子网站设立会展宣传专区，发布会展信息，宣传电博会。

（3）对电博会网站进行全面改版，增加行业新闻系统、电子快讯系统、会员注册系统、供求信息发布系统、网上展厅、参观商登记系统、参展商资料及管理系统、商务配对功能等功能模块，丰富网站内容，增加网站人气。

3. **户外广告宣传**

（1）在广深、莞深等交通要道，珠三角城市主要电脑/电子市场等，设立电博会大型广告宣传牌。

（2）在东莞至深圳、广州的大巴上，东莞主要公交线路发布车身广告，全面宣传电博会。

（3）在东莞各大酒店门口，政府及工商、税务局等机关门口放置电博会资料宣传架150个，供人随时索取资料，并在各大酒店房间放置电博会宣传册，大力宣传电博会。

4. 大众媒体宣传

（1）成立电博会媒体俱乐部，邀请中央电视台、广东卫视、凤凰卫视、东莞电视台、香港大公报、南方都市报、广州日报、东莞电台等省内外近 200 家电视台、电台、报纸、杂志对电博会进行全方位的报道，不定期对外发布电博会新闻，扩大电博会的影响力。

（2）在中央电视台、广东卫视、深圳卫视、东莞电视台、香港大公报、深圳商报、东莞日报等大众媒体投放广告，宣传推介电博会。

5. 专业杂志、报刊宣传

在《电脑报》等 60 多家专业报刊、杂志上设固定版面并配以新闻稿宣传推介电博会。

6. 其他宣传

（1）收集全国 250 000 家行业买家和境外 30 000 余家客商信息资料，直接寄发邀请函，邀请其前来参观采购。

（2）在全国各大电脑/电子市场收集买家信息，并定期寄发电博会简讯和买家邀请函，邀请买家参观电博会。

买家组织

（1）与阿里巴巴、环球资源网等 B2B 电子商务网进行战略合作，开设宣传专区邀请国内外买家。

（2）成立买家服务中心，负责国内外买家的邀请、网上预登记买家跟踪服务，与各国驻中国领事馆、国际商会、促进会联络，组织参观采购团。

（3）安排广交会会馆、香港秋季电子会展现场为买家提供接送车服务，并设立接送站点、设置标识，安排专人现场负责邀请买家。

（4）在 2009 年春季第 73 届中国电子展、2009 国际消费类电子产品展览会、2009 年中国（成都）电子展、2009 年中国（上海）国际通信展、2009 年香港春季/秋季电子产品展、2009 年台北国际电脑展、2009 年台北国际平面显示器展、2009 年香港电脑通讯节、2009 年春季韩国电子展等 22 个海内外会展上派发邀请函邀请专业买家。

（5）在电子信息产业发达的城市召开推介会，邀请当地政府、商协会组团参观电博会。

【思考与练习】

1. 第十二届中国东莞国际电脑资讯产品博览会宣传与推广的亮点在哪里？

2. 举例说明建立品牌会展的关键。

3. 结合一个会展（如广交会）分析会展宣传推广策划的步骤。

4. 设计一个会展宣传推广方案，要求至少用到两种会展宣传推广手段。

5. 结合我国会展品牌的现状，分析建立品牌会展的基本策略。

【参考文献】

[1] 牟红主编：《会展服务管理》，机械工业出版社，2007 年。

[2] 王云玺主编：《会展管理》，上海交通大学出版社，2004 年。

[3] 张艳玲主编：《会展管理》，清华大学出版社、北京交通大学出版社，2009 年。

[4] 唐少清主编：《会展运营管理》，机械工业出版社，2007 年。

[5] 许传宏主编：《会展策划》，复旦大学出版社，2010 年。

第八章 会展项目管理

【学习目的】

通过本章学习，理解现代会展项目管理的基本概念，掌握会展人力资源管理策划的策略，了解会展物流管理的操作方法以及会展项目沟通管理策略的要素。

【学习要点】

1. 会展项目管理的分类及基本流程
2. 会展人力资源管理的内容
3. 会展人力资源管理策划的策略
4. 会展物流管理的操作方法
5. 会展物流系统的构建
6. 会展项目沟通管理策略的要素
7. 会展客户沟通策略

【课前阅读与思考】

2004 年 10 月 8 日，德国慕尼黑国际博览集团执行总监卡塔琳娜·哈玛女士在成都举行的 Bauma 媒体圆桌会议上，透露了他们在中国市场的发展战略——"在中国要建立一个品牌性的会展，我们并不指望前三届能够盈利。"Bauma China 于 2002 年在中国市场首度亮相，为了举办 Bauma China 2004，慕尼黑花费了三年时间来准备。不仅慕尼黑如此，前段时间，某知名国际展览公司仅仅为了在成都举办车展，就曾多次派出高层管理人员进行探访。这些国际会展巨头的做法说明了会展项目管理的重要意义。

第一节 会展项目管理的基本理论

一、项目及项目管理

（一）项目的概念

一般认为，项目是项目管理的核心概念。从最广义的角度来讲，项目是一个需要在特定时间内完成的具体而又明确的任务，是单次性活动的一种组织管理模式。美国项目管理协会将项目定义为"为创造独特的产品或服务而进行的一种临时性工作"。

根据项目的特性可以给其下如下定义：项目是一项为了创造某种唯一性的产品或服务的时限性工作。所谓时限性是指每一个项目都要有明确的开端和明确的结束；所谓唯一则是指该项产品或服务与同类产品或服务相比，必须具有明显的差异性和独特性。

（二）项目管理的概念

项目管理是指项目管理者为了实现其目标，按照客观规律的要求，运用系统工程的观点、理论和方法，对所执行项目发展周期的各阶段工作进行计划、组织、控制、沟通和激励等各项活动的总称。

项目管理的含义主要包括以下五个方面：

（1）管理的主体：管理主体是指项目管理者，即对项目发展周期进行全过程管理的投资者或者经营者（项目业主）。

（2）管理的客体：项目发展过程中的全部工作。

（3）管理的目标：在时间、成本和质量的要求下实现项目的预期目的。

（4）管理的职能：经典管理学中的计划、组织、控制、沟通与激励的职能在项目运转过程中的应用，将会有效保证项目目标的实现。

（5）管理的要求：在管理过程中，要在范围、时间、成本和质量上，有不同需求和期望的项目设计人员，明确表达的要求（需求）和未明确表达的要求（期望）等相互在有冲突的要求中寻求与实现平衡。

二、会展项目管理

（一）会展项目的内涵

会展项目作为一种新兴的项目形式，具有自身的项目特色，与其他项目存在着明显的差异。概括而言，会展项目的内涵与特征主要体现在以下四个方面：

1. 客户导向性

会展项目是以提供令客户满意的服务为目标的。会展业属于第三产业，也是具有自身特点的服务业。服务业的本质要求是会展从业人员须围绕客户来开展工作，以客户的需求为导向，最终实现客户满意。会展企业引进项目管理的运作方式就是力图最大限度地为参展商及观众提供更好的服务，从而实现预期目标。

2. 项目连带性

实施一个会展项目往往会涉及服务、交通、通信、建筑、装饰等诸多部门，能直接或间接地带动一系列相关产业的发展。因此，会展项目的开展往往关联性地连带众多的相关产业或部门，这就使会展项目管理工作必须全盘考虑，不能仅仅关注会展项目本身。

3. 客户广泛性

会展项目以客户群体而非个体为对象，其服务对象是以参展商和观众为主的客户群，会展项目管理工作要以充分调研这两个客户群体的需求为基础。一个成功的会展项目往往把会议、展览和文化、旅游等活动有机结合起来，一方面吸引大量的参展商参展，丰富会展内容，另一方面也增强对观众的吸引力，扩大参展规模。

4. 效益整体性

会展项目的投资收益是整体的，这种整体性体现在：其一，会展项目在取得经济效益的同时也会形成巨大的社会效益；其二，项目连带性也决定了会展项目收益往往由多方面构成，同样具有整体性特点。

（二）会展项目的分类

会展活动是指在一定的地点与一定的日期和期限里，通过展示达到产品、服务、信息交流的一种活动形式，包括各种类型的会议、展览（包括交易会、博览会）、特殊活动。因此，会展项目就是以各种会展活动为管理对象的新型的项目形式。从不同的角度出发，可以把会展项目分成不同的类型。

1. 按性质分类

按会展项目性质来分类，可以分为贸易类会展项目和消费类会展项目。贸易类会展项目是为制造业、商业等行业举办的会展活动，组展者和参展者主要都是企业或商家，参展者可以是行业内的制造商、贸易商、批发商、经销商、代理商等，参观者主要是经过筛选邀请而来的采购商，一般观众常常被排除在外。展览的最终目的集中于交易。消费类会展项目则是为社会大众举办的展览活动，这类会展项目大多具有地方性质，展出内容以消费品为主，通过电视台、电台、报刊、网络等大众媒介吸引观众。消费类会展项目非常重视观众的数量，观众主要是消费者，通常需要购买门票入场。区分会展项目是贸易性质还是消费性质，主要标准是观众的组成，即观众是采购商还是一般消费者，而不是以展品来作为判断依据。

2. 按内容分类

按会展项目内容来分类，可以分为综合类会展项目和专业类会展项目。综合类会展项目是指包括全行业或数个行业的展览活动，比如重工业展、轻工业展；专业类会展项目指展示某个行业甚至某一产品的展览活动，比如钟表展。

（三）会展项目管理的概念与内容

为了确保会展活动的协调高效，一个强有力的领导管理组织和相应的活动规则及机制是很有必要的。会展项目管理的概念是：管理者根据会展项目运作客观规律的要求，运用系统的观点、理论和方法，对所执行会展项目发展周期中各阶段的工作进行计划、组织、控制、沟通和激励，以实现其目标的各项活动的总称。

会展项目管理的主要内容包括：会展人力资源管理、会展营销管理、会展信息管理、会展服务管理、会展财务管理、会展物流管理、会展广告宣传管理、会展场馆管理及会展保密管理等。大体上，会展项目管理一般包括会展项目团队组织管理、成本控制、进度控制、质量控制、合同管理和风险管理六项任务。当然，不同类型的项目管理在具体任务上仍然存在不同之处。

1. 团队组织管理

会展项目团队组织管理包括明确会展项目团队组织关系和沟通渠道、选择合适的会展项目组织形式、选拔会展项目经理及配备相关专业人员、组建会展项目团队、制定会展项目管理制度和建立会展项目信息管理系统六个方面的内容。前四个方面是提高会展项目组织的运行效率和运行效果的重要前提，后两个方面则是提高会展项目组织的运行效率和运行效果的重要保证。

2. 成本控制

成本控制包括编制成本计划、审核成本支出、分析成本变化情况、研究降低成本途径和采取成本控制五个方面的内容。前两个方面是对成本的静态控制，比较容易实现；后三个方面则是对成本的动态控制，存在实现的难度，不仅需要研究一般项目成本控制的理论和方法，还需要总结特定项目费用控制的经验，才能将成本控制在计划之内。

3. 进度控制

进度控制包括进度方案的科学决策、进度计划的编制和进度控制的有效实施三个方面的内容。进度方案的科学决策是实现进度控制的先决条件；进度计划的编制是实现进度控制的重要基础；进度控制的有效实施是实现进度控制的根本保证。

4. 质量控制

质量控制包括规定各项工作的质量标准与预防措施、对各项工作进行质量监督与验收以及对各项工作的质量问题进行处理三个方面的内容。规定各项工作的质量标准与预防措施是实现将"事后处理"转为"事前控制"的可靠基础；对各项工作进行质量监督与验收是实现质量目标的重要过程，包含对会展项目设计质量、施工质量以及材料设备等的监督与验收；对各项工作的质量问题进行处理是实现质量目标的根本保证。

5. 合同管理

合同管理包括合同谈判、合同签订、修改合同、处理合同纠纷、索赔等。在合同管理任务中，要突出合同签订的合法性和合同执行的严肃性，为实现管理目标服务。

6. 风险管理

风险管理包括会展项目风险识别、风险估测、风险评估以及在此基础上优化组合各种风险管理技术，对风险实施有效的控制和妥善处理风险所致的后果等，其目的是以最小的风险管理成本获得最大的安全保障。

（四）会展项目管理的基本流程

为了便于对项目活动进行控制，人们通常把一个项目从开始到结束的全过程按照先后顺序划分为四个阶段（如图 8 - 1 所示），遵循这种划分，会展项目管理的过程也就是这些阶段的总和。

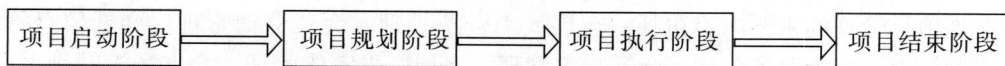

项目启动阶段　➡　项目规划阶段　➡　项目执行阶段　⬅　项目结束阶段

项目管理过程

1. 项目启动阶段

会展项目的启动也就是会展项目管理的起点。按照会展策划的一般规律，会展项目的启动是从市场调研开始的，然后经过会展项目构思直到会展项目的立项。项目经可行性论证后，申报并获得有关部门的批准，才可以正式立项。

（1）会展项目调研。

会展项目调研的市场对象有两类，分别为参展市场和观展市场。参展市场的调研包括具有参展需求的产品类型，某类产品的参展需求规模，周边地区同类项目的会展举办情况以及本地区举办该主题会展项目的资源优势等。观展市场的调研包括拟参展产品的吸引力及市场需求规模，以本地区为核心的客源市场潜力等。

（2）会展项目构思。

会展项目构思又称会展项目创意，以调研得出的市场需求为导向，确定会展项目主题，并对该主题项目的投资目标、功能、范围以及项目涉及的主要相关因素进行初步设想和界定。

（3）会展项目立项。

会展项目通过可行性论证后，一般都需要向有关部门进行申报，得到核准后才能启动，这是避免重复办展、保证会展项目质量的有效手段。会展项目的立项标志着会展项目的管理工作进入下一阶段。

2. 项目规划阶段

会展项目规划是引导项目管理工作向目标方向发展的总体设想，这一过程主要包括明确会展项目目标、制定工作分析结构以及确立工作责任矩阵。

（1）明确会展项目目标。

这是制订项目规划的第一步。会展项目的实施是追求某种目标的过程，这一目标不仅要在组展方与客户方之间达成一致，而且必须明确、具体、可行。一个明确合理的会展项目目标应该具有以下特征：一是整体性，即项目目标应该是一个满足组展商、参展商以及观众三方需求的综合目标体系；二是优越性，即组展商和参展商各自需要在项目成本、时间和技术技能三个基本目标构成的目标体系中确立一个优先性目标，以便在目标发生冲突时进行权衡；三是层次性，即会展目标是一个多层次的目标体系，存在着一个总体目标或核心目标，围绕这一目标又有一系列支持性目标，总体目标（核心目标）的实现取决于支持性目标的实现；四是可考核性，即会展项目的目标应该是可以量化考核的。

（2）制定工作分析结构。

一旦项目目标确定，下一步就是确定需要执行哪些工作要素或活动来完成目标。围绕这个目标制作工作一览表是非常有必要的，准备工作一览表有两种方法：一是让项目团队利用"头脑风暴"集思广益，编制而成，通常适合小项目；而大型会展项目要制作一份全面工作一览表是有难度的，较好的方法是制定一个工作分析结构。

工作分析结构将一个会展项目分解成易于管理的几个部分或几个模块，有助于确保找出完成会展项目工作范围所需的所有工作要素。这是项目团队在项目执行期间要完成或生产出的最终细目的等级树，所有这些细目的完成或产出构成了整个会展项目管理的工作范围。

（3）确立工作责任矩阵。

工作责任矩阵是以表格形式表示完成具体工作细目的个人责任的方法，它明确了每一项工作细目的负责人，标明每个工作人员在整个会展项目管理工作中的角色以及人员之间的责任关系。

责任矩阵表头部分填写项目需要的各种专业人员角色，而与活动交叉的部分则填写每个角色与所对应活动的责任关系，从而建立"人"和"事"的关联。不同的责任可以用不同的符号表示。例如，P（Principal）表示负责人；S（Support）表示支持者或参与者；R（Review）表示审核者。用责任矩阵可以非常方便地进行责任检查：横向检查可以确保每个活动有专人负责，纵向检查可以确保每个人员至少负责一件事。在工作完成后，还可以横向统计每个活动的总工作量，纵向统计每位人员投入的总工作量。

3. 项目执行阶段

会展项目执行阶段是使会展项目在既定的项目时间和项目预算中实施的动态过程，是为确保按时完成项目的一系列工作程序，主要包括会展项目控制和会展项目调整两个环节。

（1）会展项目控制。

会展项目控制是对会展项目管理活动及其效果进行的衡量、监督和校正过程，其目的是规范项目运行，确保项目计划按照既定目标和预算得以顺利实施。一般而言，项目控制主要包括项目任务监控和项目成本控制两方面内容。会展项目无论大小，都应该监控以下内容：①当前项目计划的完成情况；②已完成任务的复杂程度和所占比例；③已完成工作任务的质量；④项目团队成员之间的沟通和协作水平；⑤会展场馆的运作和展馆设施的使用情况等。而项目成本控制的关键在于及时地分析成本绩效，即把实际已经完成的工作任务和花费相同数量成本计划完成的工作任务相比较，尽早发现实际成本和预算成本之间的差异。

（2）会展项目调整。

会展项目总是处在变化的环境之中，通过项目控制会发现项目的实际执行过程与计划之间不可避免地存在偏差，这就需要及时做出调整。会展项目调整主要包括会展项目人员的调整和会展项目预算的调整两方面。会展项目人员的调整有三个渠道：第一，与项目组织的主管上级沟通，从会展企业内部重新获得一批精兵强将；第二，与客户沟通，他们可能会推荐一批人才；第三，同项目团队人员交流，挖掘一批新的骨干。会展项目预算的调整应从人、财、物三个方面展开，关键在于寻求使收益最大化而成本最小化的方法。在进行调整时，要避免因调整造成项目执行的资金瓶颈，还应注意稳定项目团队人员的情绪。

4. 项目结束阶段

会展项目结束阶段的工作主要包括以下五个方面：

（1）质量验收。

质量验收指依据质量计划和相关的质量检验标准，对会展项目进行评价和认可，并撰写质量验收评定报告，是会展项目结束时的重要工作。

（2）费用决算。

费用决算是对从会展项目筹划开始到会展项目结束为止全过程所支付全部费用进行结算与核定，并最终编制项目决算书的过程。

（3）合同终结。

合同终结指整理并存档各种合同文件，完成和终结一个会展项目或会展项目各个阶段的合同，完成和终结各种商品采购和劳务合同，结清各种账款，解决所有尚未了结的事项，同时向承包商发出合同已经履行完毕的书面通知。

（4）会展总结。

会展总结的一般形式包括：组织所有参加会展举办、筹备和管理的人员召开总结会，安排专人做好会议发言记录，会后整理成文。同时要求每个工作人员写一篇书面总结材料，在会议记录与书面材料的基础上整理出一份完整的总结报告。

（5）会展项目后续工作。

会展结束后的后续工作主要有：①向客户邮寄会展总结并致谢；②更新会展客户数据库；③发展和巩固客户关系；④处理会展可能存在的一些遗留问题；⑤准备下一届会展。

第二节　会展人力资源管理

人力资源是具有劳动能力的人的要素的总和，是能够促进社会、经济、文化发展的劳动者的全部潜能的总和。所谓人力资源管理，就是通过对人和事的管理，处理人与人之间的关系，组织人与事的配合，充分发挥人的潜能，并对人的各种活动予以计划、组织、指挥和控制，以实现组织的目标。

一、会展人力资源的基本要求

会展人力资源由多种层次的人员组成，包括领导人才、管理人才、各类专业技术人才和各种类型的工人或工作人员。会展业从业人员必须具备与会展业特点相符的职业素养，总的来说有以下四个基本要求：

（一）知识能力

会展业对从业人员知识能力的要求可以概括为"博、精、深"。其中"博"是指会展从业人员应该具备十分广博的知识面，如会展业特征及发展趋势、会展运作模式及流程、会展策划设计、营销宣传、现场服务等诸多环节的相关知识。"精"是指会展从业人员应熟悉和精通会展的业务操作流程。"深"是指会展从业人员对于会展专业知识一定要有深度的掌握，并具有丰富的实践经验，甚至要成为会展业的专业人士。

（二）组织能力

无论规模大小，会展活动均涉及各个行业和不同的社会部门。因此，组织能力对于会展从业人员来说也是需要具备的核心能力之一。会展项目管理是一个系统工程，一个会展从预算到客户服务包括众多环节，每一项工作不仅要机动灵活，还要接受各方面的支持帮助，具备较强组织能力的会展从业人员大多能够比较容易地应对这样的工作局面，顺利实现预期目标。

（三）沟通能力

从根本上看，会展业提供的是一种面对面的人际交流平台，同时也需要提供人性化的服务，而提供人性化服务的关键就是与服务对象进行沟通和交流。从这一点来说，会展从业人员要善于与人沟通，要让客户理解并接受自己的想法，从而推动会展工作的顺利进行。要具备较强的沟通能力就需要培养会展从业人员的语言能力和人际交往能力，语言能力除了强调较强的口头表达能力外，还包括尽可能掌握多种语言，从而减少沟通中的障碍。

（四）创新能力

会展业持续发展的源泉是创新，特别是会展项目策划工作要求设计出独特的信息组合，因此要求会展从业人员应该具有创新能力，要善于独创、开拓和突破。同时，由于会展管理工作从策划、运作到客户服务包括众多环节，容易受到内外各种因素的影响而瞬息万变，因此要求会展从业人员能够发挥创新能力及时解决问题。可以说，创新能力是会展从业人员最为核心的素质之一，只有会展从业人员具备了较强的创新能力，会展企业才能不断地实现自我超越，形成持续竞争力。

二、会展人力资源管理的内容

会展人力资源管理是运用现代化的方法与技巧，在一定物力条件下对会展人力资源进行合理配置与使用，对人力资源的思想、心理与行为进行恰当的诱导、预测和控制，实现人尽其才、才尽其用，从而释放人力资源的潜能，充分达成目标的过程。因此，会展人力资源管理可以被定义为：为了实现会展组织的战略目标，利用现代科学技术和管理理论，通过不断地获取人力资源，对所获取的人力资源进行整合、调控及开发，并给予相关人员报酬，实现有效开发和利用的活动过程。会展人力资源管理是一个十分复杂的管理工作，主要包括以下内容：

（一）人力资源规划

人力资源规划是指确定组织对人力资源的需要以及确保组织在恰当时间里在恰当工作岗位上有合适数量的合格人员的过程。会展人力资源规划的主要作用表现在以下三个方面：①会展人力资源规划能加强组织对环境变化的适应能力，为组织的发展提供人力保证。②会展人力资源规划有助于实现会展组织内部人力资源的合理分配，优化内部人员结构，从而最大限度地实现人尽其才。③会展人力资源规划对满足会展组织成员的需求，调动员工积极性与创造性方面有明显作用。人力资源规划的程序如下：①收集准备有关信息资料；②人力资源需求预测；③人力资源供给预测；④制订人力资源管理政策调整计划；⑤编制人力资源费用预算；⑥编制培训计划。

（二）工作分析

工作分析是确定并报告与一项具体工作相关联信息的过程，它确定工作所包含的任务及工作承担者完成工作所需的技能、知识、能力和责任，是所有人力资源职能管理的基础。在进行工作分析时，要列出所包含的工作任务并确定成功完成工作所必需的技能、个性特征、教育背景和培训，这是整项工作的重点内容。

（三）人员招募与选拔

人员招募是指寻找和吸引能够胜任工作空缺的合格候选人。会展从业人员的招募是为会展企业中一定岗位选拔出合格人才而进行的一系列活动，是企业人力资源管理的起点，是将优秀人员招入企业并将其安排在合适岗位的过程，是会展企业人力资源管理成败的关键。因此，会展企业在进行员工招募时，应严格坚持任人唯贤和量才适用两大原则，使人力资源发挥出最大的效用。

会展企业在招募工作完成后，就要根据用人条件和用人标准，运用适当的方法和手段，对应征者进行选拔，具体步骤如下：

（1）初步筛选：通常要求应聘者填写一份申请表。

（2）招聘面试：通常分为结构性面试和非结构性面试两种。

（3）招聘测试：主要是对应聘者的知识、技能、能力、品德、气质和健康状况进行测评。

（四）培训与发展

培训是一个传授技能、观念、规则和态度，以提高员工绩效的学习过程。通过培训，会展企业员工除了可以获得知识和技能方面的提高、工作效率的提升之外，还可以获得自身的发展机会，与此同时，会展企业的人力资源状况也可以得到总体提升。因此，会展企业要培养出具有一定竞争力的人力资源为自己服务，就应努力挖掘内部潜力，建立一套科学的、行之有效的培训体系。培训机制的建设要遵循以下原则：

（1）目标化原则，在培训时规定具体所要求达到的目标能使员工产生一定的责任感，有利于更加充分地发掘员工潜能。

（2）反馈性原则，员工反馈通路的存在能使企业的人力资源培训机制更加完善，使受训员工在教与学的互动交流中得到提高。

（3）全过程原则，企业员工培训机制不仅仅围绕人力资源部来运转，其影响范围要扩展到企业运作的全过程，即员工在工作的同时接受培训。

（五）绩效评估

绩效评估是一个确定员工绩效水平、与员工沟通其工作进行程度，并据此制订改进计划的过程。绩效评估最普遍的用途是为与晋升、解雇、临时雇佣和绩效加薪有关的管理决策提供依据。绩效评估也能为个人和组织对培训和发展方面的需要提供必要的依据。此外，管理者通过绩效评估与员工沟通其现阶段绩效水平，指出其在行为、态度、技能或知识方面所需要改进的地方及改进手段，有助于员工绩效提升。

（六）人员激励

人员激励是指通过高水平的激励来实现组织目标的意愿，这种努力以能满足个体的某些需要为条件。现实中，企业员工激励机制和员工绩效考评制度的建立是同步的，传统的激励因素主要有：职位的升迁、奖金的发放、福利待遇的供应等；对于管理人员的激励形式有年终分红、长期激励计划和股票期权。最常见的组织全员激励计划包括收益分享计划和员工持股计划。虽然企业员工激励机制存在的形式不一，但是在建立激励机制时要注意对员工进行有效激励，避免出现过度激励。

三、会展人力资源管理策划

总的来说，会展人力资源管理所涉及的内容就是如何发挥"人"的作用。因此，会展人力资源管理策划需要围绕组织计划编制、人员募集和团队建设三部分来进行。

（一）组织计划编制——制定需求

组织计划编制的主要目的在于阐明通过何种方式将团队组织起来。在进行计划编制时，一般需要参考资源计划编制中的人力资源需求子项，还需要参考会展项目管理中的各种关系，如组织界面、技术界面、人际关系界面等。一般采用的方法包括参考类似项目的模板和人力资源管理的惯例、分析项目人力需求等。在组织计划编制完成后将明确以下任务：

（1）角色和职责分配：为了使每项工作顺利进行，必须将每项工作分配到具体的个人（或小组），明确不同的个人（或小组）在这项工作中的职责，而且每项工作职能应有唯一的负责人（或小组）。同时由于角色和职责可能随时间而变化，在结果中也需要明确这些关系。

（2）人员配备管理计划：主要描述项目组什么时候需要什么样的人力资源。

（3）组织机构图：是项目工作关系的图形表示，主要描述团队成员之间的工作与责任关系。

（二）人员募集——解决需求

人员募集需要根据人员配备管理计划以及组织当前的人员情况和招聘工作来进行。大多数情况下，可能无法得到"最佳"的人力资源，但会展项目管理小组必须保证所利用的人力资源符合工作要求。在进行人员分配时需要考虑以下四点：

（1）工作经验——候选个人或团队以前是否从事过类似或相关工作？业绩成效如何？

（2）个人兴趣——候选个人或团队对从事这个项目感兴趣吗？

（3）个性——候选个人或团队对于团队合作的方式是否接受？

（4）人员利用——能否在必要的时间内得到项目最需要的个人或团体？

当人员招募进来之后，需要进行企业内部的人员分配。参与会展项目的一个或多个部门可能拥有相关的策略、方法或知道人员分配的程序，这些存在的经验可能成为人员组织程序的制约因素，因此人员内部分配可以在组织手段和技巧方面做好以下工作：

（1）协商：人员分配在多数会展项目中必须通过协商进行。

（2）预先分配：在某些情况下，可以预先将人员分配到会展项目中。

（3）临时雇佣：当执行组织缺少内部工作人员去完成某个项目时，可以临时雇佣人员。

（三）团队建设——配置需求

项目团队是由项目组成员组成的，为实现项目目标而协同工作的组织。进行项目团队建设通常会采用以下方式：

1. 团队建设活动

团队建设活动是指为提升团队运作水平而进行的管理与采用的专门措施。团队建设活动没有定式，要根据实际情况进行具体的分析和组织。

2. 绩效考核与激励

绩效考核是通过对项目团队成员工作业绩的评价，来反映成员的实际能力以及对某种工作职位的适应程度。激励则是对成员的需要给予满足或限制，从而激发成员充分发挥潜能，为实现项目目标服务。

3. 集中安排

集中安排是把项目团队集中在同一地点，以提高其团队运作能力。由于沟通在项目中的作用非常大，如果团队成员不在相同地点办公，势必会影响沟通的有效开展，影响团队目标的实现，因此，集中安排往往广泛运用于项目管理之中。在一些项目中，集中安排可能无法实现，这时可以安排频繁的、面对面的会议行为作为替代方式，以鼓励相互之间的交流。

4. 培训

培训包括旨在提高项目团队技能的所有活动。培训可以是正式的（如教室培训、利用计算机培训）或非正式的（如其他队伍成员的反馈）。如果项目团队缺乏必要的管理技能或技术技能，那么这些技能必须作为项目的一部分被开发，或必须采取适当措施为项目重新分配人员。培训的成本通常由执行组织支付。

第三节　会展物流管理

一、物流及会展物流

根据美国物流管理协会的定义：物流是为迎合顾客需求而对原材料、半成品、产成品以及相关信息从产地到消费地高效率、低成本流动和储存而进行的规划、实施与控制过程。在上述定义基础上，会展物流可以描述为：为满足会展需求，在提供地与会展地之间，对会展材料设备与会展物品高效率、低成本流动和储存而进行的一整套规划、实施和控制过程。会展物流主要包括两方面内容：一是会展场馆搭建相关的建材、设备设施的物流服务；二是展览物品的物流服务。会展物流是关系会展成功举行的重要环节之一，会展业的发展为会展物流的发展提供了广阔空间，同时，优质的会展物流服务又促进了会展业的健康稳步发展。

会展物流作为现代物流行业的一个重要分支，比一般运输、配送具有更高的专业性和服务性要求，除了具有一般物流的科学化、标准化、智能化、综合化和全球化等特征之外，还有着其独有的特征。

（1）专业化。会展各项组织管理工作必须具有较高的专业化水平才能突出个性、保证质量。会展物流对专业化的要求更高，必须拥有具备物资管理专业技能的人才、通畅的物流渠道、有效的物资配送手段和功能齐全的物资转运与仓储中心作为支持，才能确保安全、高效地完成会展物流任务。

（2）信息化。在会展物流的组织与管理过程中，物流信息管理是一项非常重要的内容。会展组织者汇同各参展企业的有关人员，必须不断对各种物流信息进行实时监控，并根据信息反馈及时调整物流过程中的具体行动措施。会展物流管理的信息化不仅是对参展企业、会展主办方的要求，也是现代会展国际化的一个重要衡量标准。

（3）及时性。会展活动大都很早就安排好日程，能否如期举行，会展物流管理起到很重要的作用。如果展品提前到达，参展商就需要考虑高额的仓储成本；如果忽略了突发事件，如进出海关可能出现的问题、运输途中的突发延误等，展品就可能无法准时到达。因此，参展商必须综合考虑各方面的因素，尤其是会展物流及时性的特点，以达到最佳的效益。

（4）安全性。确保物流过程中的物品安全是会展物流的首要任务。会展活动所需的设备、物品一般由会展组织者采购，而参展商展销产品的运输则在会展组织者的统一调度下自行负责。承运人员在运送过程中要保证物品不发生霉烂、破损、水渍等损害展品原有价值的事故，避免因此而造成的物品质量问题导致会展准备工作中断。因此，会展物流服务商必须确保所运物品不仅及时、安全地到达目的地，有时候还需要确保其安全返还原地。

二、会展物流管理

（一）会展物流管理的总体要求

会展物流管理主要是对会展物流的全过程进行计划、组织、实施、协调和控制，确保会展物品以较低的成本，高效、实质地实现空间位移。在实际运作中，要达到高效供应链、成本优先、质量第一以及绿色物流的要求，安全、快捷、准确、低耗地进行会展物流管理。

1. 高效供应链

所谓供应链（Supply Chain）是指产品生产和流通中所涉及的原材料供应商、生产商、批发商、零售商以及最终消费者所形成的供需链状结构体系。供应链管理（Supply Chain Management，SCM）是将供应链上所有节点企业都联系起来进行优化，形成高效的生产销售流程，从而达到快速反映市场需求、高韧性、低风险和低成本的目的。会展物流系统的供应链管理要从会展活动的需求出发，在时间和空间上对供应链进行科学的整体规划，提高整个供应链的运行速度、效益和附加值，实现对会展现场动态信息的迅速反应，保证会展供应链的高质量运作。

2. 成本优先

会展物流成本是指在实现会展物品的空间位移过程中所消耗的各种劳动和物化劳动的货币表现，是会展物品在实体的运动过程中，运输、装卸、仓储、配送、加工等各个环节所支出的人力、物力和财力的总和。在会展物流管理中，要体现成本优先的思想，提高会展物流的经济效益。在实际的操作过程中，需要对会展物流的成本进行标准化管理，主要包括会展物流成本的预算、计算、控制、分析、信息反馈以及决策等。

3. 质量第一

会展物流质量包括会展物流对象质量、会展物流服务质量（包括物流手段和方法的质量、作业和服务的质量）以及会展物流工程质量。由于会展活动对物流的要求十分严格，所以对会展物流整个过程的质量控制与管理必须着眼于细节，对每个细节进行指标性控制，从而保证整个物流环节的高质量完成。

4. 绿色物流

绿色物流是指在物流过程中，控制物流对环境和资源造成的危害和浪费，通过对运输、仓储、包装、加工等环节的绿色改造，实现对环境的最小影响和资源的充分利用。在会展物流中贯彻绿色物流的概念，能保证会展业的可持续发展，其实际意义重大。

（二）会展物流管理的内容

1. 质量管理

会展物流质量包括会展物流对象质量、会展物流服务质量和会展物流工程质量。会展物流质量管理必须满足参展商的要求，保证按参展商的要求将其所需的展出商品运达展出地点。会展物流质量管理的目的就是用最经济的办法向会展企业客户提供满足其要求的高质量物流服务，必须强调"预防为主"，明确事前管理的重要性，即在上一道物流过程中就要为下一道物流过程着想，预防可能出现的问题，对物流对象的包装、装卸、搬运、存储、配送等进行全过程的质量管理。

2. 成本管理

按照物流管理成本优先的要求，会展物流必须加强成本管理。加强会展物流费用的管理对降低会展物流成本、提高会展物流活动的经济效益有非常重要的意义。会展物流成本管理主要包含以下内容：会展物流成本预测和计划；会展物流成本计算；会展物流成本控制；会展物流成本分析；会展物流成本信息反馈；会展物流成本决策。

3. 运输管理

会展物流运输管理的主要目标就是在限定的时间内，科学组合各种运输方式，将会展物品从供给地运送到指定的地点。运输过程也是物流过程作为"第三方利润源"的主要实现途径，运输成本的控制对降低整个物流系统的成本有着至关重要的作用。

4. 仓储管理

在会展物流过程中，虽然没有生产企业产品物流的大批量、多批次的仓储作业，但是，在会展期间仓储的合理安排，也对会展活动的顺利进行产生重大的影响。因此，会展物流仓储管理的主要目的就是通过会展物品在会展中心或附近库存场所的仓储管理，实现会展的供求调节和配送加工等功能。

5. 信息管理

在会展活动中，物品信息具有量大、变化快、关系复杂等特点，所以会展物流信息管理的主要目的是为会展活动提供迅速、准确、及时、全面的物流信息，以便进行科学决策。

（三）会展物流系统的构建

会展物流系统是会展前后在一定的空间维度中，由物流的客体、主体、载体等物质、能量、人员和信息等各方面相互作用、相互依赖和相互制约所构成的，以实现会展物品运输、仓储、回收及相关信息顺畅流通等功能为目标的有机整体。任何一个系统都是由人、财、物等要素组成，会展物流系统也不例外，主要也是由劳动力要素、物质要素和资金要素组成，三方面要素缺一不可，只有进行系统的规划、科学的安排，才能充分调动各方要素，高效地完成会展物流活动。除了这三方面的要素之外，会展物流系统还包括物流相关信息等要素，从而形成了会展物流系统的要素体系。从会展物流系统的功能上看，主要分为七大功能要素：

（1）运输功能要素。运输是克服空间阻力，实现会展物品的空间移动，从参展企业所在地到会展举办地或直接到客户所在地的商品和产品的转移过程。对该系统的规划需要强调经济性和安全性，要求选取技术经济效果最好的运输方式和联运方式，合理确定运输路线，将会展物品安全、及时地送至目的地。

（2）储存保管功能要素。储存是保管在会展活动过程中暂时处于停滞状态的那部分会展物品，包括堆存、保管、保养、维护等活动。该系统是时间差异的调节器，不同物流运输方式的科学衔接，才能保证现场的会展活动顺利开展。

（3）装卸功能要素。装卸搬运是在运输前后和保管前后端点上对会展物品进行改变存放状态和空间位置的处理方式，该功能的实现使得整个物流系统各个环节的结合合理化、科学化。

（4）包装功能要素。这里的包装指的是在物流过程中为保护物品、方便储存、宣传形象而采取一定的技术手段对物品容器进行的处理。包装除了从运输角度保护物品、单元划分、功能区分外，还反映重要的物流信息和宣传标志等。

（5）流通加工功能要素。流通加工是在会展物品的物流过程中，根据需要对会展产品和辅助性物品进行简单处理和加工的一种辅助性加工活动，要确定在什么地点设置或选择什么类型的加工、采用什么样的技术设备，才能达到提高效率和效益的目标。

（6）配送功能要素。配送主要集中在会展活动的正式开展阶段，以配货、送货的形式完成会展物品在会展场馆的合理配置。会展场馆所提供的仓储区是很有限的，通常还需要在会展场馆附近的仓储中心开辟专门的会展物品储藏、配送区。会展物流的配送系统需要对会展现场的信息进行快速、机动的反应，迅速组织实施配送，按照拟定的配送路线和方式将会展物品送达目的地。

（7）信息处理功能要素。物流信息是物流作业的神经系统，通过对会展物流信息的控制，来保证会展物流系统各项作业活动正常有序地开展，才能提高会展活动的效率。对物流信息系统的规划，要求建立高效的信息系统和信息流通渠道，准确收集、汇总、统计、使用会展信息，以保证可靠、及时的会展服务。

（四）会展物流管理的具体策略

1. 展品包装与装箱

在会展物流管理系统中，展品的包装与装箱是琐碎而重要的工作，是保证展品顺利运输的第一步，包括多个内容和环节。

（1）产品包装分类。针对不同的工作要求对展品进行分类包装。产品包装可分为大包装和小包装两种，其中大包装主要用于运输的包装，而小包装主要用于销售的包装。

（2）包装箱标识。运输包装箱要按规定标识，标识的内容主要有：运输标志、箱号、尺寸或体积、重量，以及参展企业的名称、展馆号、展台号等，对于易碎、有害物品还需要作特别标记。

（3）装箱单和展品清册。为防止出现漏装、错装、装箱不符的情况，装箱后须制作装箱单和展品清册，以确保准确无误。

2. 展品运输

展品运输大致可分为三个阶段：运输筹划、去程运输和回程运输。每一个阶段在实际操作中都有一些特殊的要求。

（1）运输筹划。主要内容是通过物流调研确定线路、方式、日程、费用以及集体运输和单独运输等问题。

（2）去程运输。是指展品自参展企业所在地至展台之间的运输，一个比较完整的集体安排的去程运输过程大致包括展品集中、装车、长途运输、交接、接运、开箱等环节。

（3）回程运输。是指将展品自展台运回参展企业所在地的运输。

3. 运输代理与保险

国际展览运输协会对现场运输代理的业务标准有明确的规定，规定主要体现在联络、海关手续、搬运操作以及保险四个方面。

（1）联络。联络的第一要求是语言。国际展览运输协会现场运输代理员必须会说流利的英语、德语、法语及会展举办国或地区的主要语言，协会要求现场运输代理能够与客户的大部分人员进行交谈。

（2）海关手续。现场工作最重要的就是办理海关手续。根据海关规定，现场代理可能还需担保或交保证金。海关对进出口手续都有一定的要求，办理人员必须在规定的期限内提供参展企业的全套准确文件，事先通知并准确地申报。

（3）搬运操作。协会代理必须熟悉现场，并在展览施工和拆除期间能随时使用合适的设备和有经验的搬运工。现场代理有责任事先预计到非常规、大尺寸的物品运输装卸问题，并应当准备好特殊设备。

（4）保险。为确保展品安全准时到达，除了与运输代理公司签署责任合同外，还应与保险公司签署保险合同，保险最重要的是单证和保险单。

4. 会展物流信息管理

物流信息系统与物流作业系统一样都属于物流系统的子系统，是指由人员、设备和程序组成的，为后勤管理者执行计划、实施、控制等职能提供相关信息的交互系统。在物流信息系统的管理中，需掌握以下技术：

（1）条形码技术（Barcode）。条形码技术的应用很好地解决了数据录入和数据采集的瓶颈问题，实现了快速、准确、可靠地采集数据，从而为展品物流提供强大的技术支持。

（2）EDI技术（Electronic Data Interchange，电子数据交换）。EDI技术的优点在于供应链组成各方基于标准化的信息格式和处理方法，并通过EDI技术分享展品实时信息，从而提高效率，应对物流管理中的突发情况等。

（3）GPS技术（Global Positioning System，全球定位系统）。全球定位系统泛指利用卫星技术，提供全球地理坐标的系统。GPS在会展物流领域十分重要，可以应用于汽车、铁路和轮船定位、跟踪、调度以及运输管理等。

第四节　会展项目沟通管理

所谓沟通，是人与人之间思想和信息的交换，是将信息由一个人传达至另一个人，逐渐广泛传播的过程。沟通管理是项目管理的重要组成部分，在会展项目管理中更是不可忽视的。会展活动是人与人的交流活动，会展项目经理最重要的工作之一就是沟通，通常花在这方面的时间占到全部工作时间的 75% ~ 90%。只有良好的沟通才能获取足够的信息，发现潜在的问题，控制好会展项目的各个方面。

一、沟通管理的基本内容

一般而言，一个比较完整的沟通管理体系应该包含以下内容：

（1）沟通计划。沟通计划决定项目相关人员的信息沟通需求：谁需要什么信息？什么时候需要？怎样获得？

（2）信息发布。信息发布使需要的信息及时发送给项目相关人员。

（3）绩效报告。主要用于收集和传播信息，包括状况报告、进度报告和预测。

（4）管理收尾。项目在达到目标或因故终止后，需要进行收尾，管理收尾包含项目结果文档的形成、项目记录的收集、对符合最终规范的保证、对项目的效果（成功或教训）进行的分析以及信息存档（以备将来使用）。

二、沟通的关键原则

美国项目管理协会 PMI 要求项目经理在项目中花 70% ~ 90% 的时间用于沟通，可见沟通在项目管理中的重要性。然而也有数据表明，至少 80% 的项目经理都面临沟通方面的问题，由于沟通不畅导致的项目延期、费用超支、质量不符合客户要求等情况数不胜数。其实，要做到有效沟通，有很多要点和原则需要掌握，尽早沟通、主动沟通、避免干扰就是其中非常重要的原则。

1. 尽早沟通

尽早沟通要求会展项目经理要有前瞻性，定期和相关个人或机构进行沟通，不仅容易发现当前存在的问题，很多潜在问题也能暴露出来。在项目中出现问题并不可怕，可怕的是问题没被发现。沟通得越晚，暴露得越迟，带来的损失可能越大。

2. 主动沟通

主动沟通是对沟通的一种态度。会展项目管理工作提倡主动沟通，尤其是当已经明确了必须进行沟通的时候。当会展项目经理面对用户或上级、团队成员面对项目经理时，主动沟通不仅能建立紧密的联系，而且能体现当事人对项目的重视和参与，会使沟通的另一方满意度大大提高，对整个项目非常有利。

3. 避免干扰

要想最大限度保障沟通顺畅，就要使信息在传播过程中尽可能避免各种各样的干扰，保持原始状态。信息发送出去并接收到之后，双方必须对情况理解做检查和反馈，确保沟通的正确性。

三、沟通的形式

（一）书面沟通

书面沟通是以文字为媒体的信息传递，形式主要包括文件、报告、信件、书面合同等。书面沟通一般在以下情况中使用：项目团队中使用的内部备忘录或者对客户和非公司成员使用报告的方式，如正式的项目报告、年报、非正式的个人记录。书面沟通大都用来进行通知、确认和要求等活动，一般要在描述清晰的前提下尽可能简洁，以免增加负担而流于形式。

（二）口头沟通

口头沟通包括面谈、会议、演讲、广播、电话联络等方式，都是以语言为沟通媒介。其优点在于能够使对方感到亲切，可以当面获知对方的反应，沟通速度快。当然，口头沟通也存在一些不足，如口头沟通的过程中容易滋生谣言、因口齿不清或乡音过重使对方不易了解等。因此，口头沟通过程中应该坦白、明确，避免由于文化背景、民族差异、用词表达等因素造成理解上的差异。沟通的双方一定不能带有想当然或含糊的心态，遇到不理解的内容一定要表示出来，以求对方的进一步解释，直到达成共识。

四、会展客户关系管理

会展项目沟通管理的重点在于客户，因此会展客户关系管理是其中的工作重点。会展客户关系管理是指办展机构通过收集客户信息，在分析客户需求和行为偏好的基础上积累和共享客户资源，并有针对性地对不同客户提供个性化的会展专业服务，以此来培养客户对会展的忠诚度并实现会展与客户的合作共赢。

（一）会展客户关系管理的实施流程

1. 收集客户信息，发现市场机遇

会展客户关系管理流程的第一步就是分析会展市场客户信息以识别市场机遇和制定投资策略，主要通过客户识别、客户细分和客户预测来完成。

（1）客户识别。

会展客户识别即在广泛的客户群体中，通过互联网、客户跟踪系统、呼叫中心档案等各种客户互动途径收集详尽的客户数据，如客户资料、消费偏好以及交易历史资料等，储存到客户数据库中，然后将不同部门的客户数据库整合成为单一的客户数据库，同时转化成会展工作人员可以使用的知识和信息，便于从中识别出有参展需求的客户。

（2）客户细分。

通过集中有参展需求的客户信息，会展企业可以对所有不同需求信息之间的复杂关系

进行分析，按照需求差异进行客户市场的细分，并描述每一类客户的行为模式。会展企业可以根据会展的主题从中选择某些针对性较强的需求群体进行专门的市场营销。

（3）客户预测。

会展客户预测是通过分析目标客户的历史信息和客户特征，预测客户在各种市场变化与营销活动的开展下，针对本次会展活动可能产生的服务期望和参展行为的细微变化，并以此作为客户管理决策的依据。

2. 制订客户方案，实施定制服务

客户关系管理要求"看人上菜"，针对客户类别设计适合该客户的服务与市场营销活动。会展客户关系管理要求会展企业在全面收集客户信息的基础上，针对项目客户，预先确定专门的会展活动，制订服务计划。这就加强了会展企业营销人员以及会展服务团队在会展前的有效准备和展中的针对性服务，提供了会展企业在客户互动中的投资机会。在这一流程中会展企业通常要使用营销宣传策略，向目标客户输送会展的各项服务信息，以吸引客户的注意力。

3. 实现互动反馈，追踪需求变化

互动反馈是会展企业借助及时的信息提供来执行和管理与客户（及潜在客户）沟通的关键性的活动阶段。通过与客户的互动，会展企业可以随时追踪有关参展商的需求变化以及参展后的有关评价，不断修改客户方案。以往市场营销活动一经推出，通常无法及时监控活动所带来的反应，效果大多以销售业绩来判定。客户关系管理则可以对过去的市场营销活动的资料进行相关分析，通过客户服务中心或呼叫中心及时进行互动反馈，实时调整下一步的营销活动，具有相当大的机动性和灵活性。

4. 评估活动绩效，改善客户关系

会展客户关系管理工作结束时或结束后，应当对所实施的方案计划进行绩效分析和考核。具体来说，就是通过各种市场活动、销售活动与客户资料的综合分析，建立一套标准化的考核模式，并通过捕捉和分析互动反馈数据，理解客户对企业各项营销活动所产生的具体反应，为下一次客户关系管理工作提出新的建议，以此不断改善会展企业的客户关系。

（二）会展沟通管理策略

1. 会展客户沟通

会展客户关系管理要在发掘新客户和保留老客户两个方面下功夫。新客户是会展宝贵的市场资源，也是会展未来的发展空间。与新客户沟通的工作重点包括：

第一，确定与谁沟通。即对潜在客户进行分类。

第二，确定预期沟通目标。按知晓、认识、接受、确信、参展（参观）的计划一步一步地实现沟通目标。

第三，设计沟通信息。一般说来，不同内容的信息对不同客户所起的作用是不相同的，设计沟通信息要因人而异。

第四，选择沟通渠道。是通过媒体渠道还是进行面对面的沟通，要根据情况而定。

忠实的老客户是企业最有价值的资产。会展业的经验表明，开发一个新客户比留住一个老客户的成本要高出许多，而一个老客户为会展企业所带来的利润比一个新客户要高出许多，所以会展企业在努力开发新客户的同时一定不要忽视老客户。

2. 会展接待人员沟通

会展接待人员作为公众直接审视体察的最初对象，留给客户的第一印象是很重要的。会展接待人员的仪表和言行举止往往会影响到接待效果。有时，一句话、一个手势或者一次不规范的着装，都将直接影响到接待人员、会展企业乃至会展的形象。

（1）口头沟通策略。

会展接待人员在与客户进行口头沟通时要做到以下五点：

①该说的才说，善于把口。也就是说，在没搞清说话目的前不说；在没有充分自信前不说；在环境、时间不合适时不说。

②先问后答，以答代说。例如，"想买点什么？看，这是最新的款式。"

③多用补充，少用否定。积极的补充就是从更多方面印证对方的意见，能够促进对方的执行力。

④多作同感，少作辩解。在口头沟通时尽量多表示同感，这样能够拉近双方的距离。

⑤幽默有助于增强口头沟通效果。幽默可以打开沟通的大门，同时它又是摆脱沟通窘境的妙药。

（2）倾听的重要性。

据统计，人们在听、说、读、写四个方面的时间分配为：听占45%，说占30%，读占16%，而写只占9%，由此可见倾听在人际沟通交流中的地位。善于倾听的会展接待人员可以调动顾客的积极性，还能给客户留下良好的印象。同时，倾听也是获取信息的重要方式之一。

（3）说服与交涉的要点。

首先，作为说服的基础，自己要对所阐述的观点认可、理解和体会。要指明利益点，使对方确信可以做成。

其次，给对方以希望，并鼓励对方，提高热情、促发兴趣、使其兴奋等是最有效的方法。

再次，了解对方的立场、希望、近期状况，在此基础上展开说服工作。

在交涉方面，可以从与交涉对象交朋友、迅速把握对方思考的问题、观察对方的反应、抓住对方的心理等方面切入沟通，迅速打开局面。

3. 文化差异与跨文化沟通

由于文化的差异，东西方人在沟通上也存在明显的差异，如东方人注重礼仪、多委婉，西方人注重独立、多坦率；东方人多自我交流，重心领神会，西方人少自我交流，重言语沟通；东方和谐胜于说服，西方说服重于和谐等。会展活动往往会吸引来自五湖四海的人员，在进行跨文化沟通时一定要充分考虑到不同地域、民族、国家之间的文化差异，了解不同地域、民族、国家的文化背景、价值观、风俗习惯等，避免出现误解。

【拓展阅读】

大连国际服装博览会成功的秘诀

大连国际服装博览会暨中国服装出口洽谈会（DIGF）是中国最早举办的服装博览会，

也是大连国际服装节的主体活动，目前已经发展成为具有较高国际专业化水准、享誉海内外的亚洲一流盛会。2002 年 10 月，DIGF 成功通过了国际展览联盟（UFI）的认证，实现了跻身世界著名会展的夙愿。

DIGF 的特点，可以用"四个之最"来概括：

（1）是国内举办最早的服装博览会。诞生于 20 世纪 80 年代后期的大连国际服装博览会，虽历经风雨艰辛，但是在改革开放和市场经济大潮地推动下，一直沿着正确的方向健康发展，成为目前除香港外，国内连续成功举办次数最多且充满活力的服装品牌会展。

（2）是国内最早走向市场的服装博览会。从 20 世纪 90 年代初期开始，大连国际服装博览会就在大连市委市政府的支持下，开始运用市场手段组织会展，成功将政府行为转变为企业行为。一直到今天，DIGF 不仅没动用政府一分钱，还为推动大连城市的开放做出了应有的贡献。

（3）是国内最先实现国际化的服装博览会。从 1991 年第三届开始，DIGF 正式冠名"国际"二字，坚持努力多年，始终保持"海外参展企业多，海外品牌比重大"的优势。参展国别和海外覆盖面逐年上升，组织运作方式也逐步国际化，各项指标均超过国际展览组织规定的标准。

（4）是国内第一个通过国际展览联盟认证的服装博览会。近几年来，中国各地争办服装节和服装博览会，市场竞争日益激烈。DIGF 清醒地意识到：会展的核心竞争力不在于价格和眼前利益，而在于品质、信誉和影响，与其在国内争市场、争效益，不如严格按国际标准，精心打造品牌会展，去国际展览市场一争高低。经过 10 年努力，DIGF 于 2002 年 10 月在德国慕尼黑举行的国际展览联盟大会上，经过全体成员投票表决一次性通过认证，为中国服装类博览会在世界展览舞台上争得了一席之地，率先赢得了进入国际展览舞台的通行证。

【思考与练习】

1. 大连国际服装博览会成功的因素有哪些？
2. 举例说明会展项目管理的基本流程。
3. 会展人力资源管理的基本要求。
4. 分析一个成功会展人力资源管理策略的要点。
5. 会展物流管理的具体策略。
6. 举例说明不同国家的礼仪习惯及针对这些不同习惯在会展沟通时应注意的事项。

【参考文献】

［1］许传宏主编：《会展策划》（第二版），复旦大学出版社，2010 年。
［2］许传宏编著：《会展服务管理》，北京大学出版社，2010 年。
［3］马勇、冯玮编著：《会展管理》，机械工业出版社，2006 年。
［4］王保伦主编：《会展经营与管理》，北京大学出版社，2006 年。

第九章　会展危机管理

【学习目的】

通过本章学习，了解危机与会展风险的定义、特点、类型；理解会展危机管理、会展风险管理的内涵、主要操作实务的基本内容；掌握不同阶段会展危机管理、会展风险管理的主要内容。

【学习要点】

1. 外部危机事件和内部危机事件的区别
2. 会展危机管理
3. 会展风险管理
4. 群体管理和控制

【课前阅读与思考】

2012 年春节，海南三亚被曝出游客吃海鲜被"宰"的丑闻。管理方无视当地宰客风盛行之实，先后以"零投诉""无法举证"冷漠应对，由此引发了社会的强烈反应，三亚再次被推到了舆论的风口浪尖，宰客事件经曝光后，海鲜大排档门庭冷落。在媒体代为"认错"之后，官方道歉才姗姗而来，有关部门通过媒体见面会表示，将以此次事件为契机虚心接受批评，努力向国内外优秀旅游地区学习，实实在在做好市场监管，真正把三亚打造成名副其实的国际旅游岛。

危机无处不在，尤其在这个信息疯狂传播的时代，一条微博就可以摧毁一个经营多年的品牌。会展业涉及大量的商家和客流，是危机频发的领域，如何做好会展危机管理是会展从业者需要回答的重要问题。

第一节　危机与会展风险

一、危机

（一）危机的概念

人们一直试图全面而确切地对危机进行界定，但实际上危机事件的发生却有着千变万化的现实场景，很难一言以蔽之。在此，我们来回顾一下学者们从不同角度对危机的理解与判断：

Hermann（1996）认为危机是指一种情境状态，在这种状态中决策主体的根本目标受到威胁并且做出决策的反应时间是很有限的，其发生也在决策主体的意料之外。

Forster（1980）称危机具有四个显著特征：急需快速做出决策；严重缺乏必要的、训练有素的员工；相关物资紧缺；处理时间有限。

Rosenthal & Pijnenburg（1991）认为危机是对一个社会系统的基本价值和行为架构产生严重威胁，并且在时间性和不确定性很强的情况下必须对其做出关键性决策的事件。

Green（1992）认为危机的一个特征是"事态已经发展到不可控制的程度。一旦发生危机，时间因素非常关键，减小损失将是主要任务"。因此，Green 认为危机管理的任务是尽可能控制事态，在危机事件中把损失控制在一定范围内，在事态失控后要争取重新控制住。

Barton（1993）认为危机是一个会引起潜在负面影响的、具有不确定性的事件，这种事件及其后果可能对组织及员工、产品、资产和声誉造成巨大的伤害。

Banks（1999）认为危机是对一个组织及其产品、名声等产生潜在负面影响的事故。

由此可以认为，会展危机就是对会展业未来的获利性、成长乃至生存产生潜在威胁的事件，通常具有以下三个特征：①该事件对会展业造成威胁，管理者确信该威胁会阻碍会展业目标的实现；②如果会展业没有采取行动，局面会恶化且无法挽回；③该事件具有突发性。而任何防止危机发生的措施、任何消除危机所产生的危害和损失的努力，都是危机管理。具体来说，会展危机管理就是指会展业为避免或者减轻危机所带来的损害和威胁，从而有组织、有计划地学习、制定和实施一系列管理措施和应对策略，包括危机的规避、危机的控制、危机的解决与危机解决后的复兴等的动态过程。事实上，危机管理就是要在偶然性中发现必然性，在危机中发现有利因素，把握危机发生的规律性，掌握处理危机的方法与艺术，尽量避免危机所造成的危害和损失，缓解矛盾，变害为利，推动会展业的健康发展。在这项工作中，收集、分析和传播信息是危机管理者的直接任务，危机发生的最初几个小时（或危机持续时间很长时的最初几天），管理者应同步采取一系列关键的行动，这些行动是"甄别事实，深度分析，控制损失，加强沟通"。同时，应当高度强调危机管理的组织性、学习性、适应性和连续性。

（二）危机的分类

危机事件可以分为内部危机事件与外部危机事件，结合会展业内外环境、是否有人为因素等情况，危机又可以进一步分为四类：

1. 会展业内部人为危机

这种危机主要是由于会展业内部人为造成的，是会展业通过加强有效的危机管理基本可以避免的。会展业内部人为危机的具体内容又可以分为会展业公共关系危机、会展业营销危机、会展业人力资源危机、会展业信用与财务危机等。

2. 会展业内部非人为危机

这种危机主要是由于会展业内部的非常事件而造成人、财、物的损害，如意外失火、环境污染、展馆破坏等。

3. 会展业外部人为危机

这种危机主要是会展业外部环境中由于人为因素造成的对会展业不利的事件，最常见的有恐怖分子袭击、产品仿制以及谣言扩散等。

4. 会展业外部非人为危机

这类危机是指由会展业外部环境中重大自然灾害、战争、行业动荡或经济危机等不可抗因素造成的，直接影响会展业正常生产经营活动的严重事件。这一类危机不是人力所能及的，所以危害性极大。

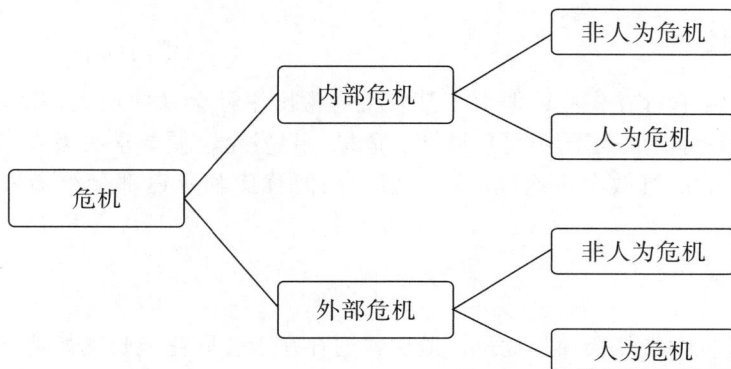

危机事件分类

（三）外部危机事件和内部危机事件的区别

（1）前者主要是由外界不可抗因素引起，具有不可抗性；后者一般可以预测并事先制定应对措施。

（2）前者对会展业产生的影响，属于宏观影响；后者通常只对单个会展产生影响，属于微观影响。

（3）外部危机需要政府、会展业、行业协会各方共同努力；后者只涉及单个会展的应急机制建立。

（4）外部危机的应对需要理论支持；内部危机的应对则需要实务操作支持。

二、危机的特点

（一）突发性

危机的突发性具有两重含义。一是指会展业遭受外部环境突然出现的变化或内部因素长期积累到一定程度而爆发形成的危机，由于平时人们对于这些因素的细微变化熟视无睹，所以感到突然；二是指危机爆发的征兆或诱因是人们难以感受到的，危机从形成到人们感觉到爆发之间的时间很短，但破坏性很大，使得管理者措手不及而造成重大损失。

（二）危害性

危机的危害性是指危机事件会对人员、组织和其他资源造成各种各样直接和间接的损害。危机越是严重，其危害范围和破坏力就越大，所造成的损失也就越惨重。这种危害不仅表现为人员、财产的损失，组织或环境的破坏，还体现在危机事件对社会心理和个人心理的破坏性冲击上。如"9·11"事件不仅对当时的美国会展业产生负面的影响，而且许多民众的心理影响一直存在，人们由于恐惧感尚未平息而不愿出行，随后的两年美国许多会展的参观人数持续下降，效果大不如前，危机所带来的影响可见一斑。

（三）紧迫性

危机的发生尽管存在先兆，但由于其发生通常出乎社会秩序或人们的心理惯性运行，因此，危机实际上具有一定的不可预见性。危机一旦发生，便要求决策者在有限的时间内采取处理行动，对危机做出快速反应和处置，任何犹豫和延迟都会给会展业带来更大的损失。

（四）普遍性

会展运营过程中必然会面临危机，危机普遍存在于会展业成长的始终。美国著名咨询顾问史蒂文·芬克说："会展业经营者应该深刻认识到，危机就像死亡和纳税一样难以避免，必须为危机做好计划，充分准备，才能与命运周旋。"任何会展企业都不可能永远存在、永远正确，这是会展业发展的规律，在会展业经营和发展过程中遇到危机是一种正常现象和普遍现象。

（五）双重性

汉语"危机"这个词语蕴涵着"危险"和"机遇"两层意思。双重性是指会展业面临的危机既会给会展业带来损失，同时也有可能带来某种机会或收益，即危险之中也孕育着机遇。因此，对待危机不应消极回避，要敢于去面对，善于利用危机。

三、会展风险

目前，学术界对会展风险的内涵还没有统一的定义，由于对会展风险的理解和认识程度不同，或对会展风险的研究角度不同，学者们对会展风险概念因而有着不同的界定，可以归纳为以下四种代表性观点。

1. 会展风险是指事件未来可能结果发生的不确定性

A. H. Mowbray（1995）称会展风险表现为不确定性；C. A. Williams（1985）将会展风险定义为在给定的条件和某一特定的时期，未来结果的变动；March & Shapira（1992）认为会展风险是事物可能结果的不确定性，可由收益分布的方差测度；Brnmiley（2001）认为会展风险是公司收入流的不确定性。由于方差计算的方便性，会展风险的这种定义在实际中得到了广泛的应用。

2. 会展风险是指损失发生的不确定性

J. S. Rosenb（1972）将会展风险定义为损失的不确定性，F. G. Crane（1984）认为会展风险意味着未来损失的不确定性。Ruefli（2003）等将会展风险定义为不利事件或事件集发生的机会。这种观点又分为主观学说和客观学说两类：主观学说认为不确定性是主观的、个人的和心理上的一种观念，是个人对客观事物的主观估计，不能以客观的尺度予以衡量，不确定性的范围包括发生与否的不确定性、发生时间的不确定性、发生状况的不确定性以及发生结果严重程度的不确定性。客观学说则是以会展风险客观存在为前提，以会展风险事故观察为基础，以数学和统计学观点加以定义，认为会展风险可用客观的尺度来度量。例如，Peschel（1998）将会展风险定义为可测度的客观概率的大小；F. H. Nate（2006）认为会展风险是可测定的不确定性。

3. 会展风险是指损失的大小和发生的可能性

朱淑珍（2002）在总结各种会展风险描述的基础上，把会展风险定义为：在一定条件下和一定时期内，由于各种结果发生的不确定性而导致行为主体遭受损失的大小以及这种损失发生可能性的大小。会展风险以损失发生的大小与损失发生的概率两个指标进行衡量。王明涛（2003）认为所谓会展风险是指在决策过程中，由于各种不确定因素的作用，决策方案在一定时间内出现不利结果的可能性以及可能损失的程度，包括损失的概率、可能损失的数量以及损失的易变性三方面内容，其中，可能损失的程度处于最重要的位置。

4. 会展风险是由会展风险构成要素相互作用的结果

会展风险因素、会展风险事件和会展风险结果是会展风险的基本构成要素，会展风险因素是会展风险形成的必要条件，是会展风险产生和存在的前提。会展风险事件是外界环境变量发生始料未及的变动从而导致会展风险结果的事件，它是会展风险存在的充分条件，在整个会展风险中占据核心地位。会展风险事件是连接会展风险因素与会展风险结果的桥梁，是会展风险由可能性转化为现实性的媒介。因此，会展风险是在一定时间内，以相应的会展风险因素为必要条件，以相应的会展风险事件为充分条件，有关行为主体承受相应的会展风险结果的可能性。

第二节 会展危机管理

当会展业面临与社会大众或客户有密切关系且后果严重的重大事故时，为了应付危机，在会展业内预先建立防范和处理这些重大事故的体制和措施，以上被称为会展业的危机管理。危机管理是会展业为应对各种危机情境所进行的规划决策、动态调整、化解处理及员工培训等一系列活动的过程，其目的在于消除或降低危机所带来的威胁和损失。根据美国《危机管理》一书作者菲克普对《财富》杂志排名前500强的会展企业领导者所做的专项调查表明，80%的被调查者认为现代会展业面对危机，就如同人们面对死亡一样，已经成为不可避免的事情。其中有14%的被调查者承认曾经受到严重危机的挑战。实际上，每一次危机本身既包含导致失败的根源，也孕育着成功的种子。发现、培育以便收获这个潜在的成功机会，就是危机管理的精髓；而习惯于错误地估计形势，并使事态进一步恶化，则是危机管理的不良典型。

危机管理是专门的管理科学，它是为了应对突发的危机事件，抗拒突发的灾难事变，尽量使损害降至最低点而事先建立的防范、处理体系和对应的措施。国外通常把危机管理（Crisis Management）称为危机沟通管理（Crisis Communication Management），原因在于争取公众的谅解与支持是危机管理的基本对策。美国会展业认为，如果一位经营者不能很好地与公众沟通，不能向他的客户和员工表明危机确实存在，那么，他很快就会失去信誉，因而也会失去效率和效益。

一、会展危机管理的内容

会展危机管理是指会展业通过危机监测、危机预警、危机决策和危机处理，达到避免、减少危机产生的危害，总结危机发生、发展的规律，科学化、系统化地处理危机的一种新型管理体系，其主要内容在于：

1. 危机监测

危机管理的首要环节是对危机进行监测。在会展业顺利发展时期，相关人员就应该有强烈的危机意识和危机应变的心理准备，建立一套危机管理机制，对危机进行监测。越是风平浪静的时刻越应该重视危机监测，在平静的背后往往隐藏着杀机。

2. 危机预警

许多危机在爆发之前都会出现某些征兆，危机管理关注的不仅是危机爆发后各种危害的处理，还要建立危机警戒线。管理者应该在危机到来之前，把一些可以避免的危机消灭在萌芽之中，对于那些不可避免的危机则应通过预警系统力争及时解决。这样，会展业才能从容不迫地应对危机带来的挑战，把损失减少到最低程度。

3. 危机决策

会展业应在调查的基础上制定正确的危机决策，用于解决问题，应对危机。决策要根据危机产生的来龙去脉，比较几种可行方案的优缺点，从中选择最佳方案。方案定位要准确，实施要迅速。

4. 危机处理

首先需要确认危机，包括将危机归类，收集与危机相关的信息，确认危机程度并找出危机产生的原因，分析危机影响的范围和后果。其次需要控制危机，根据确认的危机情况采取措施遏止危机的扩散，使其不影响其他事物。最后需要处理危机，最关键的是速度。如果能够及时、有效地将危机决策运用到实际中去化解危机，就可以尽可能避免危机给会展业造成的损失。

二、会展危机管理的对策

企业在生产经营中面临着多种危机，无论哪种危机发生，都有可能给企业带来致命的打击。企业通过危机管理对策把一些潜在的危机消灭在萌芽状态，把必然发生的危机损失减少到最小的程度。虽然危机具有偶然性，但是危机管理对策并不是无章可循。我们通过对企业危机应对实践进行总结，不难发现危机管理对策主要包括以下四个方面：

（一）做好危机预防工作

危机产生的原因是多种多样的，不排除偶然因素，多数危机的产生有一个变化的过程。如果企业管理人员有敏锐的洞察力，根据日常收集到的各方面的信息，能够及时采取有效的防范措施，完全可以避免危机的发生或使危机造成的损害和影响尽可能减少到最小程度。因此，预防危机是危机管理的首要环节。

（1）树立危机意识。企业进行危机管理应该树立一种危机理念，营造一个危机氛围，使企业的员工面对激烈的市场竞争充满危机感，将危机的预防作为日常工作的组成部分。首先，对员工进行危机管理教育。教育员工认清危机的预防有赖于全体员工的共同努力。全员的危机意识能提高企业抵御危机的能力，有效地防止危机发生。在企业生产经营中，员工应时刻把与公众沟通放在首位，与社会各界保持良好的关系，消除危机隐患。其次，开展危机管理培训。危机管理培训的目的与危机管理教育不同，它不仅在于进一步强化员工的危机意识，更重要的是让员工掌握危机管理知识，提高危机处理技能和面对危机的心理素质，从而提高整个企业的危机管理水平与能力。

（2）建立预防危机的预警系统。预防危机必须建立高度灵敏、准确的预警系统。信息监测是预警的核心，随时收集各方面的信息，及时加以分析和处理，把隐患消灭在萌芽状态。预防危机需要重点做好以下信息的收集与监测：一是随时收集公众对产品的反馈信息，对可能引起危机的各种因素和表象进行严密的监测。二是掌握行业信息，研究和调整企业的发展战略和经营方针。三是研究竞争对手的现状，进行实力对比，做到知己知彼。四是对监测到的信息进行鉴别、分类和分析，对未来可能发生的危机类型及其危害程度做出预测，并在必要时发出危机警报。

（3）建立危机管理机构。这是企业危机管理有效进行的组织保证，不仅是处理危机时必不可少的组织环节，而且在日常危机管理中也非常重要。危机发生之前，企业要做好危机发生时的准备工作，建立起危机管理机构，制定出危机处理工作程序，明确主管领导和成员的职责。成立危机管理机构是发达国家的成功经验，是顺利处理危机、协调各方面关系的组织保障。危机管理机构的具体组织形式，可以是独立的专职机构，也可以是一个跨部门的管理小组，还可以在企业战略管理部门设置专职人员来代替。企业可以根据自身的规模以及可能发生的危机的性质和概率灵活决定。

（4）制订危机管理计划。企业应该根据可能发生的不同类型的危机制订一整套危机管理计划，明确怎样防止危机爆发，一旦危机爆发应立即做出针对性反应等。事先拟定的危机管理计划应该囊括企业多方面的应对预案。在计划中要重点体现危机的传播途径和解决办法。

（二）进行准确的危机确认

危机管理人员要做好日常的信息收集、分类管理，善于捕捉危机发生前的信息，在出现危机征兆时，尽快确认危机的类型，为有效的危机控制做好前期工作。

（三）危机处理的理论依据（游昌乔先生的危机公关"5S"原则）

1. 承担责任原则（Shouldering the matter）

危机发生后，公众会关心两方面问题：一方面是利益的问题，利益是公众关注的焦点，此时无论谁是谁非，企业都应该承担责任。即使受害者在事故发生中有一定责任，企业也不应首先追究其责任，否则会各执己见，加深矛盾，引起公众的反感，不利于问题的解决。另一方面是感情问题，公众很在意企业是否在意自己的感受，因此企业应该站在受害者的立场上表示同情和安慰，并通过新闻媒体向公众致歉，解决深层次的心理、情感关系问题，从而赢得公众的理解和信任。实际上，公众和媒体往往在心目中已经有了一杆秤，对企业有了心理上的预期，即"企业应该怎样处理，我才会感到满意"。因此企业绝对不能选择对抗，态度至关重要。

2. 真诚沟通原则（Sincerity）

企业处于危机漩涡中时，是公众和媒体的焦点。企业的一举一动都将受到质疑，因此千万不要有侥幸心理，企图蒙混过关，而应该主动与新闻媒体联系，尽快与公众沟通，说明事实真相，促使双方互相理解，消除疑虑与不安。真诚沟通是处理危机的基本原则之一。这里的真诚指"三诚"，即诚意、诚恳、诚实。如果做到了这"三诚"，则一切问题都迎刃而解。

（1）诚意。在事件发生后的第一时间，企业的高层应向公众说明情况，并致以歉意，从而体现企业勇于承担责任、对消费者负责的企业文化，赢得消费者的同情和理解。

（2）诚恳。一切以消费者的利益为重，不回避问题和错误，及时与媒体和公众沟通，向消费者说明进展情况，重拾消费者的信任和尊重。

（3）诚实。诚实是危机处理最关键也最有效的解决办法。我们会原谅一个人的错误，但不会原谅一个人说谎。

3. 速度第一原则（Speed）

好事不出门，坏事行千里。在危机出现的最初 12～24 小时内，消息会像病毒一样，以裂变的方式高速传播。而这时候，可靠的消息往往不多，社会上充斥着谣言和猜测。企业的一举一动将是外界预计企业如何处理这次危机的主要根据。媒体、公众及政府都密切注视着企业发出的第一份声明。对于企业在危机处理方面的做法和立场，舆论赞成与否往往都会立刻见于传媒报道。因此企业必须当机立断，快速反应，果决行动，与媒体和公众进行沟通，从而迅速控制事态，否则会扩大突发危机的范围，甚至可能失去对全局的控制。危机发生后，能否首先控制住事态，使其不扩大、不升级、不蔓延，是处理危机的关键。

4. 系统运行原则（System）

在逃避一种危险时，不要忽视另一种危险。在进行危机管理时必须同时进行系统运作，绝不可顾此失彼。只有这样才能透过表面现象看到本质，创造性地解决问题，化害为利。危机的系统运作主要是做好以下六点：①以冷对热，以静制动：危机会使人处于焦躁或恐惧之中。所以企业高层应以"冷"对"热"、以"静"制"动"，镇定自若，以减轻企业员工的心理压力。②统一观点，稳住阵脚：在企业内部迅速统一观点，对危机有清醒认识，从而稳住阵脚，万众一心，同仇敌忾。③组建班子，专项负责：一般情况下，危机公关小组由企业的公关部成员和企业涉及危机的高层领导直接组成。这样，一方面是高效率的保证，另一方面是对外口径一致的保证，使公众对企业处理危机的诚意感到可以信赖。④果断决策，迅速实施：由于危机瞬息万变，在危机决策时效性要求和信息匮乏条件下，任何模糊的决策都会产生严重的后果。所以必须最大限度地集中决策使用资源，迅速做出决策，系统部署，付诸实施。⑤合纵连横，借助外力：当危机来临时，应和政府部门、行业协会、同行企业及新闻媒体充分配合，联手对付危机，在"众人拾柴火焰高"的同时，增强公信力、影响力。⑥循序渐进，标本兼治：要真正彻底地消除危机，需要在控制事态后，及时准确地找到危机的症结，对症下药，谋求治"本"。如果仅仅停留在治"标"阶段，就会前功尽弃，甚至引发新的危机。

5. 权威证实原则（Standard）

自己称赞自己是没用的，没有权威的认可只会徒留笑柄。在危机发生后，企业不要自己整天拿着高音喇叭叫冤，而要"曲线救国"，请重量级的第三者在前台说话，使消费者解除对自己的警戒心理，重获他们的信任。

（四）做好危机善后工作

危机的善后工作主要是消除危机处理后遗留的问题和影响。危机发生后，企业形象受到了影响，公众对企业会非常敏感，要靠一系列危机善后工作来挽回影响。①进行危机总结、评估。对危机管理工作进行全面的评价，包括对预警系统的组织和工作程序、危机处理计划、危机决策等各方面的评价，要详尽地列出危机管理工作中存在的各种问题。②对问题进行整顿。多数危机的爆发与企业管理不善有关，通过总结、评估提出改正措施，责成有关部门逐项落实，完善危机管理内容。③寻找商机。危机给企业制造了另外一种环境，企业管理者要善于利用危机探索经营的新路子，进行重大改革。这样，危机可能会给企业带来商机。总之，危机并不等同于企业失败，危机之中往往孕育着转机。危机管理是一门艺术，是企业发展战略中的一项长期规划。企业在不断谋求技术、市场、管理和组织制度等一系列创新措施的同时，应将危机管理创新放到重要的位置上。一个企业在危机管理上的成败能够显示出它的整体素质和综合实力。成功的企业不仅能够妥善处理危机，而且能够化危机为商机。

三、会展危机管理的流程

根据危机的发展过程，可将会展危机管理流程分为三个阶段：危机防范、危机处理和危机总结。

（一）危机防范

（1）组建企业内部危机管理小组。前期根据危机管理预案组建企业内部危机管理小组，吸收相关部门加入，确定具体负责人员和紧急联系机制，作为危机管理工作的领导指挥部门。

（2）强化危机意识，观察各种前兆，分析预计危机情境。危机前兆通常表现在：管理行为方面，不信任部下，猜疑心很强，固执己见，使员工无法发挥能力；经营策略方面，计划不周，面临市场或政策变化缺乏应变能力等；经营环境方面，市场格局巨变、出现强有力的竞争对手等；经营财务方面，如亏损增加，过度负债等。

（3）企业要从危机前兆中预判企业存在的危机，并引起高度重视，预先制订科学而周密的危机应对方案。

（4）进行危机管理的模拟训练。定期的模拟训练不仅可以提高危机管理小组的快速反应能力，强化危机管理意识，还可以检测已拟定的危机应对方案是否可行。

（二）危机处理

（1）危机发生后，当事人应当冷静下来，采取有效的措施，解决危机。力求避免事态继续蔓延，并迅速找出原因，进行危机化解处理。

（2）以最快的速度启动危机应对方案。如果初期反应滞后，将会造成危机蔓延和损失扩大。

（3）要想取得长远利益，公司在控制危机时就应更多地关注消费者的利益而不仅仅是公司的利益。应把公众利益放在首位，善待被害者，尽量为受到危机影响的公众弥补损失，这样有利于维护企业的形象。

（4）随机应变。由于危机产生具有突变性和紧迫性，即使事先制订出危机应对方案，已有的防范措施也无法做到万无一失。因此在处理危机时应针对具体问题，随时修正和补充危机处理对策。

（三）危机总结

危机总结是后续的工作内容，它与前文中"危机善后工作"有相似之处，一般可分为三个步骤：①调查。对危机发生的原因和预防处理的全部措施进行系统的调查。②评价。对危机管理工作进行全面的评价，寻找和列出危机管理工作中存在的各种问题。③整改。对危机管理的各种问题进行归类，分别提出整改措施并责成有关部门逐项落实。

四、会展危机管理架构及职能

（一）政府

毫无疑问，危机管理要发挥政府的主导作用。如何对政府职能明确定位呢？总体上可以概括为"信息传达，组织协调，科学决策，加强合作"。危机虽然具有不确定性和突发性，但有的时候还是会通过某些征兆体现出来。政府应建立信息收集机制，利用多种媒介，及时准确地收集可能导致危机的信息，形成相应的预警机制去预防危机，而不是等危机出现以后再去解决问题。在危机发生之后，政府同样要履行好信息的收集与公开职能，使民众能够及时了解危机处理的情况，避免出现盲目跟风和小道消息满天飞的情况，降低危机解决的难度。危机解决后，政府依然要收集社会基本状况以及问题解决满意程度的信息，以稳定民心。需要强调的是，信息传达这一工作并不是孤立的，而是贯穿于危机管理的整个过程。

政府应建立专门的危机处理协调机构，发动和整合各个部门、各个企业乃至全社会的力量来实施具体的危机应对方案。危机处理的一个重要原则，就是决策者的理性与直觉的综合判断，法定程序与非法定程序的结合运用。会展活动涉及众多的利益相关者，危机应对的一些非常规手段有时候可能不可避免地损害部分人的利益，危机处理协调机构需要建立合理的利益补偿机制，维护社会的稳定。政府在会展危机管理中的作用主要表现在以下七个方面：

（1）建立国家层面的经济安全体系。

（2）建立行业内部的应急协调机制。

（3）增强危机意识，成立专门的危机管理机构和统一领导、分工协作的反危机机构体系。

（4）制定和完善应对危机的法律，建立紧急状态下的危机管理法规。

（5）建立危机管理信息系统和知识系统，保证信息的准确性和信息披露的及时性。

（6）建立危机管理的资源保障体系。

（7）明确各级政府部门的分工和协作关系，保证行动的一致性。

（二）会展企业

企业经营活动总是伴随着企业与外部世界的交流以及内部员工与股东之间利益的调整。由于组织与组织之间、个体与个体之间、组织与个体之间的利益取向不同，相互之间不可避免地会产生各种利益冲突。当这些冲突发展到一定程度并对企业声誉、经营活动和内部管理造成强大压力和负面影响时，就会演变为企业危机。企业危机管理就是企业为应对各种危机情景所进行的一系列规划决策、动态调整、化解处理以及员工训练等活动过程，包括从天灾到人祸等各种突发事件的应对处理。企业管理者要运用各种手段来管理危机，不断提高危机管理能力。会展企业在会展业危机中应该做到以下五点：

（1）加快集团化经营、扩大企业规模、实现规模经济、增强自身实力和抗风险能力。

（2）突出主营业务，开展多元化经营。

（3）提升会展企业信息技术设备水平，以适应网上展览和电话会议的需要。

（4）实施客户关系管理。

（5）加强会展业的危机公关。

（三）会展行业协会

现代企业在经营与发展过程中遇到挫折和危机是正常的，也是难免的，危机是企业生存和发展中普遍会遇到的现象。但是并非每个企业都有足够的能力建立起一套行之有效的危机管理体制并储备足够的危机处理资源。在会展业发展日益成熟，所涉及的相关群体、社会资源越来越多元化的情况下，会展危机管理需要更多的力量参与进来，这就对会展行业协会的工作提出了新的要求。针对会展危机，行业协会可以通过协调成员企业之间、成员企业与顾客之间、成员企业与各公共部门之间的关系，整合资源，快速反应，帮助危机企业化"危机"为"商机"，这对整个会展业的稳定发展起到了积极的作用。行业协会在会展危机管理中的作用主要表现在以下六个方面：

（1）加强会展各参与主体的合作，使他们共渡难关，合理分摊损失。

（2）发挥权威性和可靠性，及时公布有关危机信息，消除参展方的恐惧心理。

（3）开展危机对会展业损害的调查研究。

（4）邀请业界专家、学者深入研究，出谋划策。

（5）联合会展企业进行联合促销。

（6）加强会展行业人才的培养和锻炼。

第三节　会展风险管理

一、会展风险管理的定义

会展风险管理（Risk Management）是在降低会展风险的收益与成本之间进行权衡并决定采取何种措施的过程，是通过会展风险识别、会展风险预测、会展风险处理等一系列活动来防范会展风险的管理工作。理想的会展风险管理能够花最少的资源去化解最大的危机，这就会遇到有效资源运用的难题。因此，会展风险管理包括了对会展风险的量度、评估和应变策略，本质上是一连串排好优先次序的过程，使其中可能引致最大损失及最可能发生的风险优先处理，而风险相对较低的事情则稍后处理。总体上会展风险管理的工作内容包括三个模块：①会展风险管理必须识别会展风险。会展风险识别是确定何种会展风险可能会对企业产生影响，最重要的是量化不确定性的程度和每个会展风险可能造成损失的程度。②会展风险管理要着眼于会展风险控制。通常采用积极措施来降低损失发生的概率，采用缩小损失程度的方法来达到控制的目的。控制会展风险最有效的方法就是制订切实可行的应急方案，编制多个备选的方案，最大限度地对会展风险做好充分的准备。当会展风险发生后，按照预先的方案实施，可将损失控制在最低限度。③会展风险管理要尽量规避会展风险。在既定目标不变的情况下，改变方案的实施路径，从根本上消除特定的会展风险因素。例如，设立现代激励机制与培训方案、做好人才储备工作等，可以降低会展业知识员工流失的风险。

二、会展风险管理的步骤

对于现代会展业来说，会展风险管理就是通过会展风险的识别、预测和衡量，选择有效的手段，以尽可能低的成本有计划地处理会展风险，获得会展业安全运营的保障。这就要求会展企业在经营过程中应对可能发生的会展风险进行识别，预测各种会展风险发生后对会展活动造成的消极影响，选择有效的、低成本的手段迅速处理会展风险，使会展活动能够持续进行。可见，会展风险识别、会展风险预测、会展风险处理和会展风险事后总结是会展风险管理的主要步骤。

（一）会展风险识别

会展风险识别是会展风险管理的首要环节。只有在全面了解各种会展风险的基础上，才能够预测风险可能造成的危害，从而选择处理会展风险的有效手段。会展风险识别就是将会展风险的要素归类并分层查找出来，其主要内容包括：确定风险的来源、分析风险产生的条件、描述风险的特征以及确定哪些风险事件有可能影响会展活动的正常举办。需要注意的是，不是所有风险都会对会展活动产生严重的后果，然而，几个小风险的叠加却可能对会展产生大影响。因此，风险识别不是一次就可以完成的，应当自始至终不断进行。会展风险识别的具体方法有以下三种：

1. 分解项目结构法

这种方法把会展项目分解成可管理的部分，从而帮助会展企业识别风险并制订风险管理计划，其主要缺点在于不能全面显示复合风险所带来的问题。譬如，一个会展的票务人员出了麻烦，就此事本身来讲可能问题不大，但是如果同时伴随着一个主要赞助商撤出的话，结果就可能导致整个会展活动被取消。

2. 情景分析法

当一个会展活动持续时间较长时，往往要考虑各种技术、经济和社会因素的影响，可用情景分析法来预测和识别关键风险因素及其影响程度。这一方法根据事物发展趋势的多样性，通过对会展活动及其相关问题进行系统分析，设计出多种可能的未来前景，然后用类似于撰写电影剧本的手法，对系统发展全过程的情景和画面做出描述，从而帮助管理者清晰地识别风险。

3. 核对表法

核对表指会展风险要素编制，包括会展活动的环境、参展产品及会展企业内部因素（如工作人员的技能或技能缺陷）等。核对表是风险识别的重要工具，可以利用核对表检测具体工作岗位或环节的实际效果。

（二）会展风险预测

会展风险管理者运用相关方法对所掌握的统计资料、会展风险信息及会展风险的性质进行系统分析，进而确定各项会展风险的频度和强度，为选择适当的会展风险处理方法提供依据。会展风险的预测一般包括以下两个方面：①预测会展风险的概率。通过资料积累和观察，发现造成损失的规律性，例如，一个时期内1 000个展位中有1个发生了火灾，则会展风险发生的概率是1/1 000，由此对概率高的会展风险进行重点防范。②预测会展风险的强度。会展风险发生可能导致直接损失和间接损失，那么对于容易造成直接损失并且损失规模和程度大的会展风险应重点防范，进行预警。

为了更好地进行预测，应重视会展风险的监控。会展风险监控是指对会展风险进行规划、识别、估计、评价、应对全过程的监视和控制，其目的是保证会展风险管理达到预期目标。在会展风险监控的过程中，要及时发现那些新出现并随时间推移而发生变化的风险，及时根据其对会展活动的影响程度，重新进行风险规划、识别、估计、评价并采取应对措施。有效的风险监控可以帮助会展组办企业发现其已做出决策可能发生的错误，尽早形成预警，以便采取纠正行动。

（三）会展风险处理

1. 风险回避

风险回避主要是中断风险源，使其不致发生或遏制其发展。相应的手段主要包括：

①拒绝承担风险。采取这种手段时可能不得不做出一些必要的牺牲，但较之承担风险所可能出现的损失，这些牺牲要小得多甚至微不足道。例如，根据地震局预测某个会展举办期间出现地震的概率较高，场馆管理者无法对该风险进行控制，只能放弃此次会展活动，虽然可能造成收益减少，但如果发生地震所造成的财产和人员损失可能更大。②风险转移。由于各单位对于风险的承受能力不同，会展场馆管理者通过分包或转包工程合同、转让技术合同、出租设备或场馆合同等契约手段，将自身承担的风险部分或全部转移至他人，从而减轻自身的风险压力。当然，合同中应明确各自承担的风险责任，以避免将来发生安全事件时出现争议。回避风险虽然是一种风险防范措施，但应该承认这是一种消极的防范手段，因为回避风险固然能避免损失，但同时也失去了获利的机会。因此，只有在万不得已时才予以采用。

2. 损失控制

损失控制包括两方面工作：第一，减少损失发生的机会，即损失预防；第二，降低损失的严重性，即遏制损失加剧，设法使损失最小化。损失控制手段是一种积极的方法，在场馆安全管理中应积极进行运用，但其前提是场馆的风险发生与否、风险发生的程度及产生后果的大小是可控的。需要注意的是，控制损失应积极主动，预防为主，防控结合，认真研究所识别的场馆风险的根源。就某一行为或项目而言，应在计划、执行及施救各个阶段进行风险控制分析。

会展场馆损失控制的基本工作内容

预防损失	• 会展场馆建造者通过改变建筑用料以防止用料不当而倒塌 • 增强被保护对象对危险的抵抗力，增强会展场馆的防火和防震性能 • 会展场馆建筑工程师定期对建筑物进行预防性维修，可以防止场馆内电线的老化 • 电梯管理人员定期对场馆内的电梯进行保养，可以减少电梯发生事故的机会 • 经常性的消防检查和消防安全教育，可以减少发生火灾的机会，降低火灾带来的损失 • 预防危险源的产生，如在人员进入场馆时进行安全检查，防止危险源进入会展场馆 • 减少构成危险的数量因素，如"非典"期间，对进入会展场馆的人员进行体温测量，避免有可能患上"非典"的人员进入场馆
减少损失	• 在会展展馆现场安装火灾警报系统，甚至可以将该警报系统通过远程智能系统传输并与当地消防局相连，一旦发生火警，当地消防局能及时出动消防车赶到现场实施救助 • 降低危险扩散的速度，限制危险空间，如及时启用隔离卷帘，防止火焰向其他展区蔓延 • 场馆内设置紧急医疗服务，一旦出现人员伤害，立即采取紧急救护措施 • 迅速处理环境危险已经造成的损害，如发生危险时，及时通知当地消防局、公安和医院，对人员和周围物质进行抢救和隔离，避免造成更大的危害等 • 防止已经存在的危险扩散，如对场馆内情绪失控者进行及时处理，避免人群聚集等 • 借助障碍物将危险与保护对象隔离，如当在场馆内发现可疑物品时，应及时用隔离带将人群与可疑物品分隔，防止人们靠近可疑物品 • 稳定、修复、更新遭受损害的物体，如在危险发生之后，及时修复供电、供水和通信设施，使会展场馆能马上恢复使用 • 做好突发事件的预案，使得场馆风险救护能有效地实施，必要时还须进行模拟演练

（四）会展风险事后总结

会展风险事件消除或告一段落之后，还需要对风险事件进行详细全面的总结，包括对风险预控管理的总结、对风险事件管理的总结以及建立更有效的风险预防机制。

1. 对风险预控管理的总结

对风险预控管理的总结主要包括三个方面：①风险预警机制是否为风险管理提供了有用的指导，存在哪些问题以及与制定成本比较是否合算；②演习和风险教育是否对风险事件的处理起到了作用，哪些项目有待加强和完善；③风险预警系统是否发出了及时的警报，是否对预警系统的警报给予了足够的重视并采取了正确反应。

2. 对风险事件管理的总结

对风险事件管理的总结内容和范围比较广泛，包括：风险是否能在预防阶段被识别；识别风险事件发生后的反应行动是否有效阻止或延缓了危机的爆发；风险事件爆发后，会展企业的反应是否迅速合理；风险事件处理中的资源供给是否及时，配置是否合理；风险事件处理中成功避免或减少了哪些损失，管理机构运作是否高效；媒体的管理是否合理，向媒体传递的信息是否合理，以及会展企业的形象维护得如何；风险事件过后的恢复目标制定得是否合理。此外，还有风险恢复工作的有效性及存在的问题等。

3. 建立更有效的风险预防机制

总结工作完成后，会展企业要认真回顾风险处理过程中的每一环节，针对当前的风险预防系统进行全面分析。帮助风险管理机构重新修正预防系统，并进行相应的改进或调整，以建立一个更有效的新预防机制，加强风险管理预案的指导性和可操作性，从而为应对下一次的会展风险管理做好准备。

第四节 主要操作实务

一、会展场所安全管理

会展场所的安全是会展接待服务工作中一项十分重要的内容。会展场所安全工作的好坏，直接影响到与会宾客的人身、财产安全。因此，要把安全服务工作放在会展接待服务工作的首要位置，保证与会宾客的安全。

（一）会展场所安全管理的制度

1. 会议代表（参展商）登记制度

会展开始前，各地的与会者（参展商）到达会展举办地点时都要进行会展的现场登记，主要是确认与会者（参展商）的身份、检查有关证件是否齐全、发放代表证（参观证）及会展信息资料、交流联络方法、办理收费及相关手续等事宜。此举除了便于会展组办方进行管理之外，还考虑安全管理的因素，能够有效避免闲杂人员的浑水摸鱼。

2. 出入验证制度

会展活动期间，进出人流量大而且人员复杂，无论是国内还是国外的宾客，出入会展场所时必须持有效的与会或参展证件（会议或展览登记时发放的证件），这样也可以有效地防止无关人员的进出。出入验证一般由会展场所入口处的安保人员负责。

3. 巡逻检查制度

会展正式开始前后，在会展场所都要求有数名安保人员进行全范围的巡逻检查，通常会具体安排每个人或每个组的巡逻检查范围。巡逻检查的内容主要包括：①楼层上有无闲杂人员，如有闲杂人员应劝导其离开会展场所；②有无烟火隐患，消防器材是否正常，如有烟火隐患及通道卫生问题，应立即解决；③门、窗是否已上锁或损坏；④房内是否有异常声响或其他情况；⑤设备、设施有无损坏及是否洁净，设备损坏应立即报修。

4. 交班制度

各当班人员必须有交班表，当班时认真写好各项内容，签上自己的名字。交班时，以书面内容为准，必需的项目口头表达要清楚。保持场所信息的完整性，为有关部门提供一切已知情况。

（二）会展场所安全管理的设施

安全设施是指一切能够预防和发现违法犯罪活动，保障会展宾客和员工安全的技术装备，主要有电子监控系统、安全报警装置、自动灭火系统、通信联络系统及会展场所的钥匙系统。

1. 电子监控系统

电子监控系统由摄像机、录音机、手动图像切换设备、电视屏幕等组成。通常在人流集中或敏感地段安装摄像头，通过监视发现可疑人物或不正常现象，以便及时采取措施。会展场所的电视监控系统摄像头一般分布在大堂、展厅主要通道、会议室四周、客用电梯、楼层过道、公共娱乐场所、贵重财物集中场所等。

2. 安全报警装置

会展场所的一些重要位置必须配置安全报警装置，并将这些安全设备联结成网络系统，以防盗窃、抢劫、爆炸等事件发生。常用的报警器材有微波报警器、被动红外线报警器、主动红外线报警器、开关报警器、超声波报警器等。

3. 自动灭火系统

会展场所不但有大量与会人员，同时有许多贵重财产，为保证与会人员的人身与财产安全，自动灭火系统尤为重要。

4. 通信联络系统

通信联络系统是指以安全监控中心为指挥枢纽，通过对讲机等无线电通信器材形成的联络网络。这个通信联络网络的设立，能够提高会展场所安全工作的快速反应能力，对保障会展场所的安全起着重要作用。

5. 会展场所的钥匙系统

周密的钥匙系统是会展场所最基本的安全设备。钥匙系统要定期更换、改变，以适应会展场所会展活动频繁的特点。在可能的情况下，会展场所最好配备电子门锁系统，既安全又便于管理。

二、群体管理和控制

会展现场管理是成功办展至关重要的因素和环节，成功的会展现场管理能够提高专业观众和参展商的满意度，提升会展的知名度和美誉度。而会展现场通常都汇集大量的人流、物流，短时间内会出现大量的交叉任务，如何使这些交叉任务得到有效的分配与合理的控制，是群体管理和控制关注的重点问题。

1. 天气

无论是室内还是室外的商品交易会，天气对活动的影响是不言而喻的。对于场馆来说，主要考虑的风险包括：

（1）雷雨对人员和设备带来的伤害，如遭受雷击。

（2）由于地面湿滑，造成人员摔伤。

（3）恶劣的天气还可能导致电线短路，甚至火灾的发生，因此要特别注意。

（4）天气的突然变化可能导致活动参与者的身体不适。

2. 场馆内或周边地区的偷盗风险

由于参加商品交易会的人员大部分是商务人士，他们自然成为被偷盗的对象，场馆在这方面要做好充分的防偷盗工作：

（1）在活动现场和周围地区安装足够的监视器，及时发现偷盗行为。

（2）为客商提供相应的安全保护设施，如保管箱、手提电脑防盗锁等。

（3）加强场馆内及周边地区的安全巡查，配备足够的便衣警察。

3. 展位的搭建安全

特别是对于特殊展位要加强对其结构和施工的安全监控，保证展位不发生坍塌事故。

4. 人群控制

在场馆内部要控制人流的流向，保证通道和出入口的畅通。在场馆外部必要时要实行交通管制。

5. 控制危险物品的展示

大型商品交易会上参展的商品可能会出现一些危险展品，如枪支、刀具、化学物品（可能是易燃易爆的汽油、酒精、天那水等）、剧毒品、放射性样品、烟花、爆竹等，对于这类物品，应妥善管理：

（1）管制刀具和枪械等展示样品需装柜上锁或固定在展板上，并由专人负责看守和管理，开、闭馆时要清点好数目，如有丢失应及时报告场馆管理部门和会展组办方。

（2）剧毒品、易爆品和放射性样品，只能使用仿制代用品，严禁携带实物进入场馆内参展。

6. 保持场馆内的空气流通

当展览场内人流量较大时，应加强通风，避免人们由于缺氧而感到不适。

7. 保证食品和饮料的安全

会展现场供应的食品一般追求方便快捷且比较简单，但对其卫生、新鲜等质量要求较高，事前应对食品和饮料（包括饮用水）的供应商进行资格认证，并签订有关的食品安全和健康合同。

三、运营检查与测评

会展活动运营中，还需要不断进行检查与测评工作，将各个岗位、各个环节的实际工作情况与计划、规范进行对比，从中寻找差距，从而提醒相关工作人员弥补工作中的不足，积累经验，保障和提升会展活动的质量。

1. 检查以确保程序的贯彻并确保工作运营达到既定目标

（1）预防性检查是在计划过程早期制定的。

（2）反馈检查是在项目举办过程中用来支持相关决策的。

2. 测评是根据既定目标来衡量一个活动项目成功与否的过程

场馆风险管理效果评估是在会展活动结束后，总结此次活动安全和风险管理的经验及教训，以防止下一次活动出现类似的风险。场馆安全与风险管理活动后的总结内容包括以下方面：

（1）汇总已出现的安全事故。

将此次活动中所发生的所有安全事故或隐患进行汇总，并按照这些安全事故或隐患发生的性质和严重程度进行归类，分析哪些风险发生的频率较高，哪些风险给会展活动带来的影响较大。

（2）检讨在会展活动识别和评估中的不足。

通过对比会展活动前后的风险和安全管理情况，检讨在场馆的安全和风险评估中出现的漏洞，并找出在事前风险识别和评估中出现遗漏的深层次原因，以避免下一次识别和评估时出现同样的问题。

（3）验证场馆风险计划和风险控制工作流程的有效性。

对场馆风险和安全控制的效果进行评价，反思在制订风险计划和控制工作时是否出现了不足，分析导致这些不足的原因是什么，如何在下次的活动中予以避免。

（4）制订下一步的安全改进计划。

每一次的检讨和反思必将会增加场馆风险和安全管理的经验，根据这些经验，可以进一步完善和提升安全管理的效率和效果。

（5）再次提高员工的风险和安全管理意识。

将场馆风险和风险管理的经验进行总结并与员工分享，以此方式再次加强员工的风险和安全管理意识，强化场馆管理人员的安全责任感。

在评估过程中，只要不断检讨总结，就会真正提高管理水平。场馆风险和安全管理效果的验证既是一次风险评估活动的终点，也是另一次风险评估活动的起点。通过每一次会展活动的安全数据信息积累，对控制风险的效果进行证明和检验，将有效提高场馆风险和安全管理的水准。

（6）其他。

①电气、机械等设备的安全操作；②安全标志；③急救；④沟通方法；⑤无线电是保持联络的最有效工具。

【拓展阅读】

音响会展现场的噪音风险

第十三届中国国际专业音响、灯光、乐器及技术展览会上，噪音严重影响到会展现场人员的洽谈。历届展览会的噪音问题未解决，表面上组织者采取了措施，实际上展览会现场各个展台的音响都打开，参观者很难鉴别哪个品牌的音响效果更好。在国外的许多音响会展上明确规定不允许打开音响的声音，组织者提供的是展示交流的平台，参展商将产品及资料摆放好后，参观者围绕感兴趣的问题与技术人员进行交流，需要视听时有专门的视听房间。相比之下，我们的会展追求参观者的数量，却忽视了参观的质量。期待下一届音响展览会能在优雅的背景音乐中举行。

【思考与练习】

1. 请列举几种可能对会展业造成较大危害的危机或风险。
2. 危机有哪些特点？
3. 如何将风险的危害降到最低？
4. 运用本章的相关理论和方法来为拓展阅读中的问题提供解决方法。

【参考文献】

［1］俞华、朱立文著：《会展学原理》，机械工业出版社，2005 年。

［2］［澳］瓦根著，宿荣江等译：《活动项目策划与管理——旅游、文化、商务及体育活动》，旅游教育出版社，2004 年。

［3］肖庆国、武少源编著：《会议运营管理》，中国商务出版社，2004 年。

［4］毛金凤、韩福文主编：《会展营销》，机械工业出版社，2006 年。

［5］孙明贵主编：《会展经济学》，机械工业出版社，2006 年。

第十章　会展效益评估与财务管理

【学习目的】

通过本章学习，了解会展活动三大效益的基本内容；掌握会展预算的制定过程与基本内容；掌握会展效果评估的指标。

【学习要点】

1. 会展效益
2. 会展预算
3. 会展财务管理的原则与内容
4. 会展效果评估的相关指标

【课前阅读与思考】

《会展财富》杂志总编朱立文先生在中国—东盟博览会专家论坛上有关会展经济的演讲赢得了阵阵掌声。他认为中国—东盟博览会作为一个国际性会展，具有极强的城市边际递增效应和辐射作用，必然会带动相关产业如广告、会展、保险、交通等行业的发展，对举办地南宁市至少带来六个方面的会展效益：提高南宁乃至广西的知名度，产生国际影响；促进信息知识技术交流；促进城市功能结构及要素的定位和合理流动；有利于南宁对外招商引资和商贸交易；促进广西经济一体化，促使产业分工合理；加快城市的基础设施建设和城市文明交流的提高……

第一节　会展效益

效益的高低，可以反映一个国家、地区、部门或者企业的经济管理水平。会展效益是指会展带来的经济、社会和环境效益。经济效益分为直接经济效益和间接经济效益，前者指经营会展业所带来的经济收益，主要表现为会展收入；后者指会展业促进国民经济的发展和相关产业的发展，表现为有利于国家和地区的收支平衡，改变产业和投资结构，如基础设施建设有利于促进建筑行业发展等。社会效益体现在增加劳动力的就业机会，促进不同地区、不同国家人民间的信息、文化和感情交流。环境效益则表现为会展业促进环境的美化、绿化，使人们重视地方景观和环境保护。

一、会展社会效益

会展社会效益一般是指会展产品和服务对社会所产生的影响，主要表现在公众反应和社会评价体系上。会展可以扩大举办城市的外向交流，增加就业，提升影响并改善设施，对优化社会资源、发展社会经济都具有明显的促进作用。

（一）城市文化的传播与创新

会展是集商务活动、信息交流、观光游览、娱乐休闲于一体的综合性服务产业，它提供了新思想、新观念相互碰撞、研讨和交流的平台。会展文化也不是抽象文化，它是具体地孕育于会展举办城市的独特环境中，并与参展单位特色文化相互取长补短之后形成的。由于参展客户来自各地，必然带来不同的文化，这些文化在举办城市的交流碰撞中往往会形成文化的融合与创新，外来的技术、外来的文化、外来的思想、外来的产品都会给举办城市带来灵感和创新激励。通过会展业的桥梁作用，一个城市与外部世界在观念、文化、技术、理念上进行多方面、全方位的交流沟通，将逐步培养起城市的全球性视野和氛围，促进城市发展，培育城市独特的魅力和影响力。

（二）城市形象的展示与提升

良好的形象是城市重要的无形资源，也是城市知名度的重要依托。会展业被誉为城市的窗口，是人们了解城市的一个最佳途径，也是向外展示与推广城市形象的一个主要手段。国际上衡量一个城市能否跻身国际知名城市行列的一个重要标志就是看这个城市召开国际会议和举办国际展览的数量和规模。国际展览是最大、最有特色、最有意义的城市广告，它能向世界各地的参展商、贸易商和观展人员宣传一个国家或地区的科学技术水平、经济发展实力，展示城市的风采和形象并扩大城市的影响，提高城市在国际、国内的知名度和美誉度，从而提升城市竞争力。一次国际会议或展览不仅可以给举办城市带来可观的经济效益，更能带来无法估价的社会效益。德国的汉诺威、莱比锡，法国的戛纳，瑞士的日内瓦等城市都是依托会展业提高了国际知名度，由此可以看出，会展业已成为提升城市整体形象和知名度的有效推动器。

（三）城市就业的增加和多元化

作为一种新兴的第三产业，会展业一方面具有广泛的行业相关性，一方面属于劳动密集型产业，因此能够为社会提供大量的就业机会。从会展业自身发展所需要的策划、设计、建造等专业人员，以及直至接待国内外客商所需要的酒店、交通、翻译等相关人员来看，会展业为举办城市所增加的就业机会呈现出多元化的特征。有关数据显示，每增加1 000 平方米的展览面积，就可以创造 100 个就业机会，对于人口密集的城市而言，会展业的发展无疑为增加城市就业提供了一条有效的途径。

二、会展环境效益

会展环境效益是指会展活动对环境的影响作用和导致的环境变化以及由此引起的社会和经济效应。随着会展经济的不断发展，尤其是在经济利益的驱使下，会展业无节制、无规划的发展给环境造成了一系列不良影响。

（一）对植物的影响

会展活动对植物覆盖率、生长率及种群结构等都可能产生不同程度的不利影响。例如，大量会展垃圾的堆积不但可能导致土壤营养状态改变，还会阻碍空气流通和阳光照射，致使会展区域的各种植物受到破坏。此外，会展的基础设施如场馆、餐饮娱乐场所所排放的污水、废气等也会影响一些植物的存活。

会展活动对植物的影响中，人流踩踏是最普遍的形式。由于大量人流短时间聚集在会展场馆内外，非常容易出现踩踏植物的现象。这种踩踏行为会引起一系列的反应，如因土壤被踩实而导致幼苗无法顺利成长；已成长的植物可能因踩踏而导致生长、形态等发生改变。会展场馆中，步行道规划设计不合理，交通工具的碾压等都可能影响到植物生长，造成对会展环境的不良影响。

（二）对水体的影响

会展活动可能造成水体水质的恶化。例如，会展活动中大量未经处理的生活污水流入水体，会造成水环境质量的下降，给水体环境带来严重的污染和破坏。此外，展台搭建布置过程中使用的一些化合物一旦排入水体并形成沉积，也会给人类和其他生物带来危害。会展对水体影响的另一个重要方面是会展物流运输时产生的垃圾、油污污染，不仅污染水体，还可能会散布化学物质威胁水体生物的健康，这需要在运输过程中做好车辆、船只设备的检查，尽可能避免这一现象的发生。

（三）对大气的影响

会展活动对大气环境质量的不利影响主要体现在会展期间客流量的剧增，致使汽车排放的尾气、废气和会展服务设施的排气剧增等。其一，会展场馆供水、供热、供冷等设施排放的废气对大气质量会造成明显的污染；其二，会展期间汽车等交通工具的繁忙作业也会对大气质量产生影响；其三，会展垃圾等固体废弃物如果处理不当，会滋生细菌和病菌，增加大气污染；其四，进行会展活动的展示厅、会议厅、交流厅、宾馆、餐厅等多为封闭式结构，空气流动性差，大量人员聚集导致室内空气污浊，不仅容易使工作人员和观众感到不适，还可能导致某些疾病的发生和传播。

（四）对周边区域的影响

会展期间，外来人员的大量涌入直接导致周边区域的拥挤，使居民的正常生活受到严重影响。外来参展人员还可能带来某些疾病和病菌，在人流聚集时容易造成流行疾病。另外，会展期间的噪声已经成为会展影响周边区域的主要因素，噪声污染干扰睡眠，损伤听力，影响人们的生理和心理健康。一般会展活动涉及的噪声污染主要包括场馆建设的噪声、展台搭建和拆除过程中的噪声、会展交通工具的噪声、会展期间的相关活动噪声等，这些都是会展场所周边居民感知最为明显的影响。

三、会展经济效益

会展产业能够为一个地区或城市的发展带来直接的经济效益，从而促进区域经济发展，这也是会展业得以迅速发展的重要原因。在瑞士日内瓦、德国汉诺威、美国拉斯维加斯、法国巴黎、英国伦敦等世界著名的会展城市，会展业在城市经济繁荣当中扮演了重要的角色，由此产生了会展经济。会展经济是市场经济条件下的产物，通过举办各类会议、展览会为举办地及周边地区带来了直接或间接的经济效益和社会效益，是综合商贸、交通、运输、宾馆、餐饮、购物、旅游、信息等为一体的经济消费链。会展经济能够促进相关产业如房地产业、宾馆业、餐饮业、交通业、商业、旅游业、信息产业的发展，促进经济贸易的合作，起到加速城市建设的作用，如我国香港每年就通过举办各种大型会议和展览获得可观的收益。

（1）促进当地经济发展：会展吸引大规模人流，从而刺激商品和劳务消费需求。

（2）带动周边产业增长：会展活动开展所引发的相关服务需求会进一步带动关联产业的业务增长。

（3）促进经济贸易合作：客商达成的投资交易项目能够直接促进经济贸易合作的拓展。

四、参展商效益及其影响因素

（一）参展商效益

参展商效益的本质是参展商在会展活动过程中的劳动占用和消耗与有效成果之间的比较。其中劳动占用和消耗主要表现为参展商成本费用，即参展商在规划组织会展活动及向观众提供产品和服务过程中所占用和耗费的物化劳动和直接劳动；参展商有效成果是指参展商在会展活动中的最终产出，这种产出往往是多方面的，参展商的效益是参展商成本费用与参展商在会展经济活动中最终产出的差额。

（二）影响参展商效益的因素

（1）观众的数量及构成：人数规模、专业观众比例。

（2）会展物质技术及其利用率：会展场馆、接待设施、交通通信等。

（3）参展活动的组织和安排：高效、有序。

（4）参展人员。

（5）招商工作。

（6）展位的设计与布置。

第二节　会展预算控制

会展预算是会展活动经济效益的管理与控制，是衡量会展成功与否的重要标志。预算在传统上被看成是控制支出的工具，但新的观念认为预算是"使企业的资源获得最佳生产率和获利率的一种方法"。财务预算是关于资金筹措和使用的预算，会展项目与一般的工业项目有显著的区别，即会展项目提供的是会展服务，而不是实在的产品，因此在做财务预算时就和一般工业项目有很大的区别。从会展项目的财务预算内容来看，主要包括会展项目收入和支出两大部分，会展项目收入主要包括拨款收入、展位收入、门票收入、会务费、赞助收入、提供服务收入等；会展项目支出则主要包括会展营销费用、支付给服务承包商的费用、场馆租金等。

一、制定会展预算的过程

预算编制是在有限的信息和假设的基础上展开的，信息的正确性和假设的合理性需要在项目的运营过程中加以检验，信息的偏差会导致预算偏离项目的财务目标。

（一）预算信息的获取

信息的偏差会导致预算的偏离，偏离的幅度过大，将会导致预算失去意义，所以根据实际情况及时地获取内部历史信息和外部市场信息至关重要，掌握的信息越多，预算的准确度越高。

（二）预算的制定

按照收入和支出项目设置相应的会计科目，并为每个会计科目编号，然后在设定的框架和条件下，预测各个科目的金额。新项目预算的制定方法有两种：一是零基预算，即对每一收支项目的预算都从头开始，分析研究预算期内的实际需要和收益，而后确定其发生额；二是参考同类项目的决算数据确定收支项目发生额。已有会展项目一般根据上一届项目决算数、业务量增减变动数和现行价格来制定本次预算。

（三）决算

从广义上来看，预算工作中还包括决算环节。决算是对预算实施情况的核算、分析和总结。决算工作的重点是对预算和实际发生额之间差异的分析，主要针对导致差异产生的各种因素进行分析，具体包括：

（1）外部环境影响分析，即对经营环境、竞争对手以及供给条件等外部因素进行分析。

（2）内部环境影响分析，即对组织结构变动、业务流程变动以及人员绩效变化等因素进行分析。

（3）预算过程影响分析，即分析预算时没有考虑到的因素或采用的预算方法存在的缺陷。

决算差异分析不仅能为以后的预算打好基础，同时还能反映项目的潜力，为今后项目扩大收入和压缩成本提供数据依据。

二、会展预算的基本内容

会展预算可以根据划分标准的不同而进行不同的分类，针对会展管理所涉及的主体，本节将会展预算分为组织者预算和参展商预算。

（一）组织者预算

（1）会展费用包括：①设计施工费用；②展品运输费用；③宣传公关费用；④行政后勤费用。

（2）会展收益包括：①拨款；②参展商注册费；③门票收入；④出售展品、纪念品收入；⑤广告赞助。

（二）参展商预算

（1）基本项目包括：①照明、电源及其他服务；②展架、展具、地毯；③电话；④文图、道具、办公用品；⑤展览资料；⑥联络、差旅、食宿及补贴；⑦展品运输及保险；⑧接待客户。

（2）强化项目：强化项目就是参展商为了强化效果而制定的预算，主要包括：①会展效果评估；②客户联谊会；③现场演示；④公关费用。

第三节　会展财务管理

一、会展财务管理的概念

财务管理是指通过决策制定和资源管理，在组织内部应用财务原理来创造并保持价值。从企业的角度看，财务管理就是对企业财务活动过程的管理，就是对企业资金的筹集、投向、运用、分配及相关财务活动的全面管理。会展财务管理就是会展企业遵循客观经济规律，根据国家计划和政策，对会展企业资金的筹集、运用和分配的管理，也是利用货币价值的形式对会展企业的经营活动进行的综合性管理。由此可见，会展财务管理主要是企业的资金管理，其对象是现金及其流转，其目的是有效地利用资源实现企业的目标。当然，会展财务管理也涉及企业成本、收入和利润等问题，因此本节所讨论的会展财务管理主要是围绕会展企业成本和收入的财务管理。

会展企业的经营管理包括现场管理、技术管理、人力资源管理、财务管理、营销管理、资产管理、战略管理等众多内容，但是其经营核心应该是资源配置和价值创造。因此，整个会展企业的经营管理最终都能够归结为财务管理的基本问题，通过财务指标来反映全部的情况。如果不能实现会展企业的价值目标，不能使企业价值增加，企业管理就不能称之为有效的管理。从这个意义上说，财务管理既是会展企业管理的衡量工具，也是会展企业管理的核心组成。

二、会展财务管理的特点

会展财务管理从计划开始，通过对企业整体经营过程实施必要的控制，以求达到预定目标，并且通过对会展企业财务状况的分析，从而对经营情况做出评价。其主要职能包括财务预算、财务控制和财务分析等。与一般财务管理相比，会展财务管理工作具有以下特征：

（一）涉及面广

会展活动所引发的营销开展、资产管理、人事与行政分配等活动，无不伴随着资金的运动，可以说会展企业经营活动的各个方面、各个领域、各个环节都与财务管理密切相关。因此，每个部门或环节在如何使用资金、成本的大小及如何实现收入等方面，都受到财务管理制度的制约。此外，会展企业的收入内容多，弹性大，其中包括摊位费、会务费、报名费、赞助费、代办费等。从上述角度来看，财务管理的涉及面相当广泛，而且如果不进行严格的财务控制和管理，很容易出错。

（二）综合性强

会展财务管理能以价值形式综合反映企业经营管理的效果、财务信息和财务指标，以及企业的资产负债情况、成本与收益、资源利用率等，进而反映出企业的管理水平、竞争力及市场价值。通过财务信息把会展企业经营的各种因素及相互间的影响全面地、综合地反映出来，从而有效地促进企业管理效率的提高。从这个意义上说，会展财务管理工作具有知识综合性强的特点，为了实现上述目标，财务管理人员必须熟练掌握现代经济学、金融学、会计学、统计学、会展管理等相关知识和方法，才能进行科学准确的财务管理。

（三）不确定性和复杂性

由于信息不完全或信息不对称以及委托代理关系的普遍存在，会展企业在进行财务管理决策时会受到众多不确定性因素的影响，如利率及汇率的变化、决策者偏好、竞争对手策略、市场结构与市场需求的变化、国内外金融市场的波动、宏观经济政策的调整、技术创新与变革、制度变化等。这些因素都可能对会展企业的财务管理活动和财务管理决策产生重要影响。此外，会展企业的商品是服务，而服务具有无形性、不确定性和不可预知性，这使得会展企业财务管理面临着很大的不确定性，而其财务管理决策也变得更加复杂，面临较大的挑战。

三、会展财务管理的原则

会展财务管理的原则包括成本效益原则、风险与收益均衡原则、资源合理配置原则和利益关系协调原则。

（一）成本效益原则

成本效益原则的核心就是要求会展企业能够通过一定成本的耗用获取尽可能大的收益，以及在效益一定的条件下最大限度地降低成本。按照成本效益原则的要求，在较长的时间内会展企业成本必须呈下降趋势，而效益必须呈上升趋势，这是成本效益原则的价值体现，也是会展企业持续发展的基本要求。

（二）风险与收益均衡原则

一方面，投资的风险与收益成正比，盈利往往意味着要冒较大的风险。另一方面，只有获利能力强的会展企业才能真正有实力维护资本经营的安全，而获利能力低下的企业在激烈的市场竞争中往往缺乏应对与规避风险的实力。风险与收益均衡原则的核心就是要求会展企业不承担超过收益限度的风险，在收益既定的条件下最大限度地降低或规避风险。

（三）资源合理配置原则

作为会展企业管理工作的核心组成，财务管理使得各方面经营要素的搭配情况和效果直接通过财务指标和财务项目显现出来。资源合理配置原则的核心就是要求会展企业的相关财务项目必须在数额上和结构上相互配套与协调，以保证人尽其才、财尽其用、物尽其用，从而获得较为满意的效益。

（四）利益关系协调原则

利益关系的协调直接影响到会展财务管理目标的实现，其核心内容就是要求会展企业在收益分配中（包括税金缴纳、奖金发放、利息支付、工薪分配等），既要保证国家的利益，也要保证企业自身和员工的利益；既要保证投资人的利益，也要保证债权人的利益；既要保证所有者的利益，也要保证经营者的利益。只有实现了不同利益群体的协调，才能够不断改善财务状况，增强财务能力，为提高效益创造条件。

四、会展财务管理的内容

会展财务管理的内容一般包括四个方面，即筹资管理、投资管理、营运资金管理及资金分配管理。

（一）筹资管理

为了保证正常经营或扩大经营的需要，会展企业必须具备一定数量的资金，需要考虑从多种渠道，用多种方式来筹集资金。会展企业的资金来源主要有两种方式：一是企业的自有资金，主要由会展企业通过向投资者吸收直接投资、发行股票、企业内部留存收益等方式取得；二是企业的债务资金，主要由会展企业通过从银行借款、发行债券、利用商业信用等方式取得。企业通过发行债券或股票等方式筹资，会产生资金的流入，而支付利息、股利等会产生资金的流出。这种因为资金筹集而产生的资金收支，就是由企业筹资而引起的财务活动。在进行筹资管理时，会展企业要考虑资金的使用期限长短、附加条款和使用成本大小等问题。

（二）投资管理

为了提高资金利用率，筹集的资金要尽快用于会展经营活动，投资管理就是针对这方面的工作。任何投资决策都有一定的风险，因此必须做可行性分析；而对于新的投资项目，更要进行深入细致的分析和研究。投资分为对内和对外两种方式，会展企业的对内投资是指把所筹集的资金投资于企业内部，用于购置固定资产、无形资产；会展企业的对外投资是指把所筹集的资金投资于企业外部，如购买其他企业的股票、债券或与其他企业联营进行投资。无论是内部投资还是外部投资，都需要会展企业支出资金；这就需要进行投资管理工作来协调资金的分配和使用。另外，当企业变卖其对内投资的各种资产或收回其对外投资时，会形成因企业投资而产生的资金收入，这种由投资而引起的财务活动同样是投资管理所关注的环节。

（三）营运资金管理

营运资金一般指流动资产减去流动负债所得的余额，即企业存于银行的现金、投资于有价证券、占用于应收账款与应收票据和存货储备等各项流动资产的总额，减去在经营过程中发生的流动负债（应付账款和应付票据等）所得的余额。会展企业的营运资金主要是为了满足企业日常经营活动的需要而垫付的资金。在一定时期内，资金周转速度越快，资金的利用率就越高，可能获得的收入就越多。因此，如何加速资金周转，提高资金利用率，是营运资金管理工作关注的核心问题，也是财务管理的主要内容之一。

（四）资金分配管理

会展企业在经营过程中会产生利润，也可能因对外投资而分得利润，企业资金有了增值或取得了投资报酬，就产生了资金分配管理的需要。会展企业的利润要按规定程序进行分配：首先要依法纳税；其次要用来弥补亏损，提取公积金、公益金；最后要向投资者分配利润。这种因利润分配而引起的财务活动就属于资金分配管理的工作内容。随着利润分配过程的进行，资金的退出或留存必然会影响会展企业的资金运动，这不仅表现在资金运动的规模上，而且表现在资金运动的结构上，如筹资结构等。如何依据一定的法律原则，合理确定分配规模和分配方式，确保会展企业取得最大的长远利益，成为资金分配管理的工作目标。

五、会展财务风险管理

针对财务风险的特性与表现，会展企业应本着成本效益原则，预先确定一系列的政策、措施，采用一些合理有效的防范措施，将可能导致财务风险爆发的因素降到最低，把会展财务风险控制在一个合理的、可接受的范围之内。

（一）树立正确的财务风险意识

由于会展业属于高速度发展的新兴服务业，多数企业起步晚、规模小，人员素质较低，经营管理人员对财务风险的本质及危害基本没有形成足够的认识，他们普遍认为目前会展企业盈利状况较好，不会存在财务风险。这种缺乏财务风险意识的状况如果持续下去，必将导致会展企业财务风险的爆发。因此，会展相关部门或机构应充分认识到问题的严重性，利用各种渠道开展宣传教育，帮助经营管理人员了解财务风险方面的知识，树立正确的财务风险意识，将财务风险防范贯穿于经营管理工作的始终，把财务风险降到最低。

（二）设立相关的财务风险管理岗位

随着市场竞争的加剧，财务风险对企业的破坏越来越严重，许多企业设立财务风险管理岗位对财务风险进行全面控制，实践效果良好。会展企业应借鉴经验，在大型会展项目中设立相关岗位，对客观存在于会展项目中的财务风险实施有效的监督和控制。针对大型会展项目的特点，财务风险管理岗位的具体职责主要包括：制定财务风险管理制度，认真分析会展项目财务环境及影响因素，监督项目预算的执行，准确预测财务风险，协调内部各部门共同控制财务风险的发生，降低财务风险的危害。

（三）加强借入资金管理以防范筹资风险

筹资活动是会展企业经营活动的起点，这一活动的风险大多来自举债筹资，因此应加强借入资金的管理，有效防范筹资风险的发生。具体工作可从以下五个方面入手：一是科学地预测资金需求量，确定合理的筹资规模；二是依据筹资规模，选择正确的筹资渠道，一般应先自有、后资助，不足情况下才选择借入；三是设计合理的筹资计划，应慎重考虑利息成本、利率波动、资金借入时间等问题；四是实施筹资计划，保证资金按时足额到位；五是加强借入资金的使用管理，尽可能控制或避免引发筹资风险等不利因素出现。

（四）慎重选择会展项目以防范投资风险

会展企业所取得的筹集资金绝大部分将投入会展项目的前期运作，如果会展项目选择不当，可能导致会展不能如期举办或收入状况不好，使企业整体盈利能力和偿债能力下降，从而引发投资风险。因此，会展项目的选择是会展企业投资成功的关键，会展企业应在充分考虑自身资源和外部环境的基础上，做好市场调查分析，对会展项目的收益性与风险性进行科学预测，以保证决策的正确。另外，应建立会展项目运营环境监控机制，及早发现、控制内外部环境中的各种不利因素，提高会展项目的盈利能力。

（五）设立风险准备金以防范资金回收风险

会展企业资金回收风险主要来自于应收账款的管理与突发事件的影响。虽然利用应收账款可以增加企业当期收益，但是不能增加现金流入量，如果管理不善，极易引发入不敷出等财务风险。对此应加强以下三方面的管理：一是建立稳定的信用政策；二是确定合理的应收账款比例；三是建立销售追账责任制。相对于应收账款管理，突发事件所引发的资金回收风险常常会给会展企业带来致命的打击，对此应高度重视以下措施：第一，在国家允许的范围内提取风险准备金；第二，针对突发性事件可能引起的问题，选择部分项目向保险公司投保以分担风险；第三，建立突发事件应急机制，及时控制事态的恶化。

（六）控制收益分配风险

收益分配风险主要来自收益确认与分配两个方面。一方面，应全面考虑收益确认、现金流入量与税款缴纳之间的关系，控制好收益确认时间、现金流入时间及数量，避免提前缴纳大量税款，引发现金支付困难等财务风险的发生；另一方面，应充分认识收益分配中留存收益和分配股利之间的联系与矛盾，从企业长远发展角度出发设计合理的收益分配方案，处理好企业增资发展与股东利益分配的关系，避免收益分配风险的发生。

第四节　会展效果评估

一、会展评估概念

会展评估是对展览的现场环境、工作效果等方面进行系统、客观、真实、深入的考核和评价，并做出权威的反馈，是会展管理整体运作中的重要环节。会展评估工作在会展发达国家已经相当成熟，通常是由统一的行业机构从事展览的评估、认证工作，对各类数据进行审核认证，定期公布认证结果，为会展业相关机构提供比较分析的依据。德国被公认为世界会展强国，会展评估通常由专门的第三方机构来承担，如隶属于德国经济展览和博览会委员会（AUMA）的FKM组织。FKM组织的主要任务就是制定统一的展览会相关指标统计审核标准，其成员自觉遵守相关规定，按照规则和标准申报展览会统计数据，接受FKM组织的专门数据审计。FKM组织定期公布行业分析数据和报告，成员机构在任何场合和情况下所使用和发布的展览会统计数据均与FKM组织公布的统计数据相一致，这就保证了会展数据的透明度和真实性，同时也保证了会展推广方面的权威性和有效性，使得会展评估工作真正具有市场意义和价值。

对组展商而言，可以根据相关的会展评估结果来客观理性地分析、评价当前的会展市场环境和走向，为今后会展项目的市场开发、运营管理提出相应的建议。组展商可根据历次会展评估的结论和建议，及时调整展览项目的发展方向、运作管理方式等，扬长避短，进一步完善和建立自己的会展品牌。对行业主管部门而言，则可以根据相关会展评估的标准、结论来制定会展行业发展的行业规章和制度，并可对一些评估良好的会展项目进行重点扶持以形成品牌优势。反之，对一些评估差、缺乏市场前景甚至重复举办的展览项目予以严格控制以达到规范会展市场秩序和行业竞争的目的。对于参展商而言，有了规范的、客观的评估报告，就可以通过评估结果掌握会展的真实情况，从而对是否参展进行客观理性的判断。

会展评估包括定量和定性两部分。评估的定量部分主要是对可以计量的会展因素进行统计分析并得出结论，可以计量的因素包括展览会的展位面积、专业观众的数量、参展商的数量等。需要注意的是，可计量因素往往会受到许多非计量因素的影响，有时候并不一定能反映真实情况。定性的评估需要在客观事实的基础上，依据某种指标体系和评估者的学识、经验对会展加以评估。由于受到评估者的认知能力和个人感情等因素的限制，定性评估可能会出现偏差。为了提高准确性可以求助于具有丰富经验和高水平且可以保持客观中立的"第三方"专业评估机构。由于两种方法都有着自身的局限性，通常情况下应将定量和定性的方法相结合，建立起完备的评估机制，才能系统地对会展进行有价值的评估。

二、会展评估程序与评估报告

（一）会展评估程序

在进行会展评估时，首先需要确定评估的方法和步骤，然后再设计合理的调查问卷并收集有关信息，最后通过对相关数据和其他信息的分析得出会展效果评价，并对下届会展的举办提供经验与建议。

1. 确立会展评估目标

会展评估的主要目的是了解展出的效率和效益。由于会展效果的评估涉及会展工作项目与工作成果之间的复杂关系，导致会展评估目标的复杂化。所以在进行会展评估时应该根据展出目标确立评估的具体内容，并依据主次关系确定优先评估或重点评估的顺序。

2. 选择规范的评估标准

会展效果的评估内容包括整体成效、宣传效果、接待成果等。评估时应该根据不同的评估对象即参展商、组展商或行业主管机构，客观地制定切合实际的评估标准，并且应该尽可能使评估标准规范化。评估标准的规范化是指在协调统一的基础上应该明确评估标准的主次和重心，并且需要量化评估标准，使之具体化、可操作性强。

3. 制订评估方案

负责评估的部门需要根据会展效果的评估目标及标准，确定各阶段具体的评估内容和评估方案，其中包括各阶段的时间安排与抽样分布、评估对象和方法、人员安排、培训及经费预算等。

4. 实施评估方案

在实施评估方案时可以通过收集现成资料、安排记录、召集会议、组织座谈、调查问卷等方式收集各种信息，然后整理所收集的信息，进行数据处理分析，以便对整个会展活动的效果进行总体评价。

5. 撰写评估报告

在完成综合性的评估过程之后，负责评估的部门需要书面撰写评估报告，以便公布和共享。报告内容一般包括评估项目、评估目的、评估过程与方法、评估结果统计分析、评估结论与可行性建议及附录等。

（二）会展评估报告

会展评估报告可能因评估的具体内容而有所区别，通常都应该包含以下部分。

1. 评估的背景和目的

在陈述评估背景和目的时，报告需要对评估工作的由来或受委托进行评估的具体原因加以说明。说明时最好依据相关的背景资料，适当指出会展活动以前存在的问题，并简要分析造成这些问题的原因。

2. 评估方法

报告中必须详细阐明评估方法，包括评估对象、样本容量、样本结构、资料采集方法、实施过程及问题处理、资料处理方法及工具、访问完成情况、评估的指标体系等。其中，评估对象主要说明从什么类型的对象中抽取样本进行评估；样本结构需要说明根据何种抽样方法抽取样本，抽取样本的结构如何，是否具有代表性；资料处理方法及工具应该介绍信息数据简化和统计处理所采用的具体工具与方法；而访问完成情况部分则需要说明访问完成率及部分未完成或访问无效的原因。

3. 评估结果

评估结果是将评估所得资料整理出来。除了用若干统计表和统计图来呈现以外，报告中还必须对数据资料所隐含的趋势、关系和规律加以客观描述。也就是说，要对评估结果加以说明、讨论和推断。评估结果所包含的内容应该反映出评估目的，并根据评估标准的主次来突出所要反映的重点内容。

4. 结论和建议

要用简洁明晰的语言对结论进行提炼，必要时可引用相关背景资料加以解释、论证。建议是针对评估结论提出获得更好效果所需要采取的措施，或处理现存问题的方法，最后要提供有针对性的行动方案。

三、会展评估指标

会展评估内容有定性的部分，也有定量的部分，评估目的主要是了解展览的质量、效率和成本效益。

1. 有关展出目标的评估

主要根据组展商、参展商的经营方针和战略、市场条件、展览会情况等评估会展目标或参展目标是否合适。

2. 有关展览效率的评估

展览效率是展览整体工作的评估指数。评估方法有多种，其中一种是展览人员实际接待参观客户的数量在参观客户总数中的比例；另一种是接触潜在客户的平均成本，即参展总开支除以实际接待的参观客户数量，这是一种非常有价值的评估指数。

3. 有关展览人员的评估

展览人员的表现包括工作态度、工作效果、团队精神等方面，这些不能直接衡量，一般是通过询问参加展览的观众来了解和统计；另一种方法是计算展览人员每小时接待观众的平均数。

其他评估还包括展览人员组合安排是否合理，效率是否高，言谈、举止、态度是否合适，展览人员工作总时间多少，展览人员工作轮班时间长短等。需要注意的是，对展览人员的评估一般仅限内部使用，不宜公开。

4. 有关设计工作的评估

设计工作的定量评估包括展台设计的成本效率、展览和设施的功能效率等；定性评估则包括公司形象如何，会展资料是否有助于展出，展台是否突出和易于识别等。

5. 有关展品工作的评估

包括展品选择是否合适，市场效果是否良好，展品运输是否顺利，增加或减少某种展品的原因等，通过评估可以了解哪种产品最受关注，评估结果对市场拓展具有一定的参考价值。

6. 有关宣传工作的评估

包括宣传和公关工作的效率、宣传效果、是否比竞争对手吸引了更多的观众、资料散发数量等。对新闻媒体的报道也要收集评估，包括播放次数、版面大小、周期频率等指标。

7. 有关管理工作的评估

包括展览筹备工作的质量和效率，展览管理的质量和效率，工作有无疏漏，尤其是培训等方面的工作。

8. 有关开支的评估

展览开支是一个争论较多的评估内容。对于绝大部分参展公司，展览只是经营过程中的一个环节，因此，展览的直接开支并不是展览的全部开支，还存在展览的隐性开支，准确计算比较困难。但参展开支仍需要计算评估，因为这是计算参展成本的参考基础。

9. 展览记忆率评估

展览记忆率是反映整体参展工作效果的专业评估指数，指参加展览后 8～10 周仍能记住展览情况的客户在调查客户中所占比例，可反映参展公司给参展商留下的印象和影响。记忆率高，说明展览形象突出、工作效果好；反之则说明展览形象普通、工作效果一般。记忆率低的原因主要有：展台工作人员与参展商之间缺乏直接交流，也缺乏后续联系，参展公司形象不鲜明，所吸引的参观客户质量不高。

四、会议评估的内容

会议与展览存在区别，会议评估因而有着专门的内容。没有一个会议的组织是完美的，只有不断总结，才能不断提高。一次会议议程的结束并不意味着会议组织管理工作的结束，会议的评估总结也是会议管理的重要环节，关系到会议主办者的会议管理水平能否不断提高。所有参加会议的人都应该是会议评估的参与者，而且应该是会议评估的主角，会议评估工作应充分吸收他们的反馈。整体上，会议评估是对会议从筹备到会议总结全过程的评估，因为任何一个环节都关系到会议的成功与否。

1. 会前效果评估

对会前筹备情况的评估，应考虑以下因素：

①会议目标是否明确；

②会议议题的数量是否得当；

③会议议程是否合理、完备；

④每一项议题的时间分配是否准确、合理；

⑤与会者人选、与会者人数是否得当；

⑥会议时间、地点是否得当；

⑦会场指引标志是否明确；

⑧开会的通知时间是否得当；

⑨开会通知的内容是否周详；

⑩会议场地选择是否得当；

⑪会议设备是否完备；

⑫与会者是否做了充分准备；

⑬与会者的会前情绪如何；

⑭会议的住宿、餐饮是否安排妥当。

2. 会中效果评估

对会议进行中各环节的评估，应主要考虑以下因素：

①会议接待工作如何；

②会议是否准时开始；

③会议人员是否准时到会；

④是否有会议秘书在做记录；

⑤会场自然环境如何，是否存在外界干扰；

⑥会场人文环境如何，与会者之间是否有交头接耳现象；

⑦主持人是否紧扣议题进行主持（是否离题）；

⑧会议是否由少数人垄断；

⑨与会者发言及讨论是否紧扣议题（是否离题）；

⑩与会者是否能表明真正的感受或意见；

⑪与会者之间是否有争论不休的现象；

⑫与会者是否与会议主席有争论，情况如何；

⑬视听设备是否正常（是否发生故障）；

⑭与会者是否热心于会议；

⑮会场气氛是否热烈；

⑯会议决策是否正确（是否符合实际，是否有偏颇之处）；

⑰会议议程是否按预定时间完成（会议是否按预定时间结束）；

⑱主持人是否总结会议的成果；

⑲会议的欢迎宴会、欢送宴会是否得当；

⑳参观、访问、游览活动安排是否合理、安全；

㉑其他因素。

3. 会后效果评估

会议议程结束后，还有一系列工作要做，也需要评估。会后效果评估主要考虑以下因素：

①会议记录是否整理好；

②是否印发会议纪要和会议简报；

③会议决议是否落实；

④是否对与会者的满意程度进行调查；

⑤对会议的成败得失是否进行总结；

⑥已完成任务的会议委员会或会议工作小组是否解散；

⑦其他因素。

五、会议评估的方法

（一）调查问卷

调查问卷是最常用的会议评估方法。问卷设计者把要评估的各方面问题列举出来，每个问题后面给出若干评价性术语，评估者只要从中选择一个或几个打"√"，最后再写上个人的意见或评论。这一方法相对简单易行，只需花很少时间就能完成，因而广受欢迎。

调查问卷可以通过以下几种方式进行：

（1）现场手工填写，即把调查问卷印刷出来，在适当的时候发给评估者，请其现场填写。

（2）现场电脑填写，即把设计好的调查问卷存放在电脑中，请评估者现场在电脑上填写，所有评估者填写完毕后，电脑即可统计出调查问卷中量化部分的数据。

（3）邮件发放。会议结束后，把调查问卷通过电子邮件方式发到评估者的电子信箱里，请评估者在规定日期内填写后进行邮件回复，评估组织者收集后再进行处理分析。

若条件允许，调查应尽量在会议现场进行。若无法在会议现场进行调查或部分与会者无法参与现场调查，可以安排会后再进行。

（二）面谈

会议结束时邀请部分调查对象集中或分别面谈，征求他们对会议的意见和评价。这种方法只能对会议进行定性评估。

（三）电话调查

会议结束后，安排人员与调查对象进行电话联系，征求他们对会议的意见，并请他们对会议做出评估。这种方法也只能对会议进行定性评估。

（四）现场观察

在会议现场或各个活动场所派人观察会议和相关活动的进行情况，并观察与会者和活动参加者的反应，从而做出对会议的评估。

（五）述职报告

会议结束后，要求每个会议工作人员对自己在会议整个过程中所做的工作撰写述职报告。这种方法可以从一个侧面了解会议的情况，对会议进行评估。

当然，以上方法结合使用，可以使会议评估更全面、更具科学性。

【拓展阅读】

西安城市的新契机：蓬勃发展的会展业

至 2007 年，西安市各类会展犹如雨后春笋，会展达到 66 个，参展商 11 万人次，专业观众 10 万人次，普通观众 236 万人次，成交额 394 亿元，新增就业岗位 10 500 个，创造社会综合经济效益达 50 亿元。特别是金秋时节举办的全国两大会展——全国糖酒商品交易会、中国餐饮博览会，商贾云集，成果颇丰，为打造西安区域性国际会展中心提供了动力。

20 世纪 90 年代以来，西安会展业经历了从小到大、从参展到办展、从低层次到高层次、从数量到质量的发展历程。自从中国加入世贸组织以来，伴随着西安经济的快速发展，西安会展的数量和规模稳步增长，西安区域性国际会展中心的发展态势前景大好。从已经举办的会展来看，规模从地方性小型展销会发展到有影响力的全国性大型会展，内容从土特产、工业品、服装等发展到房地产、高新技术、现代装备制造等 50 多个领域。如东西部贸易洽谈会、全国糖酒商品交易会、住房博览会、制造业博览会、供暖器材博览会、旅游博览会、医药展、服装展、美食展等。据管理部门相关人士介绍，1990 年前后，每年在西安举办的会展仅有五六个，到 2005 年，一年就有 100 多个。举办一次高水平的会展可以让一座城市兴旺起来，让一座城市"火"起来。全国糖酒商品交易会举办期间，西安大街小巷装扮一新，靓丽整洁，宾馆饭店爆满，广告争奇斗艳，旅游景点火热，前后十天成交额高达 140 亿元，社会综合经济效益 25 亿元，财政直接收益 10 亿元。西安会展业的快速发展，也带动了展览企业的迅速成长。2007 年，在西安注册登记的有展览业务的公司达 120 多家，其中专门组织、举办会展的公司有 20 多家，从事展览特装的公司十余家，从事相关业务的广告公司数量更多。蓬勃发展的会展业正在给西安这座城市增添更大的活力、更多的机会。

【思考与练习】

1. 请列举会展业的发展对一个国家或地区的影响。
2. 会展预算的内容包括哪些？
3. 参展商如何减少预算？
4. 会展效果评估的程序是什么？

【参考文献】

[1] 俞华、朱立文著：《会展学原理》，机械工业出版社，2005 年。

[2] ［澳］瓦根著，宿荣江等译：《活动项目策划与管理——旅游、文化、商务及体育活动》，旅游教育出版社，2004 年。

[3] 肖庆国、武少源编著：《会议运营管理》，中国商务出版社，2004 年。

[4] 毛金风、韩福文主编：《会展营销》，机械工业出版社，2006 年。

[5] 孙明贵主编：《会展经济学》，机械工业出版社，2006 年。

第十一章　会展组织管理

【学习目的】

通过本章学习，了解组织的定义、特征以及主要的国际会展组织的相关内容，理解会展企业管理特点及主要内容，理解会展中介组织的功能及服务内容，掌握会展行业管理中政府、行业协会的作用及管理方式。

【学习要点】

1. 会展企业管理的特点及内容
2. 会展行业管理模式
3. 政府在会展行业管理中的角色与职能
4. 会展中介服务组织的职能

【课前阅读与思考】

武汉市加快会展业市场化转型步伐。今后，政府不再主导会展，会展将一律由企业承办，按市场规律办展。

市政府办公厅关于加快武汉市会展业市场化转型的意见在武汉市政府常务会上获得原则通过。根据该意见，武汉市会展业市场化转型将遵循政企分开、管办分离、市场主导、市场机制、有序退出、品牌保护六大原则。通过会展组织管理体系的改革，武汉市会展业将加强与国际接轨，提高档次，扩大影响力和辐射力，增加会展数量，兴办一批国际一流的会展，培育一批专业的会展企业。

第一节　有关组织

本章介绍的会展企业、政府部门、行业协会、中介机构等都属于管理学科中组织的范畴。因此，对于有关组织的概念知识进行了解，将有助于对会展组织管理相关内容的理解和掌握。

一、组织的定义及特征

组织（Organization）是对完成特定使命的人们的系统性安排，如大学就是一个组织，还有学生会、政府机构、公司等都是组织。它们之所以被称为组织，是因为都具有三个共同的特征：

第一，每一个组织都有一个明确的目的，这个目的一般是一个或一组目标。

第二，每一个组织都是由人组成的。

第三，每一个组织都建立一种系统性的结构，用以规范和限制成员的行为。

第三个特征最为重要，表明了组织的规范性和等级性，比如建立规则和规章制度；选出某些成员作为"领导"，给予他们指挥其他成员的职权；编写职务说明书，使组织成员知道各自应该做什么。简单来说，组织就是指一种由人们组成的、具有明确目的和系统性结构的实体。

二、组织类型与规模

（一）组织的类型

按照组织是否有营利的目的，可以将组织划分为营利性组织和非营利性组织。

1. 营利性组织

是否获取利益是区别这种组织的一个根本标志。营利性组织的所有活动以利润为核心，企业通常都属于营利性组织。

2. 非营利性组织

非营利性组织的主要宗旨是向社会提供服务，如宗教组织、社会福利组织、部分教育和医疗组织等。他们可能会收取一定费用，这些费用主要是用于维持自身的生存。政府、民间组织、行业组织都属于非营利性组织的范畴。

（二）组织的规模

组织规模即组织的大小，是指一个组织所拥有的人员数量以及这些人员之间相互作用的关系。人员的数量在某种意义上对组织结构的影响是决定性的。大规模的组织对于企业的竞争能力来说是必要的，因为市场竞争需要大量的资源和规模经济所带来的效益。但大规模的组织是复杂的，因而需要较高的管理成本，而小规模的组织具有较好的灵活性，有能力针对环境的变化迅速做出反应，所谓"船小好调头"。

组织的系统性结构决定了组织具有等级体系，通常用"组织层次"来描述这一属性。组织层次亦称"管理层次"，是指社会组织内部从最高一级管理组织到最低一级管理组织的各个组织等级。从表面上看，管理层次只是组织结构的层次数量，但其实质上反映的是组织内部纵向分工关系，各个层次将担负不同的管理职能。因此，伴随着层次分工，必然产生层次之间的联系与协调问题。相对而言，组织规模越庞大，组织的层次也就越复杂。

三、组织文化

组织文化通常用来指组织共有的价值体系。这里所说的文化有以下两方面的含义：首先，文化是一种知觉，这种知觉存在于组织中而不是个人中。组织中具有不同背景或不同等级的人，试图以相似的术语来描述组织的文化，这就是文化的共有方面。第二，组织文化是一个描述性定语，它与成员如何看待组织有关，而与他们是否喜欢自己的组织无关，因此组织文化是描述而不是评价。

尽管没有规范性的方法来测量组织文化，但前期研究却表明文化可以通过评价一个组织所具有的十个特征的程度来加以识别，这些特征是：

（1）成员的同一性。雇员与作为一个整体的组织保持一致的程度，而不是只体现出他们的工作类型或专业领域的特征。

（2）团体的重要性。工作活动围绕团队组织而不是围绕个人组织的程度。

（3）对人的关注。管理决策要考虑结果对组织中的人的影响程度。

（4）单位的一体化。鼓励组织中各单位以协作或相互依存的方式运作的程度。

（5）控制。用于监督和控制雇员行为的规章、制度及直接监督的程度。

（6）风险承受度。鼓励雇员进取、革新及冒风险的程度。

（7）报酬标准。同资历、偏爱或其他非绩效因素相比，依雇员绩效决定工资增长和晋升等报酬的程度。

（8）冲突的宽容度。鼓励雇员自由争辩及公开批评的程度。

（9）手段—结果倾向性。管理更注意结果或成果，而不是取得这些成果的技术和过程的程度。

（10）系统的开放性。组织掌握外界环境变化并及时对这些变化做出反应的程度。

第二节　会展企业管理

一、会展企业的定义

会展企业是会展业中为社会创造经济价值的载体。广义上把会展企业定义为参与到各种会展经济中的各个企业和单位。狭义上，会展企业是指会展的经营企业，主要包括会展的主承办方，从事会展策划、组织、运行或展馆管理、展馆工程的企业。一般把一定时期内从事与会展活动相关业务占总业务的比例是否达到或超过50%，作为衡量一个企业是否为会展企业的标准。

现代会展业包含的范围十分广泛，既包括各种各样的专业会议，也包括博览交易会，还包括各种节事活动等。会展内容的多样性和广泛性决定了会展企业类型的多样性和复杂性。根据不同的标准，会展企业可以划分为以下类型：

（1）按照与会展活动的密切程度，会展企业可以分为直接会展企业、间接会展企业和配套会展企业三种类型。直接会展企业是指直接和专门经营会展业务的企业，如专业会议组织公司、展览公司、场馆经营公司等；间接会展企业是指除了为会展提供服务外，同时也为社会其他产业部门和人员服务的企业，如广告公司、酒店、餐馆、交通运输公司等企业；配套会展企业是指为会展企业提供配套产品和服务的相关企业，如装饰公司、建筑公司、物流公司等。

（2）按照企业的整体实力和优势，会展企业可以划分为综合型会展企业和专业型会展企业。

（3）按照企业的专业化分工，会展企业可以分为会展策划公司、会展礼仪公司、会展广告公司、会展咨询公司、会展旅游公司等。

（4）按照会展产品的差异，会展企业可以分为农副产品会展公司、服务业会展公司、文化教育会展公司等。

二、会展企业管理的特点

（一）运作机制灵活

全球范围特别是欧美等会展业发达的国家中，承办单位与参展商、参展商与订货商、承办单位和参展商与展览馆经营者之间，完全按照市场化来运作会展项目。会展经济中企业的资源配置，如资本的融合、专业人才的融合、会展品牌的融合以及举办方式的融合等，都是按照市场的调节来实现的。在这种条件下，经营者需要根据市场环境的变化、参展商或供应商的特征变化等及时对经营业务做出调整，如业务领域的扩展、转移或退出等，会展企业管理也因而表现出更为灵活的经营机制。

（二）专业化程度高

会展产业本身是一项专业性很强的产业，会展的策划和举办所包含的从筹办到招展、展出，从设计、布展、服务到打造会展品牌等环节，需要设计、营销、广告、策划、政策、管理等诸多专业相互配合协调，所以工作内容的专业化要求较高。另一方面，国际会展业已经呈现出从综合性会展向专业性会展转型的趋势，而会展企业能否为参展商提供专业服务是判断专业性会展是否成功的基本要素之一。这种专业服务贯穿会展运作的整个过程，包括市场调研、主题立项、寻求合作、广告宣传、招展手段、观众组织、活动安排、现场气氛营造、展后服务，甚至包括展览企业所有对外文件和信函的格式化、标准化等，都需要具备较高的专业水准。这些都离不开专业化程度高的会展企业管理。

（三）经营开放性强

在整个国民经济中，会展经济本身就是作为一种开放性的经济形态存在的。它不是简单的个体经济行为，而是一种集体性的大规模物质、文化交流方式。这种交流方式具有广泛的关联性，会展经济从而引起社会资源和要素在全国乃至全球范围内的流动。在这个意义上，会展业是跨国度、跨地区的物流、资金流、信息流高度集聚的一个平台，是展示国家和地区经济发展水平的重要窗口，是一个高度开放的产业。会展产业的这种特性和内在运作规律决定了会展企业管理也必须对外开放，实行开放化、国际化运作。

（四）注重协同发展

一个会展活动的成功举办包括策划、组织、广告、物流、安全等多方面的实质性工作，规模有限的会展企业仅靠自身能力一般难以达到管理工作要求，即便是规模较大的会展集团，也只是在营销网络、资金实力、人力资源、管理经验等方面拥有优势，也不能胜任全部的管理工作，因此各个层面上的合作不仅是必要的而且是普遍的。同时，会展业的关联特性还使得会展活动不仅包含会展企业的经营行为，旅游、保险、住宿、餐饮、交通、通信等多行业的企业也有较高程度的参与，相互之间同样需要协调一致。因此，会展企业管理必须注重与会展业内外相关企业的互动合作，彼此的协同发展既是会展企业管理的特点，也是其成功经营的重要因素之一。

三、会展企业管理的内容

会展企业管理是一项复杂的系统工作，可分为日常经营管理和会展现场管理，前者主要包括硬件设施管理、信息管理、人力资源管理、财务管理、项目管理、市场管理等，后者则包括安全管理、组织管理、物流管理、突发事件管理等。

（一）日常经营管理

1. 硬件设施管理

会展企业的硬件设施管理主要指对举办各类型会展所必需的场馆及设施的日常维修保养，如场馆建筑物及水电线路的维护、电子设备的检修等。

2. 信息管理

会展企业的信息管理主要包含外部信息和内部信息的管理。企业外部信息管理重点在于信息收集分析工作，包括政府下发的信息，如会展业的各项方针、政策、计划等；市场方面的信息，如市场产品销售、竞争者情况、消费要求变化等；相关渠道的信息，如通过参观、访问、学习、经验交流以及咨询机构等获取的信息。企业内部信息管理重点在于各个部门信息资料的整理与共享，如管理部门的各种决策、计划、业务核算等信息，技术部门有关工艺流程、新设备研制和开发等信息，都需要进行部门间的交流、分享和协调。

3. 人力资源管理

会展业是劳动密集型产业，人力资源是会展企业最具有主动性和主导性的生产要素，并且需要具备特定的职业素养。因此，对专业人才的培养，对人力资源的开发与管理，直接关系到会展企业经营的成败。建立完善的人才聘用和培养机制，实现企业员工招聘、录用、培训、激励、约束等环节的科学化操作是会展企业人力资源管理的重要内容和目标。

4. 财务管理

会展企业的财务管理主要包括经营中的成本控制、资本结构优化与财务分析，通过一系列财务技术措施实现会展企业资金的良性组合、高效使用，帮助企业规避风险，顺应会展市场的发展趋势。

5. 项目管理

会展企业的项目管理是会展业发展尤其是会展企业管理过程中的核心内容，主要工作围绕会展的策划、设计与举办展开，一般由会展项目计划编制、实施及控制等环节组成。

6. 市场管理

会展企业的市场管理是基于市场供求关系、消费者行为特征、企业经营环境、竞争者等要素进行市场研究的基础上，会展企业依据自身发展目标、资源优势及竞争劣势等，选定合适的目标市场，设计适销对路的会展产品，制定合适的参展价格并采用适当的营销组合，力争扩大市场份额，获得最佳综合效益的一系列工作内容。

（二）会展现场管理

1. 安全管理

会展活动的一个重要特征是大量的人（参展商、观众、与会者、嘉宾、工作人员等）和物（包括各类产品、会展设施、辅助用品等）在短时间内逗留或进出场馆。保障人流、物流的有序、安全成为会展现场管理的首要内容。因此，除了要配备专门的保安人员外，消防系统、安全通道、防火装置、报警系统、广播设备、紧急照明系统、备用发电机等安全设施都必须时刻保证运作正常。

2. 组织管理

对会展现场的组织管理是保障会展运行正常有序的关键，除了做好参展商的登记注册、展位的分配、保证场地环境、协调内外交通等工作之外，还要重视会展现场信息调查与发布、重要客户与嘉宾的礼仪接待服务、后台设施与人员协调安排等工作。

3. 物流管理

会展企业的物流管理主要针对会展项目中各类展品、辅助物品、现场设备等物资材料，需要协调好运输、储存、装卸、搬运、包装、流通、加工、配送等环节。

4. 突发事件管理

会展现场可能会发生意想不到的突发事件，如紧急的医疗事件、人员走散或物品遗失、火灾、停电等。会展企业在危机和紧急事件中要扮演领导者的角色，不仅要提前成立专门的管理小组，对突发事件做出及时合理的应变反应，还要在现场实现相应的设备和人员的准备，以便在突发事件发生后尽快按事先制订的应急方案来处理，提高效率，减少损失。

四、会展企业管理的业务流程

各类会展项目是会展企业的核心业务，因此会展企业管理的业务流程也主要围绕会展项目进行，一般分为前期、中期与后期三个阶段。

1. 前期阶段

（1）调研。调研是会展企业业务的起点，调研的目标是捕捉市场商机，把握市场的供需信息，为企业的项目决策提供必要依据。当然，调研不仅仅为满足企业的当前目标，还要站在长期发展战略的层面通过调研分析未来，为企业的发展提供一切必要支持。

（2）创意。创意是会展项目产生吸引力的关键，具体要求是在调研的基础上，在尊重市场规律的前提下，展开思维的空间，发挥充分的想象力，结合企业目标和市场需求将潜在的需求点巧妙组织起来，为会展项目确定鲜明而有特色、能充分吸引客户的主题。

（3）策划。策划是指调动和协调企业内外部各方面的资源，对资源进行有效的整合与重组，发挥资源最大优势，同时制订可行的执行方案。

（4）实施。实施是指依据策划的会展执行方案，有步骤、有目的地开展全方位的联络和沟通，推进广告宣传和媒体投放、赞助协办和招商招展、参会企业和专家邀请、会展场馆选择与布置、相关活动组织安排等工作，保障会展活动的顺利进行与完成。

2. 中期阶段

该阶段主要是对会展项目进行现场管理,主要内容是协调好参展商和观众的接待、开闭幕式和宴会的组织等,保证会展项目主题理念在运作过程中得以实现,使会展企业的业务发展得到进一步提升。

3. 后期阶段

一方面是及时取得客户的信息反馈并与客户保持沟通,同时做好评估总结,修正实际运作中的不足并提高管理工作效率。另一方面则是通过中期收集的信息,做好后续分析工作,以进一步了解和把握市场,为下一轮的会展项目提供方向和指导。

第三节　会展行业管理

行业管理就是通过行业规划、行业组织、行业协调以及行业沟通形成的一种管理体制,包含两个层次:其一是通过行业协会来统一规划、协调、指导和沟通同行业企业的生产经营活动,促进行业发展;其二是政府管理部门根据重点行业的发展方向和目标对各行业进行规划、协调和指导。会展行业管理就是指由政府部门和行业协会在管理过程中形成的符合会展运行内在规律的组织、制度和方式,包括会展管理主体的确定及会展管理的行业规范、调节机制、动力机制、信息传递方式、组织结构和规则体系等。

一、会展行业管理模式

根据政府对会展市场调节力度的大小,会展行业管理可以划分为政府支撑型模式、市场主导型模式与协会推动型模式。

(一)政府支撑型模式

行业协会代表政府管理会展业,典型代表有德国和新加坡。德国政府不设立专门或独立的行政部门对会展业进行直接管理,而是授权会展行业协会进行管理。在这种委托代理模式中,会展行业组织与政府关系密切,在某种程度上成为政府的延伸机构,承担政府赋予的大量管理职能,与政府一起完成行业管理。

(二)市场主导型模式

这一模式的典型代表是中国香港和法国。香港特区政府将会展活动视为纯粹的商业活动,政府基本上对会展业不做任何限制,其主要职能是对会展业发展提供必要的支持,如场馆建设投入、支持行业研究机构发展、制订会展长远战略规划、为企业提供经费支持、协助开展市场推广工作等,创造有利于会展业发展的环境,但绝不过多介入和插手会展行业管理,充分发挥市场的自我调节和竞争优化。

(三)协会推动型模式

这一模式主要强调行业协会的管理能力和力量,政府无为而治,对会展业基本不做行政干预，典型代表有英国和加拿大。以英国的会展行业管理为例，行业协会实现自律管理，主要表现在：其一，行业自律管理。英国政府对会展业未设专门的法律法规及管理规定，会展业行为准则多由各类会展协会通过行业自律的方式确定，行业规范对会员企业起着指导和约束作用。其二，没有专门的政府管理部门。政府对会展行业不直接进行管理，同时也没有专门的政府会展管理机构。其三，不设市场准入条件。没有设定市场准入条件，商业机构和贸易组织不需要经过审批便可开展展览业务。

二、会展行业管理中的政府

(一) 政府的角色

政府作为社会经济活动的组织机构具有一个显著的特征：政府对社会成员拥有强制性的权力，政府可以"命令"社会成员从事各种经济活动。因此，虽然会展的组织和发展应当遵循市场化、规范化、商业化原则，但政府的支持也是必不可少的。从各国会展业发展的情况来看，政府通过扮演各种角色为会展业提供相关支持。具体来说，政府在会展行业管理中扮演着以下角色。

1. 管制人角色

管制是政府以命令的方式改变经济秩序或控制企业的经营活动，通过颁布规章或法律，以控制企业的价格、销售或生产决策。政府对会展机构、中介组织、参展商的活动进行限制和规定主要出于以下考虑：第一，防止垄断；第二，防止过度竞争；第三，保护参展单位、中介组织和组展机构的利益。

2. 调控人角色

政府的调控人角色是指政府对会展经济进行调节和优化。一方面，政府借助产业政策、行业标准、市场规范等手段实现会展业经济总量的平衡，保证某一地区范围内的会展产业供需平衡。另一方面，政府通过投资、税收、财政等方式有所侧重地刺激会展业的发展，促成会展产业结构的调整和优化，实现资源的优化配置。

3. 公益人角色

政府的公益人角色是指政府要实现并维护统一的公共目标，为会展行业提供服务，其实质就是为社会提供公共服务。政府的公益人角色主要有两大公共目标：一是提供会展行业公共信息服务，尽量减少"信息不对称"现象，使企业和消费者在投资和消费时少走弯路；二是建设会展中心等"公共产品"，调节收入分配，避免收入差距过大，保证会展企业的生产经营更符合市场规律，从而使整个会展行业可以有序地协调发展。

4. 守夜人角色

政府的守夜人角色是指政府防止和打击会展经济的违法和犯罪行为，维护会展经济的正常秩序。在市场经济条件下，激烈而残酷的竞争可能导致假冒伪劣、欺骗消费者等违法犯罪行为增多，扰乱会展市场经济秩序，这就需要政府通过严格的执法、资格认定、审批等手段来遏止违法和犯罪行为的产生，通过合理的管理维护会展行业的正常秩序。

(二) 政府的职能

关于政府的职能，有着不同历史文化传统，处于不同发展阶段的国家有不同的规制。

具体到会展行业管理，政府的职能主要包括以下三个方面。

1. 经济调节职能

这是市场经济条件下政府最主要的职能之一，政府运用经济、法律和必要的行政手段，引导和调控会展经济运行，同时规范会展经济行为。

2. 市场监督职能

政府通过完善行政执法、行政自律、舆论监督、群众参与相结合的市场监督体系，建立健全社会尤其是会展行业的信用体系，实行信用监督和失信惩戒制度，整顿和规范市场经济秩序，创造公平和可预见的法制环境，建设统一、开放、竞争、有序的会展市场体系。

3. 公共服务职能

政府通过完善公共政策，健全公共服务体系，提供公共产品和服务，推进会展行业部分产品和服务的市场化。在会展行业管理中，政府应努力从过去的"政府包办"向"政府服务"转变，提供全面的公共服务。

（三）政府的调控手段

政府对会展经济的调控手段包括经济手段、法律手段和行政手段。

1. 经济手段

政府在运用价值规律的基础上借助经济杠杆的调节作用，对会展经济进行宏观调控，具体内容包括价格、税收、信贷、工资等。

2. 法律手段

政府依靠法制力量，通过经济立法和司法，运用经济法规来调节经济关系和经济活动，进而宏观调控会展业的发展方向和目标。

3. 行政手段

行政手段具有权威性、纵向性、无偿性及速效性等特点。政府可以通过制定会展产业政策、会展投融资政策、会展用地政策、会展税收政策等来实现对会展行业的管理和指导。

三、会展行业管理中的协会

（一）会展行业协会的特征

会展行业协会是会展行业以行业自律的方式负责协调和规范会展市场的非营利性社团组织。作为政府与企业以外的"第三方"，行业协会既是沟通政府、企业和市场的桥梁与纽带，又是实现行业自律、规范行业行为、开展行业服务、保障公平竞争的社会组织。要真正发挥规范市场和遏止重复办展、无序竞争的作用，会展行业协会应该具备以下特性。

1. 民间性

行业协会本质上是一种民间组织，是政府和企业之间的桥梁。会展行业协会应该是由不同细分领域的会展企业、相关的会展科研教育机构、会展中介组织等在自发、自愿的基础上组建而成的民间社会组织，而不是由政府牵头、政府指派或从政府机构中分离出来的组织。

2. 代表性

代表本行业多数企业的利益是行业协会的一个本质特征。对会展行业协会而言，不仅要代表会展行业内多数企业的利益，向政府提出相关建议和请求，也要代表政府的利益，向企业传达政府的政策意图与思路，或者代表政府对外界进行宣传，作为政府与企业之间的沟通者、协调者，推动会展业的健康发展。

3. 服务性

会展行业协会应将为企业服务、为行业服务、为政府服务作为根本宗旨，本身的定位要合适，要管理行业，更要服务于行业，一定要重点突出服务功能。需要注意的是，行业协会提供服务与政府提供服务是不同的，政府侧重于全社会的宏观调控目标，工作方式具有行政强制特点；行业协会则更突出企业与行业利益，工作方式主要采取市场化手段。

4. 非营利性

行业协会就其本质而言是非营利性组织，协会的经费主要来自会费和提供相关服务的收入。协会的开支包括全体工作人员的报酬、办公经费和开展服务工作的费用。

（二）会展行业协会的职能

作为政府和企业之间沟通的桥梁，会展行业协会的主要职能包括：①加强对会展行业的管理；②代表会员利益，维护行业形象，强化服务功能；③承上启下，维系政府与企业的关系，发挥桥梁作用；④培养会展人才，建立会展业的职业资格等级制度，提高会展组织水平和质量；⑤建立会展业的法人资质评价体系，对会展企业进行资质与信誉评定；⑥建立会展信息中心，公布行业信息；⑦加强会展业的产业发展研究，为会员单位提供有价值的研究报告；⑧加强同国外相关协会的交流和对话，协助会展企业走国际化道路。

四、国际会展组织

（一）国际会议组织

1. 国际大会及会议协会（ICCA）

国际大会及会议协会（International Congress & Convention Association）创建于1963年，总部位于阿姆斯特丹，是全球国际会议最主要的机构组织之一，是包括会议的操作执行、运输及住宿等各相关方面的会议专业组织。

2. 国际协会联盟（UIA）

国际协会联盟（Union of International Association）于1907年在比利时布鲁塞尔召开的国际组织第一届世界大会上宣告成立，是一个独立的、非政府的、无政治色彩的非营利性组织，帮助4万个国际组织和客户交换信息。

（二）国际展览组织

1. 国际展览联盟（UFI）

国际展览联盟（Union des Foires Internationales 后改为 Union of International Fairs）是世

界上主要博览会组织者、展览场馆业主、各个重要展览业协会的联盟，于 1925 年在意大利米兰市由 20 个欧洲顶级国际展览公司发起成立，总部位于法国巴黎，是迄今世界博览会/展览会行业唯一的国际性组织。

经 UFI 认证的会展得到国际会展业的普遍认可，认证的基本条件是：会展必须至少已定期举办过三次；必须是一个有 20% 以上外国参展商的国际会展；必须有 4% 以上的外国观众；外国展商纯租用面积达到会展纯租用总面积的 20% 以上。

2. 国际展览管理协会（IAEM）

国际展览管理协会（International Association for Exhibition Management）成立于 1928 年，总部位于美国达拉斯。该协会与国际展览联盟在国际展览界均享有盛誉，被认为是目前国际展览业最重要的行业组织，两者现已结成全球战略伙伴，共同促进国际会展业的发展与繁荣。IAEM 的成员来自 46 个国家，成员数量超过 3 500 个。

五、会展中介服务管理

（一）会展中介组织

会展中介组织是介于政府、企业、个人之间，为市场主体提供信息咨询、培训、经纪、法律等各种服务，并且为各类市场主体从事协调、评价、评估、检验、仲裁等活动的机构或组织。各类中介组织的加入能更好地分担会展行业管理的繁重工作，在一定程度上公开隐性信息，净化交易环境，维护公平竞争的市场秩序。

通常，专业提供中介服务的组织在人才、技术、信息等某一方面拥有较大优势，通过向会展企业、行业协会、政府部门提供管理咨询和外包服务，它们能够协助相关机构提高会展管理工作的效率和质量。例如，一些会展中介组织提供的宣传服务为会展业发展造势；部分会展中介组织提供的交流培训服务为会展人才与技术进步拓展空间；对会展市场实施监督、评价的中介服务为行业高质量发展提供了保证；调解市场纠纷的中介服务为会展项目扫除了发展的障碍。我国的会展中介组织目前还处于起步阶段，要制定和完善相应的法律法规促进中介组织的发展，使中介组织依法设立和运作，并接受法律的约束和监督。

（二）会展中介服务

会展中介服务是指能给会展活动所有参与者带来某种利益或满足感的、可供有偿转让的一种或者一系列的活动，它渗透在会展活动的方方面面，贯穿于会展项目的始终，已经成为现代会展业不可或缺的重要组成部分。会展中介服务既包括各种中介组织提供给会展公司的直接服务，也包括会展咨询组织、专业的会展公司以及一些行业协会提供给顾客的直接服务。随着我国会展业的迅速发展，优质的会展中介服务正日益成为重要的项目和内容，较为常见的会展中介服务包含以下内容：

（1）会展前期服务：会展情况通报、展品运输、参展参观咨询、展示策划服务等。

（2）会展中期服务：现场安全保卫、清洁卫生、现场广告宣传、信息技术交流、监督服务等。

（3）会展后期服务：旅游参观服务、成交情况通报、邮寄展览会总结等。

【拓展阅读】

政府办展需摆正角色　"放养"会展经济

与上海、杭州、南京等会展城市临近的无锡市在 2011 年成立了会展办。据市政府相关人士介绍，最早从金鸡百花节开始，无锡每年的大型活动很多，除了扩大城市知名度外，实际产生的收入很少，"客来客往、包吃包住、自娱自乐"的会展活动已成为政府负担。2011 年成立会展办之后，无锡市政府意识到"政府不能陷得太深，但推动必不可少"，于是开始尝试"减负"，将办展主体推向市场，政府出台扶持会展业发展三年的计划，从税收、资金扶持方面制定了一系列政策。作为乡镇工业经济的发源地，不缺乏会展业基础的无锡开始从专业化层面提炼会展品牌，众多企业从自身特色出发，积极举办各种会展活动，无锡新能源大会、物联网博览会等会展逐渐在国内外打响名气，本地企业和外来客商通过这些会展平台签订了大量的合作意向和协议。政府的"放养"不仅推动了城市经济贸易的发展，更实现了会展行业管理创新改革的良好效果。

【思考与练习】

1. 根据以上的拓展阅读分析政府在会展管理中的角色和职能。
2. 举例说明国际会展行业的管理模式对中国会展行业管理有何启示。
3. 结合我国会展企业的发展现状，分析会展企业集团的竞争优势。
4. 根据会展行业协会的职能，分析其对会展业发展的影响与作用。

【参考文献】

［1］牟红主编：《会展服务管理》，机械工业出版社，2007 年。

［2］王云玺主编：《会展管理》，上海交通大学出版社，2004 年。

［3］张艳玲主编：《会展管理》，清华大学出版社、北京交通大学出版社，2009 年。

［4］唐少清主编：《会展运营管理》，机械工业出版社，2007 年。

［5］许传宏主编：《会展策划》，复旦大学出版社，2010 年。

第十二章　节事活动项目管理

【学习目的】

通过本章学习，了解节事活动项目的概念、特点及其利益相关者，并在此基础上熟悉和掌握节事活动项目管理的流程和方法，理解节事活动项目团队管理的相关知识。

【学习要点】

1. 节事活动项目的概念
2. 节事活动项目的特点
3. 节事活动项目的利益相关者
4. 节事活动项目管理的流程和方法
5. 节事活动项目的团队管理

【课前阅读与思考】

2011年11月11日上午11时以"360°叹美食广州——味动人生、幸福广州"为主题的第25届广州（国际）美食节在广州白云万达广场开幕，吸引了大量爱好美食的市民和游客。本届广州美食节历时10天，开设一个中心主会场和十二个分会场，活动引来了各方的广泛关注。作为广州一年一度的饮食文化盛事，广州（国际）美食节从1987年开始，至2011年已成功举办了25届。这一活动的成功，不仅来自于"食在广州"的城市品牌推动，还依赖于良好的节事活动项目管理。

第一节　节事活动项目概述

一、节事活动项目的定义

学者们对"节事活动"的定义和内涵界定尚不统一，较有代表性的定义有以下几种：

（1）乔·戈德布拉特博士在专著 *The Best Practice of Modern Event Management* 一书中，将节事活动定义为："为满足特殊需求，用仪式和典礼进行欢庆的特殊时刻。"

（2）吴必虎（2001）认为"节事"一词来自英文的"Event"，有"事件、活动、节庆"等多方面的含义。

（3）戴光全（2005）认为事件及事件旅游的研究中常常把节日和特殊事件合在一起，作为一个整体来进行探讨（Festival & Special Event，简称为FSE），中文译为"节日和特殊事件"，简称"节事"。

从以上几种解释来看，节事活动有广义和狭义之分。狭义的节事活动即节庆，指的是各种节日和庆典，尤其是指周期性举办的（一般是一年一次）节日等活动，但不包括各种交易会、展览会、博览会、文化和体育等方面的一次性的特殊事件。广义的节事活动不仅包括节庆，还包括地方特色产品展览、体育比赛、文化仪式等具有特色的活动或非日常发生的特殊事件。

本书将节事活动定义为：具有一定的吸引力，经过开发设计后有可能变成消费对象的各类节庆和活动的总和。这一节事活动的概念即广义的节事活动，包括体育赛事、舞会、狂欢节、颁奖典礼、纪念仪式等，大到举世瞩目的奥运会，小到亲友的聚会，都属于本章所探讨的节事活动范畴。

二、节事活动项目的特点

瓦根（Wagen，2004）认为节事活动具有以下特征：①对于参与者而言，节事活动往往是其"一生中的唯一经历"；②对于举办方或城市、地区而言，它往往仅有一次举办某种节事活动的机会（当然也有一些节事活动是每年举办一次的）；③举办活动的投资巨大；④举办时间短暂；⑤节事活动需要长期、缜密的准备；⑥对于节事活动项目的利益相关者包括活动项目管理团队的利害关系巨大。

由此可知，节事活动具备了传统项目的一般特征，即鲜明的目的性、一次性、资源和成本的约束性，因而可以运用项目的运作过程和方法来管理节事活动。然而，节事活动项目作为一种新型的项目形式，与传统的项目相比又有着明显的特殊性。

（一）节事活动项目提供的产品是服务

虽然节事活动项目提供的产品中包含着某些有形的因素，但就一次完整的参与经历来说，参与者对于节事活动的需求是为了满足精神上的享受。节事活动项目管理要求工作人员围绕着人来开展工作，以提供让消费者、参与者感到满意的服务为最终目的。

（二）节事活动项目的对象是客户群

节事活动项目的参与者不是个体，而是以消费者、观众、嘉宾等为主的客户群，因而节事活动项目的策划要以充分调研各种客户群的需求为基础。

（三）节事活动项目的运作涉及多部门、多行业

节事活动项目的运作往往涉及交通、通信、建筑、装饰等多个部门，而参与者的需求又涉及"食、住、行、游、购、娱"等各个方面，因此要保证一项节事活动项目的顺利运行，必须加强各相关部门和行业的密切配合，形成一个集合体。

（四）节事活动项目支出的集中性和现场失败的不可挽回性

节事活动的大部分费用集中在项目的执行阶段，特别是表演节目。对参与者而言，大多数节事活动都属于一次独特的经历，一旦出现失误就无法弥补，甚至会造成很大的负面

影响。

（五）节事活动项目效益的综合性

节事活动项目的效益是综合性的，包括经济、社会、环境等多个方面。

三、节事活动项目的利益相关者

所谓项目利益相关者，是指共同参与项目活动，在项目执行中或完成时受到项目影响的个人或组织。通常来说，项目的主要利益相关者有项目经理、项目团队、客户、投资者、供应商、承包商、分包商等，结合节事活动项目的特点，其主要的利益相关者包括以下六大类。

（一）组织机构

组织机构是指负责节事活动组织、策划、招商、管理、运作等事宜的有关单位，可以是企业、行业协会、政府部门和新闻媒体等。根据各单位在举办活动中的不同作用，一个节事活动的组织结构一般包括主办单位、承办单位、协办单位、支持单位等。

1. 主办单位

主办单位指拥有节事活动的举办权并对活动承担主要法律责任的组织单位。常见的主办单位形式有三种：一是不仅拥有活动并对活动承担主要法律责任，而且负责活动的实际策划、组织、管理和运作；二是拥有活动的举办权并对活动承担主要法律责任，但不参与活动的实际策划、组织、管理和运作；三是名义上的主办单位，不承担任何责任，也不参与活动的实际策划、组织、管理和运作。

2. 承办单位

承办单位指直接负责活动的实际策划、组织、管理和运作，并对活动承担主要财务责任的组织单位。此外，还有大部分承办单位负责活动的招商、宣传和推广工作。承办单位是节事活动组织结构中较为核心的单位，对活动的顺利举办有着重大的影响。

3. 协办单位

协办单位指协助主办或承办单位进行策划、组织、管理和运作以及招商、宣传和推广等工作的单位。虽然协办单位对活动一般不承担财务责任，也不承担重要的招商、宣传和推广工作，但其所起到的作用往往是主办或承办单位所缺乏的。

4. 支持单位

支持单位指对活动主办或承办单位的活动策划、组织、管理和运作，或招商、宣传和推广等工作起支持作用的组织结构。支持单位基本上不对活动承担任何责任。

表 12 - 1　2011 广东国际旅游文化节主办单位和承办单位

主办单位	中国国家旅游局、广东省人民政府
承办单位	广东省旅游局、文化厅、外经贸厅、外办、侨办，韶关等 21 个地级以上市人民政府以及佛山市顺德区人民政府；南方广播影视传媒集团，广东电网公司，中国南方航空股份有限公司，广州白云国际机场股份有限公司，中国移动广东公司，广州网易计算机系统有限公司。

（资料来源：广东省人民政府发布的《2011 广东国际旅游文化节总体工作方案的通知》，2012）

主办单位和承办单位对于一个节事活动项目的管理来说，是最为核心和最重要的组织机构。协办单位和支持单位的作用也很重要，往往根据主办单位和承办单位的实际能力和活动的实际需要，来决定是否需要。选择好主办单位、承办单位、协办单位和支持单位以及处理好相互之间的关系不仅可以提高节事活动的档次、规格和权威性，而且可以吸引广大媒体的关注，从而扩大节事活动项目的影响力，使活动形成品牌效应。

（二）项目经理与项目团队

项目经理是项目的负责人和组织的核心。项目经理必须明确自己在项目管理中的作用和地位、职责和权限，并负责协调各利益相关者的利益。项目团队成员要将个人命运同团队的命运紧密地联系在一起，使团队形成强大的凝聚力，从而保证节事活动项目目标的实现。

（三）赞助商

赞助是节事活动项目管理中最具有特色的一部分。许多大公司都把赞助看成是一种重要的公关手段和营销战略，尤其是赞助大型节事活动项目，被视为提高品牌知名度、推动销售额增长的法宝。例如，可口可乐公司从 1928 年开始持续不断地赞助奥运会，树立了可口可乐品牌的良好形象，培养了大量忠诚客户，最终推动了销售额的增长。

（四）新闻媒体

现代媒体在节事活动宣传促销中起着举足轻重的作用，多数节事活动都要制订媒体传播方案，充分利用媒体种类多、传播广、时效快、信息灵的特点来提升节事活动的影响力。节事活动项目在制订媒体传播方案时，要把全国性媒体和区域性媒体结合起来，大众性媒体和专业性媒体结合起来，传统媒体和网络等新媒体结合起来，以求更好的传播效果。

（五）参与者、消费者、观众

参与者、消费者、观众是节事活动项目中的重要利益相关者，如果没有他们的参与，节事活动项目就缺乏人流支持，因此参与者、消费者、观众对节事活动项目成功与否起着举足轻重的作用。节事活动项目策划要高度重视参与者、消费者、观众的参与程度，满足他们的各项需求。

（六）其他利益相关者

其他利益相关者还包括广告商、服务商、销售商、相关政府部门等。节事活动项目要通过广告商富有创意的策划，对潜在消费者造成影响，形成市场需求规模。服务商包括餐饮商、酒店、旅行社、物流企业、运输公司、礼仪接待公司、清洁公司、活动现场照明、音响及舞美设计公司、通讯商、门票销售商、旅游纪念品销售商等，这些都是节事活动正常运营所需要的重要组成部分。相关政府部门包括公安、公交、城管、工商、税务、物价、环保、卫生、电业、技术监督等部门，节事活动项目的成功举办需要这些部门统一部署，制定相关保障措施，做好各项保障工作。

第二节　节事活动项目管理流程

项目管理正在成为世界各国普遍使用、越来越流行的管理手段，广泛应用于工程项目、新产品开发及市场营销活动等。节事活动项目具有非重复的一次性活动特征，可以运用项目管理的理论和方法来进行管理。

一、节事活动项目管理流程

节事活动的项目化特征决定了其可以采用项目管理的理论和方法来提高活动的规范性，减少成本，获得良好的活动效果；节事活动项目的特殊性又要求有针对性地开发最适合节事活动的项目管理程序。一般来说，项目可以分为启动、计划、实施与控制、收尾四个阶段。根据节事活动项目的特点，本书将一个完整的节事活动项目管理流程分为四个阶段，分别为分析阶段、计划阶段、实施与控制阶段以及绩效评估阶段。

（一）分析阶段

节事活动项目的分析阶段主要包括主题及相关内容设想、市场调研和可行性研究以及立项三个环节。这一阶段是起始阶段和准备阶段，对于项目的成功与否至关重要。

1. 主题及相关内容设想

（1）主题的设想。

节事活动项目的主题要紧扣活动举办的目的，与客户需求保持一致，并贯穿整个活动项目的全过程。主题的选择是多种多样的，包括地理和文化、体育运动、电影、音乐和娱乐、艺术、食品和物体等。

（2）地点的选择。

举办节事活动需要有专门的场地，项目选址要考虑多种因素，包括安全因素和后勤支持，并进行现场考察。朱莉娅·图姆等（2008）在《节事运营管理》一书中制定了节事活动项目选址的标准，可以作为一个很好的借鉴。这些标准包括：①可获得性如何？②顾客、供应商、急救机构和雇员的交通是否便利？③场馆内的顾客人流是否科学安全？顾客服务如何？参与者及访问者是否适宜？④租赁的费用或改造的费用如何？⑤场地的形象如何？是否与节事活动及客户要求的风格一致？是否有相应的环境氛围和吸引力？⑥场地的容量大小如何？空间是如何布局的？存在哪些阻塞的可能？场地是否具有多功能性？⑦安全保卫状况如何？⑧停车场地的情形如何？⑨是否提供现场的服务？提供这些服务的成本花费如何？⑩是否还有其他可用的设备设施？⑪场地中的人员配备如何？是否配备有场地管理的专业队伍？⑫对周围环境的影响如何？是否有噪声污染？活动后草地如何恢复？恢复场地原有面貌的花费成本如何？⑬是否有可供使用的仓库？⑭能否满足一些特殊的需求？⑮采用什么样的卫生清洁标准？⑯是否会涉及相关的法律问题？在场地的使用上是否存在一些限制？⑰如果需要的话，是否可以通过提供高度的视觉效果来对顾客产生极大的吸引力？⑱如何考虑人流的管理和拥挤的控制等问题？⑲技术性的设备设施是怎样配备的？

（3）时机的选择。

一项节事活动项目的时机选择通常与季节或天气有关。如美食节和葡萄酒节最好选择在初秋而不是仲夏之际，因为客人和供应商都难以忍受夏季的酷暑。这里需要注意的是体育赛事活动的举办日通常受到赛季和传统比赛时间的限制，如奥运会的举办时间。综上所述，节事活动项目时机的选择要考虑季节、每周中的日期、每天的时间段以及持续时间等因素。

2. 市场调研和可行性研究

在对节事活动项目主题进行策划之后，就要对这一主题进行市场调研。首先要通过问卷、抽样、电话访谈等方法获得第一手资料，从而掌握客户需求的真实情况，分析国内外市场的大环境。调研内容包括：查看周边地区近期有无同类活动；本地区是否具有举办该主题的资源优势，包括经济实力、场地设施等；初步明确项目的战略目标，选定主要的客户群，对项目的损益进行估算；主要从市场、资源、财务三个角度，对该项目进行定性分析。

瓦根（2004）在《活动项目策划与管理——旅游、文化、商务及体育活动》一书中提出了节事活动项目可行性研究的九个评估标准，可以直观地了解可行性研究的内容，这九个标准包括：①活动项目是否是一个好想法？②我们是否具有必要的技能来计划并承办活动项目？③主办地区是否支持？④我们在社区是否有足够的基础设施？⑤我们能否以力所能及的价格确定场地？⑥活动项目能否吸引观众？⑦活动项目能否得到媒体的支持？⑧活动是否具有财政的可行性？⑨衡量成功的标准是否合理？

3. 立项

通过可行性研究之后，形成项目建议书，一般需要申请公司立项或申报到有关部门进行核准之后才能启动，同时要申请专有的项目启动资金。审批通过之后，就可以进入节事活动项目的计划阶段了。

综上所述，在节事活动项目的分析阶段，需要编制的项目文件有节事活动项目建议书、可行性研究报告、项目申请书和招标文件、项目许可证等。

（二）计划阶段

由于节事活动项目具有高投资、高风险、不可重复等特点，所以计划就显得尤为重要。尤其是对于一项大型节事活动而言，只有缜密周到的计划才能保证活动的顺利实施。

1. 制定节事活动项目的目标

制定节事活动项目的目标，是计划阶段的第一步。节事活动项目的目标应与主题保持一致，并且必须是明确的、具体的、定量的和切实可行的，同时与项目成员的个人利益目标相一致，能够起到激励作用。节事活动项目的目标通常具有以下特点：一是多目标性，满足赞助商、消费者、观众等多个利益相关者的要求；二是优先性，在项目的不同阶段，时间、成本和技术性能三个基本目标由于重要性不同，被赋予的权重也不同，从而具有不同的优先权；三是层次性，有一个从抽象到具体的递进层次结构，如从战略性计划到日期安排、人员安排等具体内容的贯彻落实。

瓦根（2004）指出一个节事活动项目可以具有以下任何一个或几个目标：①通过参与体育活动改善社区对健康和健身的态度；②增强人们的自豪感；③为地方经济注入资金；④为一项慈善事业筹集资金；⑤为一特定地区吸引游客；⑥延长旅游季节；⑦推出一项新产品；⑧通过销售入场券增加收入；⑨提供娱乐活动；⑩建立团队忠实度；⑪提高城镇或城市的形象；⑫庆祝一个历史活动；⑬提高一个会议组织者/场地的声誉；⑭举办一个提高士气的仪式；⑮提供一段独特的经历；⑯提高产品销售额；⑰表彰优胜者（如奖励旅游或员工表彰）；⑱吸引媒体的报道；⑲强调一个会议的要点。

2. 组建管理机构

任命项目经理、组建项目团队是节事活动项目计划阶段的重要步骤。项目经理是负责项目管理的个人，他既是项目的领导者、组织者、管理者和项目管理的决策者，也是重大决策的执行者。项目团队包括项目经理、项目班子和团队成员。该部分内容将在本章第三节"节事活动项目的团队管理"中进行详细介绍。

3. 分解任务与计划

把节事活动项目按照内在结构或实施过程的顺序进行逐层分解，这样做是为了提高成本估算、时间估算的准确性，便于明确职责和进行资源分配，在此基础上制订项目各方面的具体规划，编制项目预算、进度规划、人力资源规划、风险管理规划等。为了提高实施阶段的工作效率和效果，通常需要制订多个计划方案，然后对各种方案进行评估和比较，选择最佳实施方案并制定项目策划书。

（三）实施与控制阶段

1. 实施阶段

实施阶段包括以下几个环节：①将计划付诸实施；②信息传递与推广营销；③制定一套工作制度与程序，便于控制、评估；④统筹安排，任务到人；⑤记录工作轨迹，应有日常的工作记录、阶段性总结和里程碑事件报告；⑥营造团队文化。

2. 控制阶段

节事活动项目的控制阶段就是对项目实施中的时间和预算进行动态执行，主要包括项目控制和项目变更两个工作环节。

（1）项目控制。

为了使节事活动项目顺利实施，首先应该对节事活动项目涉及的各项工作任务进行实时监控，及时发现问题，分析原因，寻找差距，以便及时调整，始终保持项目执行的正确方向。项目控制主要包括成本控制和进度控制两方面，成本控制是指节事活动组织者应该建立相应的财务管理制度，以保证节事活动项目尽可能地不超出预算；进度控制是控制项目时间，以保证项目能够在规定时间内实现目标。

（2）项目变更。

由于项目的内、外部环境处在不断的变化之中，因而节事活动项目要根据实际情况的变化，做出相应的调整。

（四）绩效评估阶段

绩效评估阶段是节事活动项目管理过程的最后一个阶段，包括经济效益评价、社会效益评价和管理工作评价等方面。绩效评估有利于总结项目成功的经验或分析失败的原因，为以后的项目管理工作提供借鉴和参考。

二、节事活动项目管理方法

在节事活动项目的管理过程中，关键路径法、甘特图、日程表、检查表等项目管理方法和图表工具的使用能够有效提高管理工作的效率，保证活动项目的顺利进行。

（一）关键路径法

关键路径法是计划和安排日程的有效工具，有助于分析和确定所掌握资源和待办任务之间的匹配关系，从而找出最短路径，保证活动的顺利实现。下面以一个简单的例子说明关键路径法的应用，表 12 – 2 以组织一次展览为例演示了关键路径法的应用。

表 12 – 2　关键路径法的应用

活动名称	符号表示	持续时间	之前的活动
预订场地	A – B	1 天	无
安排场地布局	B – C	5 天	A – B
粉刷和重新装饰场地	B – D	3 天	A – B
订购和运送演示台	C – D	7 天	B – C
为看台灯光布线	C – E	3 天	B – C
安装演示台	D – F	2 天	B – D，C – D，C – E
安置展览人员	F – G	1 天	D – F

表 12 – 2 中描述了各行为步骤发生的先后顺序。关键路径法的惯例是用箭头从左至右描述活动的进展，并且不可倒退。为了保持逻辑性，本案例引入一个虚拟的活动 E – D，如果没有 E – D，C – D 将会包含两个活动（为站点布线及运输工作）。

如果我们按照原先的路径 A – B，B – C，C – E，D – F，F – G，我们可以看出完成这些行为总共需要 12 天，而 A – B，B – C，C – D，D – F，F – G 总共需要 16 天，A – B，B – D，D – F，F – G 的路径需要 7 天，这样的话整个事件最长的路径是 16 天，所以最终得出完成所有行为需要 16 天。

如果在 A – B，B – C，C – D，D – F，F – G 路径上有某个行为所花费的时间比计划时间长，则节事活动项目整体需要的时间将会被延长。例如，如果行为 B – C "安排场地布局"花了 8 天时间而非原计划的 5 天时间，则整个节事活动的时间将变成 19 天。任何行为都不能超过关键路径上计划的时间，而不在关键路径上的行为则可以适当延期而不会影响整体日程。例如，行为 B–D "粉刷和重新装饰场地"可以用 12 天的时间完成，而且如果其他活动都按原计划完成，则总完成时间仍旧是 16 天。

（二）甘特图

甘特图经常使用在计划初始阶段和项目的准备阶段。在甘特图中，日期置于图表的上方，细分工作任务列于图表的左方，线条用来表示各项工作应完成的时间。甘特图提供了节事活动项目具体任务的概述和完成工作任务的时间，这种图示的优点是能够清楚地了解各项工作之间的关系和依赖性。例如：一旦为一项活动项目制定了员工的招聘、入职教育、培训和工作安排过程后，通过图示就能了解应该提早展开招聘工作以便员工能为活动正式开幕做好准备工作。

（三）日程表

在节事活动项目计划的初期阶段，日程表的内容极为简单，时间的分配只限于活动项目的具体因素构成。随着计划的推进，日程表会变得更为详细。

（四）检查表

检查表是为了确保任务的执行者能够履行各自任务中的每一项职责，完成工作后在相应表格（如表 12–3 所示）中逐项检查落实工作情况的一种图表工具。例如，在检查防火设备和紧急疏散口时，必须逐项地检查每一个细节，同时在完成的检查项目上签字并注明日期，其作用不仅是防止潜在问题的出现，而且能在问题出现时减低法律诉讼方面的风险。

表 12–3　安全检查表范例

每日安全检查表			
姓名 检查日期和时间			
任务	检查 √ ×	评注	须改进的项目 √
急救箱装备完好			
易燃物标志正确，存放于安全地点			
灭火器置于明显、无遮拦的位置			
清洗剂标志清晰、存放正确			
所有电器设备检验合格并附有 6 个月的检测标签			
电源延长线检验合格并附有 3 个月的检测标签			
电源延长线不得构成通道的危险			
箱包、垃圾不得阻碍通道或防火设备			
燃气阀门明显可见，不得受到阻挡			

第三节　节事活动项目的团队管理

　　节事活动项目管理要求运用科学的决策、规划、组织、沟通和控制手段，以最佳的时间、最优的形式、最低的成本和最高的效率，合理配置各种资源，实现活动项目目标。人力资源是其中至关重要的资源，本节将重点介绍节事活动项目的团队管理，分别从人员安排和领导艺术这两方面进行阐述。

一、节事活动项目的人员安排

（一）制定组织结构图

　　组织结构图最好将人员安排与工作任务对应起来，具体的工作任务应由个人或不同角色的人员完成，便于明确个人的任务并改善沟通渠道。需要说明的是，节事活动项目中的组织结构设计是复杂的，因为不同的时期需要制定不同的组织结构图，以代表不同阶段的任务。

　　1. 活动项目筹划期的组织结构图

　　此阶段的组织结构图包括以下内容：

　　（1）所有在计划阶段负责基本任务功能的人员，如财务、市场、娱乐、餐饮和人力资源管理。

　　（2）小规模的多功能团队来负责管理诸如安全和客户服务等具体事宜。

　　（3）相关部门委员会（包括外部承包商、供应商和公众机构）。

　　2. 活动项目举行期间的组织结构图

　　此阶段的组织结构图包括以下内容：

　　（1）全部员工的构成，并附有整个运营的上下级关系。

　　（2）紧急事件的报告关系。

　　3. 活动项目结束后的组织结构图

　　活动项目结束之后，组委会通常解散，组织结构图中仅标明涉及活动项目评估、财务报告和未完成事项的人员位置。

（二）起草岗位职责

　　岗位职责列出了每项职责要完成的工作任务，也标示着职位的上下级关系及其责任。岗位职责制定完之后，还要制定相应的个人岗位要求细则，同时明确此项工作所要求的技能、知识和经验，可以被用来指导人员筛选的过程。

（三）招聘和筛选

　　节事活动项目管理最常见的招聘方式是选择媒体刊登招聘广告，以吸引相关人员的注意。招聘的最佳地点是志愿者组织、学校、学院和综合性大学。在选择雇员或志愿者时，要采取面试的方式来考察应聘者是否符合该职位的要求，从而指导最终的人员筛选。

（四）编制名册

节事活动项目的工作由多层面或多个工作日的相关工作构成，编制名册就显得十分复杂，要做到合理有效地安排员工的工作。

（五）培训

培训工作包括三个方面：活动项目所要达到的目的、场地和具体任务。具体说来，要向员工提供活动项目的框架以及要完成的目标和组织结构图，带领员工熟悉场地情况，使员工明确其具体工作任务和职责。

（六）员工班前会

员工班前会是培训活动的延伸，是活动项目管理人员在员工开始工作之前向其传达重要的相关情况和信息的机会，这些情况和信息包括最新的发展动态，事故报告或意外事件的处理程序等。

（七）涉及法律要求的管理

活动项目的管理人员应该了解雇员所涉及法律方面的要求，包括行业规定、职业健康、岗位安全与保险等内容。

（八）制定人员配备政策

人员配备政策要清晰简明并向所有雇员或志愿者进行公示，主要政策包括：
①以安全的方式工作；
②不得危及他人的健康和安全；
③汇报所有的意外和事件；
④保守活动项目组织者和赞助商的秘密；
⑤不得散布任何对活动项目或活动项目中针对个人的贬义言语；
⑥把媒体的提问转交给恰当的人士；
⑦保管好设备、工服和其他资产；
⑧对观众和团队成员以礼相待；
⑨上班时间不得饮用酒精饮料和滥用药品；
⑩任何行为活动都应该节省开支。

（九）制定奖励战略

制定奖励战略能够极大地影响雇员或志愿者的工作热情，提高他们的工作效率，但是在向个人颁布奖励时要特别谨慎，保证公平性。奖励包括商品、入场券、高规格的餐饮和工服等物质性奖励，也包括工作轮换、提供培训机会等非物质性奖励。

（十）志愿人员的管理

很多节事活动项目都需要志愿者的参与，正确地管理志愿人员已经成为节事活动项目团队管理中不可分割的一环。志愿者参加工作也需要进行相关的培训，为志愿者管理提供培训的主要原则是：

①志愿者有权被视为共同工作者；

②志愿者应被分配适当的任务或工作；

③志愿者应当了解行业组织的目的和工作程序；

④志愿者应当得到工作岗位的再教育以及良好的指导和指示；

⑤志愿者应当被分配到适合的工作场地；

⑥志愿者应得到提升和各种不同的锻炼机会；

⑦志愿者的要求应得到倾听并有权提出建议；

⑧志愿者必须得到相应的保险；

⑨在活动项目结束之后，志愿者应该得到活动项目行业组织的推荐。

作为回报，活动项目组织管理委员会有以下期待：

①志愿者能像正式雇员一样努力工作和提供服务，即使他们的工作是短期的；

②自觉的工作表现，准时并可靠；

③热情的工作态度和对组织工作的坚定信心；

④对组织委员会的忠诚与善意的批评；

⑤志愿者清晰和开诚布公的沟通。

二、节事活动项目的领导艺术

在节事活动项目的团队管理中，领导者至关重要，他必须制定相应措施来组织并控制各项有关活动，还要运用创新的思维方式向员工提供相关的信息情况，指导和激励员工在短时间内达到工作要求。

（一）培养领导艺术

这里所谈到的领导艺术包括任务管理和人员管理两个方面。

1. 任务管理

任务管理涉及计划、组织、协调和控制工作过程的技巧，常常采用的工具有日程表、组织结构图和检查表。

2. 人员管理

从人员管理角度讲，领导艺术包括提供信息、指导和强调、激励手段和庆贺活动，不仅有助于完成短期目标，还能使团队成员保持对工作的热情和动力。通常情况下，在节事活动项目的团队管理中领导艺术包含以下内容：

①计划短期的工作安排；

②组织并简化工作流程；

③制定检查表和其他控制过程；

④向团队布置工作并进行沟通；

⑤每时或每日都不断地激励或鼓动员工；

⑥强调关键的信息和目标；

⑦庆贺成功。

（二）管理短期性及多样化团队

短期性的团队和长期性的团队具有截然不同的特征，节事活动项目的团队不仅具有短期性，而且具有多样化的特点（如表12-4所示）。在节事活动项目的团队管理中要将多样化的需要和利益协调起来。

表12-4　长期性团队和短期性团队的不同之处

长期性团队	短期性团队
贯彻执行行业的任务和使命	致力于完成任务
求同存异	领导解决问题并制定决策
长期形成的凝聚力	有限的关系发展
行业内的职业生涯发展	没有职业/行业的发展方向
内在的满意度	物质性的奖励
授权	有限的责任
持续学习	有限的学习
积极的工作管理	积极的关注

（三）改善沟通

节事活动项目团队领导者在管理中改善沟通的原则包括：①分清轻重缓急；②确认信息的接收者；③明确自己的目标；④审视将要发出的信息；⑤使用他人的语言进行沟通；⑥澄清信息；⑦不应采取提防的态度对待批评性的建议。

【拓展阅读】

广州亚运会志愿者管理

广州亚运会志愿者项目由宣传策划与推广、志愿者招募、志愿者培训、志愿者调配、志愿者支持与激励、志愿者文化遗产六个项目组成，其中志愿者招募、志愿者调配、志愿者支持与激励涵盖了赛前、赛时以及赛后三个阶段的志愿者管理工作。

志愿者招募

亚运会志愿者的招募是组委会从申请者中选拔、录用合格志愿者的过程。亚运会志愿者招募程序开始之前，必须形成一个完整的、可行的志愿者计划，包括志愿者数量的确定、志愿者招募宣传、志愿者工作职责描述、志愿者招募程序、志愿者分配、志愿者培训安排、志愿者人员保留和志愿者奖励等，合理完善的计划是成功的关键。为了使亚运会志愿者招募更科学、规范，广州亚组委出台了《广州亚运会赛会志愿者通用政策》和《广州亚运会城市志愿者通用政策》。2008年9月21日，第16届亚运会前期志愿者招募启动仪式在广州天河体育中心举行，拉开了亚运会志愿者招募的序幕。2009年4月21日，广州亚组委宣布第16届亚洲运动会志愿者招募正式启动。

志愿者调配

志愿者调配是亚组委根据志愿者岗位需求情况，对志愿者进行即时的调整和分配。任何大型志愿服务活动中，都会因各种原因导致志愿者流失，一些岗位出现空缺，比如志愿者可能因交通堵塞等原因不能按时到达岗位；还有可能因分配不合理或赛事的变化造成一些岗位超员等情况。所以，科学有序地对志愿者进行调配，是保证亚运会顺利进行的重要管理措施。由于大型体育赛事竞赛场馆分散，组委会一般按照"按需、分级、就近"的原则，对志愿者进行调配。而且，组委会除了要设置专门机构对志愿者进行分类定岗外，还应制订替补人员调配方案，明确职责，在竞赛期间，成立现场调配中心进行调配，避免志愿者因交通堵塞而未能按时抵达工作目的地等情况的发生。

志愿者支持与激励

志愿者支持与激励项目是亚运会志愿者工作体系的重要一环。虽然志愿者工作是基于志愿者个人无私奉献的精神，不以获得回报为目的的公益性服务，但并不等于志愿者参加志愿服务就没有需要。亚运会能否成功，既源于志愿者的无私奉献，也在于亚运会组织者、志愿者领袖对志愿者的良好管理、有力支持和有效激励。激励志愿者就是要通过满足志愿者的各种需要来增加其努力工作的动力，以降低因人员流失带来的损失，从而实现整体目标。

【思考与练习】

1. 志愿者管理的过程是怎样的？

2. 志愿者管理和普通雇员管理有何不同之处？

3. 以广州亚运会志愿者管理为例来说明人力资源管理在节事活动项目中发挥着怎样的重要作用。

【参考文献】

[1] 卢晓编著：《节事活动策划与管理》，上海人民出版社，2006 年。

[2] [澳] 瓦根著，宿荣江等译：《活动项目策划与管理——旅游、文化、商务及体育活动》，旅游教育出版社，2004 年。

[3] [英] 朱莉娅·图姆、菲莉帕·诺顿、尼瓦·怀特著，陶婷芳等译：《节事运营管理》，格致出版社、上海人民出版社，2008 年。

[4] 刘大可、王起静主编：《会展活动概论》，清华大学出版社，2004 年。

[5] 黄翔著：《旅游节庆策划与营销研究》，南开大学出版社，2008 年。

[6] 余青、吴必虎、廉华、童碧沙、殷平：《中国节事活动开发与管理研究综述》，《人文地理》，2005 年第 6 期。

[7] 刘红霞：《我国城市节事活动的发展现状与对策》，《牡丹江大学学报》，2010 年第 11 期。

后　记

随着全球会展业的不断发展，全球会展产业每年直接经济效益超过 3 000 亿美元，为世界经济带来的增长总额超过 3 万亿美元，会展业对区域经济的带动作用愈发明显。而在中国经济快速发展的背景下，中国会展业正在成为推动社会经济增长的新动力，在产业结构优化、经济发展转型上发挥着积极作用。产业的良性增长推动了学科的蓬勃发展，国内众多高校纷纷开设了会展管理专业或会展专业课程，并且由于会展业与旅游业的密切关联，绝大多数会展专业和课程开设在旅游学科内。

作为广东省高校名牌专业，暨南大学旅游管理学科也充分依托广州会展业在国内的领先优势，开设了会展管理课程群，笔者有幸承担了《会展与节事管理》一书的主编任务。作为以旅游管理为主要研究方向的教师，笔者对于会展管理学科尚属半路出家，并不敢说擅长、精通。所幸有一帮志同道合的同行，他们是湘潭大学李卫飞博士、湖南商学院唐慧博士、广东省旅游发展研究中心梁江川博士以及谭毅菁、管培新、马倩倩、林琰文等硕士新锐，大家群策群力，共同交流对会展与节事管理的研究心得，制定大纲，撰写具体章节，最终使得这项工作顺利完成。在此，首先感谢本书编写团队的成员们！没有你们的鼎力支持，本书的出版将会是遥遥无期。

本教材共有十二章内容，遵循会展管理的基本流程，从会展策划、会展调研、主题策划、会展设计、危机管理、财务管理、组织管理、节事活动管理等多个角度对会展与节事管理知识体系进行介绍。文彤和李卫飞承担本书的统筹工作，负责大纲编写和全书的统稿和定稿。具体章节的撰写分工为：第一章由文彤、管培新撰写；第二章由谭毅菁撰写；第三章由管培新撰写；第四章由梁江川撰写；第五、九、十章由李卫飞撰写；第六章由林琰文、李卫飞撰写；第七、八、十一章由唐慧撰写；第十二章由马倩倩撰写。

本书以高等、高职院校会展管理专业相关课程教学使用作为编写目标，强调方便课堂教学、方便知识掌握的原则，在编写过程中力求实现以下几点：一是尽可能广泛地吸收国内外的现有研究成果，教材内容首先做到覆盖会展与节事管理的全部知识体系；二是贴近实际，遵循会展管理的实际工作程序构建章节体系，便于学生理论联系实际；三是强调应用，努力做到每个章节信息量充足，既有基础理论重点，又有教学辅助案例；既有课前思考，又有课后练习，方便教师组织教学，方便学生掌握知识，提升教学效果。本书也可作为旅游职业培训、学历教育、自学考试的教材，对会展管理专业的研究生、政府管理部门、会展企业相关管理和工作人员亦具有参考价值。

本书的编写过程中参考和引用了有关著作、教材、报刊、网络、期刊论文等，特向所有作者致以衷心的感谢！

暨南大学董观志教授、梁明珠教授、傅云新副教授、汪会玲副教授等同仁对本书的编写工作给予了大力支持和帮助；暨南大学管理学院旅游管理系硕士研究生闫婷婷、黎结仪、张茜承担了本书的校对工作，在此一并感谢！

本书的出版还要特别感谢暨南大学出版社的潘雅琴编辑，正是在她的全力配合和勤力敦促之下，本书才能及时定稿和出版！

虽然本书编写团队付出了大量的辛勤劳动，但限于水平和经验，本书难免存在错误和不足之处，希望读者和同行不吝赐教，以便不断修正和完善。

文　彤
2015 年 6 月于暨南园

图书在版编目（CIP）数据

会展与节事管理/文彤主编；李卫飞，唐慧，梁江川副主编. —广州：暨南大学出版社，
2015.9（2021.7 重印）

（21 世纪旅游专业系列规划教材）

ISBN 978 – 7 – 5668 – 1585 – 9

Ⅰ.①会…　Ⅱ.①文…②李…③唐…④梁…　Ⅲ.①展览会—经营管理②节日—文娱活
动—经营管理　Ⅳ.①G245②G247

中国版本图书馆 CIP 数据核字（2015）第 183886 号

会展与节事管理

HUIZHAN YU JIESHI GUANLI

主　编：文　彤　副主编：李卫飞　唐　慧　梁江川

出 版 人：张晋升
责任编辑：潘雅琴　王雅琪　龙梦姣
责任校对：刘碧坚
责任印制：周一丹　郑玉婷

出版发行：暨南大学出版社（510630）
电　　话：总编室（8620）85221601
　　　　　营销部（8620）85225284　85228291　85228292　85226712
传　　真：（8620）85221583（办公室）　85223774（营销部）
网　　址：http：//www.jnupress.com
排　　版：广州市天河星辰文化发展部照排中心
印　　刷：佛山市浩文彩色印刷有限公司
开　　本：787mm×1092mm　1/16
印　　张：14.5
字　　数：360 千
版　　次：2015 年 9 月第 1 版
印　　次：2021 年 7 月第 4 次
印　　数：3501—4300 册
定　　价：39.80 元